湖北省社科基金一般项目（后期资助项目）成果（项目编号 2022w217）

鄂东城乡居民语言生活状况研究

张婧婧　著

九 州 出 版 社
JIUZHOUPRESS

图书在版编目（CIP）数据

鄂东城乡居民语言生活状况研究 / 张婧婧著 . -- 北
京：九州出版社，2023.4
ISBN 978-7-5225-1722-3

Ⅰ . ①鄂… Ⅱ . ①张… Ⅲ . ①社会语言学－研究－湖
北 Ⅳ . ①H1

中国国家版本馆 CIP 数据核字（2023）第 049006 号

鄂东城乡居民语言生活状况研究

作　　者	张婧婧　著	
责任编辑	云岩涛	
出版发行	九州出版社	
地　　址	北京市西城区阜外大街甲 35 号（100037）	
发行电话	（010）68992190/3/5/6	
网　　址	www.jiuzhoupress.com	
印　　刷	定州启航印刷有限公司	
开　　本	710 毫米 ×1000 毫米	16 开
印　　张	15.75	
字　　数	272 千字	
版　　次	2023 年 4 月第 1 版	
印　　次	2023 年 4 月第 1 次印刷	
书　　号	ISBN 978-7-5225-1722-3	
定　　价	88.00 元	

前　言

随着城镇化进程的加快、网络新媒体的无界迅速传播，鄂东地区的语言生活状况发生了一定的变化。对该地区进行语言生活状况调查是了解新型城乡语言生活的现实需求，也是做好语言公共服务工作的基本前提，更是为国家和湖北省制定语言政策，进行语言规划、管理和服务提供基础性依据，同时也会对丰富和发展语言扶贫政策产生一定的积极作用。

本书以社会语言学和生态语言学理论为指导，基于文献梳理、数据分析和成果整理完成研究。全书一共分为六章。第一章绪论部分，交代了研究的缘起及意义，以及本书的基本情况。第二、三、四、五章利用调查问卷和访谈相结合的方法，分别从语言使用、语言能力、语言学习和语言态度四个方面对鄂东城乡居民的语言生活状况进行了详细的描写，并利用SPSSAU方差分析、独立样本t测试及均值对比等统计分析方法，分别探讨影响鄂东城乡居民语言使用、语言能力、语言学习和语言态度的社会因素，调查居民生活中正在发生的语言变化，并预测未来的语言发展趋势。第六章结合生态学研究热点生态位理论，分析普通话、方言、英语外生态环境，探讨鄂东城乡居民语言生活现状形成的原因，从生态文明建设的视角对鄂东地区语言生态和谐问题加以思考。本书的基本观点如下。

第一，鄂东城乡居民的语言使用在总体上呈现出"稳定"和"渐变"并存的状态。在家庭语域和非正式公共语域，语言使用的"单语化"趋势仍然明显，方言仍然被大多数居民使用，呈现出一种相对"稳定"的状态。随着社会发展，居民的语言使用又出现了一种"渐变"的发展趋势，正在由"家庭单语"向"家庭双语"过渡。在公共场合、学校、工作场所等外部语域，方言的使用范围和交际功能被压缩，普通话逐渐在外部公共语域占主导地位。

第二，鄂东城乡居民的语言能力呈"多语化"趋。虽然"听、说、读、写"的能力有所差异，但仍然有接近95%的居民同时会方言和普通话，还有44.08%的居民学习过英语，虽然英语听说读写能力一般，但90%以上的学习者都可以或多或少地运用英语。学校教育的普及是鄂东城乡居民使用方言之余，兼用普通话、英语的根本原因。语言之间的竞争是鄂东城乡居民使用方言之余，兼用普通话、英语的必然结果。

第三，鄂东城乡居民普通话和汉字的主要学习途径是学校教育，其次是社会交往、看电视、听广播、上网等。他们的母语方言传承较好，绝大多数人的母语方言传承链条完整，尚未出现"断裂"的迹象，并且他们的母语方言习得顺序也未出现"错序"现象，绝大多数人习得的第一语言均为方言，也都是通过父母的家庭语言教育自然习得的。

第四，鄂东城乡居民对普通话、方言和英语的语言态度都是积极正面的，但是他们对普通话的态度比对英语和方言的态度更加积极。在行为维度上，普通话态度评价均值最高，说明居民对普通话的认同度最高；在认知维度上，普通话态度评价均值也最高，说明居民对普通话的地位、社会影响力和实用性评价最高；在情感维度上，方言态度评价均值最高，说明居民对方言的情感认同度最高，对方言情感上最忠诚。

第五，鄂东地区语言生态系统内部普通话、方言、英语之间是相互作用、相互竞争的关系，语言生态系统的和谐取决于普通话、方言、英语的语言生态位的动态平衡。同时，自然环境、社会环境、文化环境、人群环境的变化会对该区的语言生态造成影响，而语言生态的变化又会反过来影响鄂东城乡居民的语言使用、语言能力、语言学习和语言态度等。语言生态位多样、语言生态位分离、语言生态位扩充、语言生态位维护都会对维持鄂东地区的语言生态和谐起到积极作用。

目　录

第一章　绪　论 / 001

第二章　鄂东城乡居民的语言使用调查 / 017

第一节　鄂东城乡居民普通话使用情况调查 / 018
第二节　鄂东城乡居民方言使用情况调查　028
第三节　鄂东城乡居民英语使用情况调查 / 036
第四节　鄂东城乡居民普通话、方言和英语语言使用的差异及其成因 / 040
第五节　小　结 / 052

第三章　鄂东城乡居民的语言能力调查 / 053

第一节　鄂东城乡居民普通话语言能力调查 / 054
第二节　鄂东城乡居民方言语言能力调查 / 060
第三节　鄂东城乡居民英语语言能力调查 / 064
第四节　鄂东城乡居民普通话、方言和英语语言能力的差异及其成因 / 069
第五节　小　结 / 080

第四章　鄂东城乡居民的语言学习调查 / 081

第一节　鄂东城乡居民的普通话语言学习 / 081
第二节　鄂东城乡居民的方言语言学习 / 104
第三节　鄂东城乡居民的英语语言学习 / 119
第四节　鄂东城乡居民普通话、方言和英语语言学习的差异及其成因 / 139
第五节　小　结 / 156

第五章 鄂东城乡居民的语言态度调查 / 157

第一节 鄂东城乡居民的普通话语言态度 / 158

第二节 鄂东城乡居民的方言语言态度 / 167

第三节 鄂东城乡居民的英语语言态度 / 176

第四节 鄂东城乡居民普通话、方言和英语语言态度的差异性分析 / 185

第五节 鄂东城乡居民普通话、方言、英语语言态度的差异成因 / 198

第六节 小 结 / 209

第六章 鄂东城乡居民语言生活状况研究结论与启示 / 211

参考文献 / 229

附 录 / 239

鄂东地区语言生活状况调查问卷 / 239

第一章 绪 论

一、研究缘起及意义

（一）研究缘起

语言生活是社会生活的重要组成部分，能够反映和影响其他领域的社会生活。语言生活及其管理分为宏观、中观和微观三个层次，区域语言生活是中观语言生活。❶语言生活状况指某时某地语言使用的总格局，包括调查的地区总共使用哪几种语言，每种语言有多少人在使用；分别在什么情况下使用，以及该社会成员对这些语言持何种态度。语言生活状况调查是调查人们掌握各种语言（包括方言）和文字的情况；使用这些语言文字的习惯和场合；对各种语言文字及其使用过程中的看法。❷李宇明在《中国语言生活的时代特征》一文中提道："政府的职责之一就是管理语言生活。管理好语言生活，必须全面、深入了解语言生活的状况，准确把握语言生活的时代特征，在此基础上方能制定包括语言政策在内的科学的语言规划。"语言生活状况调查有利于文化教育、科学技术、劳动人事等部门的科学决策，有助于制定社会发展规划，制定相应的国家语言政策，为国家语言扶贫及语言服务提供有力的支持。❸

鄂东即湖北省东部地区，狭义上主要指黄冈地区，包括英山、罗田、浠水、黄梅、蕲春、武穴、红安、麻城、团风、黄州等 10 个下辖地区，总面积 1.74 万平方千米。鄂东方言历来为学者所重视，赵元任、丁声树先生将鄂东方言列为第二区，并指出，"这第二区可算作典型的楚语——如果要独

❶ 李宇明. 区域语言生活研究的新篇章——序《上海语言生活状况报告（2020）》[M]// 上海市教育科学研究院，上海外国语大学. 语言生活皮书——上海语言生活状况报告（2020）. 北京：商务印书馆，2020：4.

❷ 苏金智. 国内外语言文字使用情况调查概述 [J]. 语言文字应用，1999（04）：66-72.

❸ 陈章太. 再论语言生活调查 [J]. 语言教学与研究，1999（03）：23-33.

立一种楚语的名目的话。"鄂东方言颇具特色，与邻近的西南官话、江淮官话、赣方言和北方官话既有相同之处，也有明显的差异。❶语言生活状况是一个动态的、开放的系统，会受到社会环境、心理环境等因素的影响。随着新型城镇化进程的加快，鄂东地区由乡镇进入城市打工、学习、经商的人口逐渐增多，"筑巢引凤"计划也吸引大量人才由外省回乡创业、工作。面对新的社会形式，鄂东地区的语言生活状况会出现差异和发生变化。鄂东居民的普通话、方言、英语的语言使用情况、语言能力、语言态度和语言学习方式也会随之发生变化。因此，本书选择从语言使用、语言能力、语言学习、语言态度这四个方面来研究鄂东地区的语言生活状况，希望全面分析这四个维度的状况，分析它们之间的关系，了解它们之间的影响，进而全面揭示鄂东地区居民语言生活状况的面貌。

在新型城镇化的研究中，学术界对土地、户籍、城市布局规划、产业结构调整以及一些经济问题等的政策比较关注，而对文化建设的重视程度有待提高。《国家新型城镇化规划（2014—2020年）》指出城镇化是现代化的必由之路，是解决农业、农村、农民问题的重要途径，是推动区域协调发展的有力支撑，是扩大内需和促进产业升级的重要抓手，对于全面建成小康社会，加快推进社会主义现代化建设，具有重大现实意义和深刻历史意义。《湖北省新型城镇化规划（2021—2035年）》也指出要加快以县城为重要载体的城镇化建设，分类发展小城镇，推动县域人口集中、产业集聚、功能集成、要素集约，打造县城新型城镇化湖北样板。语言是人类重要的交际工具，语言能力的高低更能直观地反映一个人的基本素养水平。因此，城乡语言生活状况调查研究对于推进新型城镇化具有重要意义。

改革开放尤其是1996年撤地建市以来，鄂东人民抢抓机遇，开拓奋进，全市经济社会长足发展。工业初步形成食品饮料、医药化工、纺织服装、建筑建材、机械电子等五大支柱产业，吸引了北京汇源、内蒙古伊利、浙江奥康、香港稳健等大批知名企业落户。农业建成全国重要的优质粮油基地，蚕茧、板栗、茯苓、花生、油菜等农产品产量居湖北之冠。深入贯彻落实党的十九届六中全会精神，锚定习近平总书记赋予湖北"建成支点、走在前列、谱写新篇"的目标定位，2021年12月，湖北省提出"纵深推进区域发展布局，加快建设区域性中心城市，引领带动区域协同发展"的目标。作为鄂东省域区域性中心城市的黄冈，要突破性发展县域经济，大力推进新型城镇

---

❶ 陈淑梅.鄂东方言的量范畴研究 [D].武汉：华中科技大学，2006.

化，抢抓发展机遇，加快推动高质量发展，以一域精彩为全域添彩。目前针对鄂东居民的语言生态研究还比较少，因而针对本区域居民开展城乡语言生态调查，了解他们的语言使用、语言能力、语言学习、语言态度等情况，是对鄂东居民的语言现状研究的补充，有利于从语言学的角度向政府和社会提出建议，助力城市发展和乡村振兴。

（二）研究意义

鄂东城乡居民的语言生活是中观层次的语言生活，鄂东城乡居民语言生活调查研究是我国语言生活状况调查的重要组成部分，可以丰富我国中观层次语言生活的研究成果，理论意义重大，同时也具有一定的应用价值。

1. 理论意义

一是鄂东地区尚无关于城乡语言生活方面的调查研究，需要做一些实证调查工作，在一定程度上弥补这一方面的不足。本研究通过多种研究方法，全面、多角度地搜集、整理、分析数据，阐述鄂东城乡居民语言生活的基本面貌、影响因素以及在社会变项上呈现的差异，有助于预测鄂东城乡居民未来语言发展趋势，为鄂东地区调整地方语言规划，制定合理语言政策，加快推进城乡公共服务一体化建设研究，提供理论依据。

二是本书把语言生活当作当代生态问题的组成部分加以考察，运用生态学原理，借鉴自然界物种生态位理论研究鄂东地区的语言生活状况，揭示语言应用的动态发展规律，为生态语言学、社会语言学理论研究提供材料及理论参考。

2. 现实意义

一是随着新型城镇化进程的不断加快，鄂东地区的语言生活状况发生了变化。对该地区进行语言生活调查是新型城乡语言生活的现实需求，也是做好语言服务工作的基本前提。本研究以大量文献资料和调查数据为基础，阐明了普通话、方言在鄂东地区语言生活中的重要地位和功能，为国家和湖北省制定语言政策，进行语言规划、管理、服务提供基础性依据，对推进城乡语言公共服务一体化建设等将产生一定的积极作用。

二是语言和谐是生态语言学的重要研究问题之一，以往的研究中对鄂东地区的语言和谐关注甚少。著者通过对鄂东城乡居民开展语言生活调查，为语言和谐研究提供了一个研究实例。希望通过本研究可以了解语言生态变化的趋势，为解决鄂东语言的使用、发展问题提供参考，进而促进语言生态和谐。这将为生态文明建设大局提供一个重要的支撑点以及诸多值得借鉴的经验。

二、鄂东概况

鄂东历史悠久，早在旧石器时代，就有人类居住。帝尧时为"樊国"，夏时为"鄂都"，殷商时为"鄂国"，春秋战国时楚鄂王封地，三国时孙权在此称帝。春秋战国时期，楚王熊渠分封其子熊红到鄂州为鄂王，修筑鄂王城，这也是湖北简称"鄂"的由来。秦统一六国，推行郡县制，本地先分属南郡和九江郡，后属衡山郡。隋时起，此区域为两郡并治，黄州为永安郡，蕲州为蕲春郡，辖蕲春、罗田、浠水、蕲水、黄梅5县。到明朝时改为黄州府、蕲州府，两府并治。清朝时，蕲州不再辖县，黄州府辖黄冈、黄安、麻城、罗田、蕲水、广济、黄梅7县和蕲州。直到20世纪90年代，鄂东地区才确定为黄州、麻城、武穴、团风、浠水、罗田、英山、蕲春、黄梅、红安。鄂东地区狭义地讲指主要是指黄冈地区，包括英山、罗田、浠水、黄梅、蕲春、武穴、红安、麻城、团风、黄州等10个县市，127个乡镇街，4290个行政村，面积1.74万平方千米，总人口约750万人。居民以汉族为主，散居有土家族、壮族、回族、苗族、哈萨克族、黎族、土族、蒙古族、满族、白族、佤族、瑶族、藏族、维吾尔族、布依族、彝族、高山族等45个少数民族。超过200人的有土家族、壮族、回族、苗族、哈萨克族、黎族、土族等7个少数民族。

鄂东历史文化源远流长，孕育了一大批科学文化巨匠，为中华民族乃至世界历史发展做出了重要贡献。如中国佛教禅宗四祖、活字印刷术发明人毕昇、医圣李时珍、现代地质科学巨人李四光、爱国诗人闻一多、国学大师黄侃、哲学家熊十力等。同时，鄂东地区也是鄂豫皖革命根据地的中心，诞生了董必武、陈潭秋、李先念等革命伟人，发生了"黄麻起义"、新四军中原突围、刘邓大军千里跃进大别山等重大革命史事件。

三、相关研究综述

（一）有关语言生活的研究

语言和生活息息相关，人们用语言表达生活，生活环境影响语言，可以说从语言诞生起就有语言生活。语言生活，有时又称"语文生活""语言文字生活"等，日本学者金田一京助在 1933 年提出语言生活问题，国内也有不少学者从各个角度阐述了语言生活的内涵与外延。

李宇明认为"语言生活是指学习、运用和研究语言文字的各种活动，以及对语言文字研究成果的各种应用，运用十分广阔，地位十分重要"。❶随后，李宇明又提出"凡运用语言、研究语言、学习语言和语言教育以及应用语言学成果的各种活动，均属于语言生活的范畴"，在原"语言生活"定义的范畴基础上增加了"语言教育"。❷后来，李宇明提出语言生活是指"运用和应用语言文字的各种社会活动和个人活动"❸，详细阐述了语言生活研究的范畴，并在《用法律管理语言生活》一文中阐述了"语言活动是个人和社会的重要生活，为使社会语言生活和谐，为使个人语言生活顺畅，社会管理者必须设置一定的规则来为语言生活提供管理与服务"的观点。李宇明从宏观、中观、微观三个层级，考察了超国家、国家、领域、地域、个人和社会终端组织等不同层面的语言生活。❹至此，语言生活的内涵更为丰富，既涉及与国家直接相关、需要国家直接规划的语言生活，也有各行业、各地区的语言生活，还有与个人的生存、发展息息相关，同社会基本细胞组织的正常运作息息相关的语言生活。2016 年，李宇明在《语言生活与语言生活研究》一文中，指出"语言生活是运用、学习和研究语言文字、语言知识和语言技术的各种活动"，认为"运用、学习和研究是语言生活的三个维度，语言生活中的'语言'包括语言文字、语言知识、语言技术三方面。这三维度和三方面纵横构成了语言生活的九个范畴：语言运用、语言知识的运用、语言技术的运用、语言学习、语言知识的学习、语言技术的学习、语言研究、语言知识的研究、语言技术的研究"。

关于语言生活的界定，其他国内的学者也提出了自己的想法。如周庆生认为，"语言生活也称语言状况或者语言使用状况，其分析对象可以是一个国家、一个地区，也可以是一个民族或一个单位，其内容包括该地区的历史背景、地理语言、社会语言、法律语言、科技商贸和文化等诸多方面。社会语言状况主要指某一社区各种语言的功能分布、功能分类和使用模式，也可

---

❶ 李宇明.语言保护刍议 [M]// 深港语言研究所.双语双方言 (五), 香港 : 汉学出版社 ,1997:208.

❷ 李宇明.关注语言生活 [J]. 长江学术 ,2006(01):95-96.

❸ 李宇明.语言生活需要用法调节 [J]. 语言文字应用 ,2010(03):5-7.

❹ 李宇明.论语言生活的层级 [J]. 语言教学与研究 ,2012(05):1-10.

以包括人们对各种语言或变体的态度"。❶王远新认为，"语言生活包括语言文字在不同类型社区、相关领域和特定群体中的使用状况，以及不同群体的语言态度和语言认同等内容，主要涉及社区、领域和群体三个相互关联的维度"。❷戴庆厦认为，"语言生活也可称为语言使用情况、语言国情等，主要包括语言使用情况、语言功能定位、语言本体特点、语言关系、语言功能的演变等"。❸

综上可以看出，各位学者对什么是"语言生活"都有自己的认识，使用不同的表达方式和术语，给"语言生活"的概念和含义做出了定义，虽各抒己见，但也有相同之处，大家都普遍认为语言生活可以实时呈现一个国家或者一个地区、一个群体真实的语言实践，是需要通过实地考察该区或该群体语言使用的情况、语言能力的情况、语言态度的情况和语言学习方式等几个方面来进行研究的。因此，本书拟从语言使用、语言能力、语言学习和语言态度四个维度出发调查鄂东城乡居民语言生活状况，希望能够详细勾勒出鄂东地区的语言生活全貌。

（二）有关城市语言生活状况的研究

自 1998 年城市语言文字工作观摩研讨会在上海召开之后，有关城市语言生活状况的研究蓬勃发展起来。有针对上海、苏州、桂林等一、二线城市的语言生活状况研究，还有针对香港、澳门特别行政区的语言生活状况研究。研究对象不局限于城市本地人口，还涉及城市外来人口。如史有为在《试论香港多语人社群的语言生活》中提到多语码使用是香港的语言生活实态，香港中文在书面上同时存在通用中文、港式中文和粤式中文 3 种形态。俞玮奇在《城市化进程中上海浦东新城区的语言生活状况及其变化研究》中提到受到城市化进程和普通话的推广政策的影响，该地区语言结构由上海话单语转变为"以普通话为主，上海话仍然保持一定使用空间，多种语言和方言共存"的多语多言面貌。马宇从语言能力、语言使用、语言评价、语言态度几个方面调查重庆市民语言生活，提出当前重庆市民语言生活主要特点是普通话在政府、教育、服务业使用意识已形成，获得积极、肯定评价超过重庆话，但是重庆话相较于普通话，仍然有较高使用率。❹张荷提出普通话是

❶ 周庆生.语言生活与语言政策 [M].北京：社会科学文献出版社，2015:3.
❷ 王远新.语言生活调查的主要内容和方法 [J].民族教育研究,2019,30(02):82-91.
❸ 戴庆厦.中国少数民族语言使用现状及其演变研究 [M].北京：民族出版社，2010:1.
❹ 马宇,谭吉勇.重庆市民语言生活现状研究 [J].甘肃广播电视大学学报,2016,26(04):51-55.

广州市外省务工人员的主要交流工具，绝大多数被调查者希望能够加强普通话和粤语的学习，能够被广州市接纳、获得社会认同。❶

（三）有关乡镇语言生活状况的研究

对乡镇地区进行语言生活状况的调查是社会语言学发展的重要推动力。我国乡镇地区的语言生活调查研究起步较晚，除研究成果较多的少数民族地区以外，其他方言区的语言调查研究相对薄弱。随着城镇化进程的加快，乡镇地区正在经历快速的社会变革，乡镇地区的语言生活状况也引起了人们的关注。例如，赵思思采用问卷调查和实地访谈相结合的方式，对金华市白龙桥镇居民的语言态度、语言能力和语言使用情况进行了调查，对白龙桥镇下属虹路村语言状况进行比较研究，提出改善该镇语言状况的对策。❷李金凤、何洪峰、周宇亮运用 Probit 模型实证分析语言态度、语言环境对儿童语言使用的影响，着重分析了儿童的父母对儿童语言选择的影响和语言使用的情况，并发现农村学前留守儿童普及普通话的关键因素，督促监护人和孩子使用通用语言。❸李现乐、刘逸凡、张沥文以苏中三市（扬州、泰州、南通）为研究对象，从乡村居民的语言行为、语言能力以及语言态度展开苏中三市的乡村语言调查，调查发现当前乡村语言生态状况总体良好，普通话在乡村社会经济发展中发挥了积极作用，方言仍有其交际空间和应用价值，但也存在一些与乡风文明建设和乡村经济发展不相适应的语言问题，需要乡村建设的相关部门和单位针对这些问题提供多样化的语言服务。❹杨丽萍为了对兴化乡镇居民的语言状况进行全面考察，从语言使用、语言能力、语言态度以及语言需求四个方面开展数据搜集工作，通过 SPSSAU 在线分析软件对调查所得数据进行量化分析，发现在城镇化进程中乡镇地区存在的语言问题，比如，语言文明程度不高、普通话语言能力不足等，最后积极思考寻找解决对策，认为政府应该提供相应的语言服务，加强对乡镇的语言管理。❺

❶ 张荷.广州市外省务工人员语言态度、语言使用与身份认同研究 [J].西北民族大学学报（哲学社会科学版），2018(06):156-163.

❷ 赵思思.金华市白龙桥镇居民语言现状考察 [D].杭州：浙江师范大学,2013.

❸ 李金凤，何洪峰，周宇亮.语言态度、语言环境与农村学前留守儿童语言使用 [J].语言文字应用，2017(01):23-31.

❹ 李现乐，刘逸凡，张沥文.乡村振兴背景下的语言生态建设与语言服务研究——基于苏中三市的乡村语言调查 [J].语言文字应用，2020(01):20-29.

❺ 杨丽萍.新型城镇化进程中的乡镇语言状况调查研究 [D].扬州：扬州大学，2019.

（四）有关少数民族语言生活状况的研究

少数民族语言是少数民族社会生活中重要的交流工具，也是民族文化的重要载体。民族地区的语言状况引起了国内语言学家的高度关注。近年来，少数民族语言的传承与保护受到重视。赵春燕在《乡村振兴视域下理塘县中扎村的语言生活》中从语言使用、语言态度、语言困境几个方面描述了中扎村语言生活，发现藏语的使用频率最高，英语的使用频率最低，并且藏语的使用还受方言、宗教因素影响而呈现出多种变体。目前，村民最关心、最直接、最现实的语言民生需求是语言文字信息处理能力的提高。王远新从二语习得和语言能力、语言文字学习方式和动机、语言使用现状、语言态度几个方面描述了三亚市中廖村的语言生活状况，发现中廖村已由单一民族和语言为主的传统黎村变为多民族混居、双语并用的新型社区，通过共时语言生活状况分析了中廖村语言生活的变迁。[1]王远新依据观察、访谈、问卷调查材料和数据，描述了河南省镇平县石佛寺镇维吾尔族经商务工者语言生活和语言文化适应的特点，发现语言文化适应是促使维吾尔族经商、务工者更好地适应当地生活和工作的重要条件，汉语文水平不高，仍是经商、务工者及其家属适应当地工作和生活的主要问题。[2]杨菁从宏观和中观两个层面展现出贵州民族语文生态环境和民族语文保护情况，发现贵州省民族语文生态环境总体良好，但也存在局部不和谐因素。[3]王远新在《哈萨克族移民新家园的语言生活——乌鲁木齐市阿克苏乡鹰舞庄园居民语言使用和语言态度调查》中以入户问卷调查为主，辅以个别访谈，从语言文化适应、语言习得、语言能力、语言掌握程度、学习方式和动机、语言使用现状、语言态度几个方面对乌鲁木齐市达坂城区阿克苏乡哈萨克族牧民移民安居点的居民进行语言生活状况调查。王娟从语言使用、语言能力及语言态度三个方面，对新疆农业大学、喀什大学、伊犁师范学院、昌吉学院等新疆高校的考生与双语维吾尔族大学生进行语言生活状况调查，在《新疆维吾尔族大学生语言生活现状调查》中提出新疆维吾尔族大学生的母语语言能力强于国家通用语语言能力，整体的母语语言态度偏向正面积极，但是母语的使用在内部语域中出现了明显的代际差异和多语化倾向；在外部语域中，维、汉、哈语兼用。覃丽赢在

[1] 王远新.三亚市中廖村的语言生活变迁[J].语言文字应用,2021(03):58-68.

[2] 王远新.维吾尔族在豫经商务工者语言生活及语言文化适应调查[J].民族教育研究,2020,31(05):122-131.

[3] 杨菁.贵州省少数民族语言生活调查研究[J].贵州民族研究，2020,41(08):181-186.

《小茶腊独龙族语言生活的适应性变迁》中提出小茶腊村独龙族的语言生活呈现出"和而不同、各就其位、和谐有序"的特点，每种语言在民族情感、社会交际、生存发展等方面发挥着各自的功能。陈小燕通过对南疆典型的多族群杂居区社交语言使用情况进行全面调查和深入分析，揭示出南疆多族群杂居区语言使用的特点和规律，母语忠诚度与对其他族群语言的认同度、语言竞争以及语言和谐的对立统一关系。

（五）有关鄂东方言的研究

鄂东方言颇具特色，长期以来为众多学者所重视。鄂东方言的研究主要集中在传统方言的语言变异研究方面，重点关注鄂东方言的语音、词汇、语法等内在因素的变异。如陈淑梅详细分析了鄂东方言中小称的表现形式，并且结合这些表现形式从认知的角度探讨了鄂东方言的小称与量范畴有着密切的关系。[1]杨凯提出鄂东方言既存在与普通话一致的体助词"着""了""过"，同时也存在三种特殊的"体"助词，这三种"体"助词在句法格式、语义特征及其使用条件方面都有其特点。[2]陈淑梅发现鄂东方言的量词重叠形式有"AA"形式、"一AA儿的"形式、"A数A儿的"形式，在句法功能和表意功能上有一定的差异，颇具特色。[3]另外还有关于鄂东方言的俗语研究、副词"把"字研究、"把得"被动句研究等一些具有特色结构的格式研究。

（六）简 评

从上述文献的梳理结果来看，学术界对鄂东地区的语言研究主要集中在方言研究方面，从社会语言学和生态语言学的视角来研究鄂东地区语言使用、语言能力、语言学习、语言态度的实证研究几乎没有，也没有对鄂东地区语言生活的现状和发展趋势进行过大样本的实证研究，文献参考资料也较少。因此，本书在前人研究的基础上，制作调查问卷和访谈提纲，通过问卷调查和访谈相结合的方式，从语言使用、语言能力、语言学习和语言态度四个维度收集鄂东城乡居民语言生活状况的第一手资料，全面系统地分析鄂东地区语言生态现状和发展趋势。这种既有定量数据支持，又有定性分析的研究，有利于鄂东城乡居民语言生活状况的研究。

---

[1] 陈淑梅.鄂东方言的小称与主观小量[J].江汉学术，2014,33(04):123-128.

[2] 杨凯.鄂东方言的"体"助词[J].湖北社会科学，2011(02):136-138.

[3] 陈淑梅.鄂东方言量词重叠与主观量[J].语言研究,2007(04):42-46.

四、研究问题

（一）语言使用的研究问题

鄂东城乡居民普通话、方言和英语的语言使用现状如何？他们选择使用哪种语言在不同的情况、不同的地点与不同的对象进行交流？居民不同的性别、年龄、教育程度、职业、居住地、父母年龄、父母教育程度、父母职业、父母语言态度等社会变量是否会导致不同的语言使用情况？这些差异是否具有统计学意义？为什么会产生这些差异？存在什么规律或可以得出什么结论？

（二）语言能力的研究问题

鄂东城乡居民普通话、方言和英语的语言能力现状如何？普通话、方言、英语的听、说、读、写能力如何？居民不同的性别、年龄、教育程度、职业、居住地、父母年龄、父母教育程度、父母职业、父母语言态度等社会变量是否会导致不同的语言能力水平情况？这些差异是否具有统计学意义？为什么会产生这些差异？存在什么规律或可以得出什么结论？

（三）语言学习的研究问题

鄂东城乡居民普通话、方言、英语的语言学习现状如何？学习普通话和英语听说读写能力的方法有哪些？习得方言的方法又有哪些？居民不同的性别、年龄、教育程度、职业、居住地、父母年龄、父母教育程度、父母职业、父母语言态度等社会变量是否会导致不同的语言学习方式？这些差异是否具有统计学意义？为什么会产生这些差异？存在什么规律或可以得出什么结论？

（四）语言态度的研究问题

鄂东城乡居民普通话、方言、英语的语言态度现状如何？从情感、认知和行为三个维度来看，语言态度的现状如何？居民不同的性别、年龄、教育程度、职业、居住地、父母年龄、父母教育程度、父母职业、父母语言态度等社会变量是否会导致不同的语言态度？这些差异是否具有统计学意义？为什么会产生这些差异？存在什么规律或可以得出什么结论？

五、研究方法

本书以鄂东城乡居民为重点调查对象，主要采取电子问卷的形式，通过纸质问卷和使用问卷星发放电子问卷，抽取了鄂东 10 个县市 30 名鄂东城乡居民，利用寒假春节家庭聚会之际，采用滚雪球式的调查方式对其家长、亲戚、朋友、同学、邻居等周围人群进行问卷调查，本次调查的调查对象包括少儿、青少年、青年、中年、老年五个群体，涵盖面较广。调查区域为狭义的鄂东地区，包括英山、罗田、浠水、黄梅、蕲春、武穴、红安、麻城、团风、黄州等 10 个县市。调查的内容涉及三类语言及语言变体，即方言、普通话和英语。方言在本次调查中是一个整体概念，统指鄂东地区不同城乡居民使用的地方话。语言生态现状调查包括语言使用、语言能力、语言学习、语言态度四个部分。除了问卷调查以外，还采用了半结构化的访谈形式，从问卷调查者中随机抽取样本作为访谈对象，每一位访谈者的访谈过程不超过 20 分钟，可以采用面对面方式，也可以采取网络形式。在访谈开始前，调查者预设几个问题，但访谈并不局限于这些问题，可以根据受访者的回答进行扩展和延伸，但是采访内容尽量中立，不建议或引导受访者。若遇到受访者比较敏感或不愿意回答的问题，可以采用选择的方式提问或跳过问题。

（一）文献研究法

通过中国政府网站收集新型城镇化相关文件和政策，在中国知网、图书馆等处查阅鄂东城乡相关文献和专著，掌握本书相关研究现状，了解鄂东地区地域文化、人文特色、语言文字、风俗习惯，为问卷设计、访谈提纲设计和语言调查设计做准备。

（二）问卷法和访谈法

问卷调查采用纸质形式和网络形式共同完成，问卷分为两部分，第一部分为基本信息，如性别、年龄、受教育程度、父母年龄、职业等背景信息；第二部分调查城乡居民的语言状况，问题主要涉及语言使用、语言能力、语言学习、语言态度四个方面。访谈法是调查人员与受访者进行交流，有面对面形式，也有网络形式，在访谈中由调查人员提问，受访者回答问题，从中获取有用的信息和资料。

（三）统计分析方法

在鄂东地区，包括英山、罗田、浠水、黄梅、蕲春、武穴、红安、麻城、团风、黄州等10个县市向当地居民发放问卷后，通过 SPSSAU 在线分析软件对回收的样本数据进行统计和分析，包括"均值比较""方差分析"和"回归分析"，并生成图表。本书使用 SPSSAU 对问卷调查收集的数据进行统计和分析。首先，通过描述性统计描述受访者语言生活的总体情况；其次，通过方差分析和 t 检验的方法，检验了性别、年龄、文化程度、职业、家庭所在地、父母年龄、父母文化程度、父母的职业和父母的语言态度等社会变项上出现的差异是否具有统计学意义；最后，通过对比找出鄂东城乡居民语言生活各方面的差异，分析差异出现的原因，预测发展趋势。

（四）对比分析法

通过对比不同性别、年龄、受教育程度、职业、家庭所在地、父母年龄、父母受教育程度、父母职业、父母语言态度的鄂东城乡居民的语言生活状况，找到其间存在的差异，并分析差异产生的原因。

六、研究基本思路

本研究以社会语言学和生态语言学理论为指导，基于文献梳理、数据分析和成果整理完成选题。首先，利用调查问卷和访谈相结合的方法分别从语言使用、语言能力、语言学习和语言态度四个方面对鄂东城乡居民的语言生活状况进行详细的描写，以真实、可靠的数据反映当前该区语言生活现状；其次，利用 SPSSAU 方差分析、独立样本 t 测试及均值对比等统计分析方法分别探讨影响鄂东城乡居民语言使用、语言能力、语言学习和语言态度的社会因素，调查居民间正在发生的语言变化，并预测居民未来的语言发展趋势；最后，结合生态学研究热点生态位理论，分析普通话、方言、英语外生态环境，探讨鄂东城乡居民语言生活现状形成的原因，从生态文明建设的视角对鄂东地区语言生态和谐问题加以思考。

七、调查样本基本情况

本书借助社会语言学的理论确定研究范围和对象、分析角度等。"社会语言学是对一个言语社区内，人们使用语言的方式及人们使用语言时的选择做出阐释的科学"。❶本研究根据调查问卷和访谈搜集的数据进行分析，从而揭示"社会因素如何影响人们的交谈方式和谈话语体的选择"❷。社会因素包括"阶级、阶层、性别、年龄、职业、受教育程度"❸等。考察这些社会因素对鄂东城乡居民语言生活状况的影响差异，分析出现差异原因，并从社会、政治、经济、文化、心理等方面对鄂东城乡居民语言生活状况进行解释。

本次调查在鄂东地区共发放问卷 304 份，其中有效问卷 304 份。本书的主要调查对象包括少儿、青少年、青年、中年、老年五个群体，涵盖面较广。

（一）性别比例

本次调查共回收 304 份有效调查问卷，其中男性 124 人，占总样本的41%；女性 180 人，占总样本的 59%。

（二）年龄情况

被调查对象的年龄分布情况：7 ～ 12 岁的有 33 人，占总样本的10.86%；13 ～ 17 岁的有 36 人，占总样本的 11.84%；18 ～ 45 岁的有 134 人，占总样本的 44.08%，46 ～ 69 岁的有 79 人，占总样本的 25.99%，69 岁以上的 22 人，占总样本的 7.24%。本研究按照 0（初生）～ 6 岁为婴幼儿；7 ～ 12岁为少儿；13 ～ 17 岁为青少年；18 ～ 45 岁为青年；46 ～ 69 岁为中年人；大于 69 岁为老年人的标准为年龄进行分段。可以看出，本次调查的抽样对象分布于各个年龄段，其中青年群体是样本的主要采集对象。这类人群是社会的积极活动者，参与社会事务机会多，语言使用也最为复杂。他们的语言现状既受到上一代人的影响，也受到成长过程中社会环境的影响，还有学校教育的影响、工作性质的影响等。另外，他们的语言现状也会影响到他们子女的语言情况。

（三）受教育程度情况

被调查者受教育程度：小学以下的有 34 人，占总样本的 11.18%；小学

---

❶ Holmes J. *An Introduction to Sociolinguistics*[M].London：Longman,1992:16.

❷ 张廷国，郝树壮 . 社会语言学研究方法的理论与实践 [M]. 北京：北京大学出版社，2008:3.

❸ 祝畹瑾 . 新编社会语言学概论 [M]. 北京：北京大学出版社，2013:30 .

学历的有 37 人，占总样本的 12.17%；初高中学历的有 80 人，占总样本的 26.32%；大学学历的有 118 人，占总样本的 38.82%；大学以上学历的有 35 人，占总样本的 11.51%。上述数据表明，被调查对象文化教育程度较高。

（四）职业情况

被调查对象涉及社会各个行业领域，304 个有效样本中，从事公务员职业的有 18 人，占总样本数的 5.92%；从事教师职业的有 21 人，占总样本数的 6.91%；农牧民有 30 人，占总样本数的 9.87%；从事服务行业的有 31 人，占总样本数的 10.2%；个体业主有 41 人，占总样本数的 13.82%；专业技术人员有 15 人，占总样本数的 4.93%；退休人员有 11 人，占总样本数的 3.62%；学生有 136 人，占总样本数的 44.74%。

（五）居住区域情况

被调查对象分别居住于鄂东地区 1 市辖区、2 县级市、7 县，具体为黄冈市下辖黄州区、麻城市、武穴市、团风县、浠水县、罗田县、英山县、蕲春县、黄梅县、红安县。从调查数据来看，调查对象分布区域为城市的占总样本的 41%，调查对象分布区域为乡镇的占总样本的 31%，调查对象分布区域为乡村的占总样本的 28%。

（六）父母年龄情况

本次调查父母年龄设置的最大值到 80 岁，有的居民父母年龄大于此数或者是已经去世了，所以，根据父母年龄社会变项的采样数据总数只有 278。被调查者父母的年龄为 40 岁以下的有 122 人，占总样本的 43.88%；41 ～ 50 岁的有 69 人，占总样本的 24.82%；51 ～ 60 岁的有 47 人，占总样本的 16.91%；61 ～ 70 岁的有 33 人，占总样本的 11.87%；71 ～ 80 岁的有 7 人，占总样本的 2.52%。上述数据表明，被调查对象父母年龄范围分布较广，其中 41 ～ 50 岁和 40 岁以下的人群最多。

（七）父母受教育程度情况

父母受教育程度社会变项的采样数据总数为 278。被调查者受教育程度为小学及小学以下的有 67 人，占总样本的 24.1%；初高中学历的有 103 人，占样本总数的 37.05%；大学学历的有 91 人，占样本总数的 32.73%；大学以上学历的有 17 人，占总样本的 6.12%。

（八）父母职业情况

父母职业社会变项的采样数据总数为 278，其中从事公务员职业的有 15 人，占总样本数的 5.4%；从事教师职业的有 21 人，占总样本数的 7.55%；农牧民有 62 人，占总样本数的 22.3%；从服务行业的有 88 人，占总样本数的 31.65%；个体业主有 43 人，占总样本数的 15.47%；专业技术人员有 16 人，占总样本数的 5.76%；工人有 20 人，占总样本数的 7.19%；待业有 13 人，占总样本数的 4.68%。

（九）父母语言态度情况

父母语言态度社会变项的采样数据总数为 278。对普通话的语言态度，持非常支持态度的有 206 人，占总样本数的 74.1%；持一般支持态度的有 31 人，占总样本数的 11.15%；持中立态度的有 37 人，占总样本数的 13.31%；持反对态度的有 4 人，占总样本数的 1.44%。

对方言语言态度，持非常支持态度的有 155 人，占总样本数 55.76%；持一般支持态度的有 41 人，占总样本数的 14.75%；持中立态度的有 52 人，占总样本数的 18.71%；持反对态度的有 30 人，占总样本数的 10.79%。

对英语的语言态度，持非常支持态度的有 220 人，占总样本数的 79.14%；持一般支持态度的有 37 人，占总样本数的 13.31%；持中立态度的有 18 人，占总样本数的 6.47%；持反对态度的有 3 人，占总样本数的 1.08%。

八、小 结

本章主要介绍了研究的缘起、意义、目的，简述了鄂东地区的整体情况，综述了有关语言生活的研究、有关城市语言生活状况的研究、有关乡镇语言生活状况的研究、有关少数民族语言生活状况的研究、有关鄂东方言的研究，根据文献的梳理结果，提出了本书的研究问题，阐述了研究方法，最后介绍了此次鄂东城乡居民语言生活状况调查研究样本的基本情况。

第二章　鄂东城乡居民的语言使用调查

我国是一个幅员辽阔、方言众多的多民族国家。随着社会的发展，城市化进程的不断加快，城乡居民受教育程度普遍高于上一代。同时，受国家语言政策、家庭语言规划、学校基础教育等因素影响，普通话的使用量大幅增加，方言逐渐向普通话靠拢，语言使用情况比较复杂。

广义的语言使用主要指"一个国家、地区、社区内各种语言的功能分布、功能分类和使用模式，也可以包括人们对各种语言或变体的态度"❶，有时也叫语言生活状况，或者叫语言国情。狭义的语言使用则是指具备多语能力的人"在现实社会生活中进行人际交往时所进行的一种语言选择行为"❷。

"语码"泛指人们在言语交际中使用的任何一种符号系统，或语言，或方言，或一种语体。"'语码转换'指在双语或多语交际环境中，在不同场合，或在一次交谈中，操双语者轮换使用两种或多种不同的语言、方言或语体。"❸鄂东居民选择用普通话还是方言进行交流，是一种语码选择，居民会根据不同的交际对象、话题、场景，而选择某种特定语言形式或语言变体。美国语言学家费希曼提出"语域理论"来解释语言的选择。所谓语域或语言使用域是指由一系列共同的行为规则（包括语言规则）制约的一组组典型的社会情境。这是一些活动范围（领域），在这个范围内人们必定选择某一种语言、方言或语体。❹费希曼把语码转换分为五个语域来进行研究：家庭域、朋友域、宗教域、教育域和工作域。❺鄂东城乡居民的语言行为反映了

---

❶ 周庆生.语言生活与语言政策 [M].北京：社会科学文献出版社，2015:2.

❷ 瞿继勇.湘西地区少数民族语言态度研究 [D].西安：陕西师范大学，2014.

❸ 祝畹瑾.新编社会语言学概论 [M].北京：北京大学出版社，2013：255.

❹ 徐大明.社会语言学研究 [M].上海：上海人民出版社.2007：224.

❺ 杨辉，钟庆伦.语码转换和社会心理动机 [J].长春理工大学学报（社会科学版），2008（04）：79-83.

鄂东地区各语言及方言的地位关系、规范程度及价值功能等，是鄂东语言生态状况的直接体现。本章将结合鄂东城乡生活的特点，基于费希曼的语域理论，从家庭领域和公共领域两方面对鄂东城乡居民的语言使用情况展开考察分析。

本次调查的鄂东城乡居民来自英山、罗田、浠水、黄梅、蕲春、武穴、红安、麻城、团风、黄州等10个县市，不同的地域都有着各自的方言。本章主要讨论鄂东地区居民在不同场合、不同地点、不同对象面前选择使用哪种语言进行交流，以及在不同变量上分析语言使用差异。

第一节 鄂东城乡居民普通话使用情况调查

一、普通话使用的整体情况分析

（一）家庭域

家庭领域的语言交际多为非正式场合，本书将鄂东地区居民的主要交流对象分为长辈、平辈、晚辈三类，考察乡镇居民与这三类亲属交流时普通话的使用情况。本次调查根据居民面对不同的亲属时选择使用普通话的频率差异，将乡镇居民语码的选择分为"完全不用普通话""几乎不用普通话""偶尔使用普通话""有时使用普通话""经常使用普通话"五种情形，调查结果如表2-1所示。

表2-1 家庭域不同交际对象普通话使用情况表

情　境	普通话使用情况				
	完全不用	几乎不用	偶尔使用	有时使用	经常使用
与长辈说话	48.99%	28.81%	8.42%	7.90%	5.88%
与平辈说话	18.76%	14.70%	18.80%	20.76%	26.98%
与晚辈说话	15.82%	13.37%	20.25%	27.17%	23.39%
平均值	27.86%	18.96%	15.82%	18.61%	18.75%

由表2-1可知，在家庭语域里，居民与不同的对象交流会有不同的语码

选择倾向。整体上看，"完全不用普通话"的占比最高，其次是"几乎不用普通话"。说明鄂东城乡居民在面对家庭成员进行交流时使用普通话较少。纵向来看，"完全不用普通话"的情况主要出现在与长辈进行交流时，占比接近 50%，其次出现在与平辈进行交流时，最少出现在与晚辈进行交流时；"几乎不用普通话"的情况与"完全不用普通话"的情况一致；"偶尔使用普通话"的情况主要出现在与晚辈进行交流时，其次出现在与平辈进行交流时，最少出现在与长辈进行交流时；"有时使用普通话"的情况与"偶尔使用普通话"的情况基本一致，只是"有时使用普通话"与平辈和晚辈进行交流的比例上升了。"经常使用普通话"的情况主要出现在与平辈进行交流时，其次出现在与晚辈进行交流时，最少出现在与长辈进行交流时。

1. 与长辈交谈

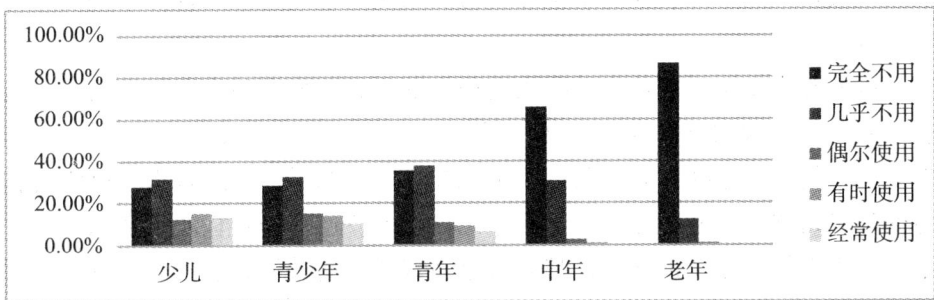

图 2-1 不同群体与长辈交流时普通话选择情况分布图

从图 2-1 可以看出，与长辈交谈时，少儿、青少年和青年这三个群体的语言选择更多样，中年和老年这两个群体选择较为单一。中年、老年两个群体的城乡居民在与长辈交谈时，使用普通话的比例都比较低，他们的长辈都长期居住在家乡，家庭内部的人口结构相对稳定，习惯使用家乡话。另外，由于时代因素，大部分长辈都没有接受过正规的普通话培训，整体普通话水平不高，在日常生活中也很少需要使用普通话。面对这种情形，大部分晚辈在与长辈交谈时，都会因为感情因素，跟随长辈的语言习惯，尊重长辈的语码选择，不使用或较少使用普通话，尽量让交流更顺畅。

2. 与平辈交谈

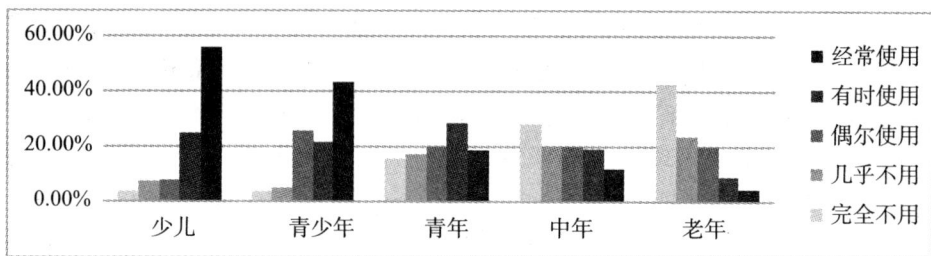

图 2-2　不同群体与平辈交流时普通话选择情况分布图

如图 2-2 所示，五大群体与平辈交流时语码选择情况和与长辈交流时语码选择情况有较大差异。整体来看"完全不用普通话"和"几乎不用普通话"的比例大幅下降，说明在与平辈交流时鄂东城乡居民的语码选择已经明显偏向于普通话。

少儿和青少年语码选择情况出现很大的反转，普通话在平辈之间交流占有绝对优势，说明这两大群体在家里与平辈沟通时，更倾向于选择普通话，他们之间的语码选择具有一致性。少儿和青少年的平辈亲属多指家里年龄相仿的兄弟姐妹，一般正处于上学的年纪，随着普通话普及程度不断加深，无论是城市学校还是乡镇学校，都非常重视普通话的教学，基本上所有学校都会严格要求上课用语必须是普通话，教师的普通话水平也有硬性规定，大部分教师的普通话能力较强。在这种大环境下，鄂东城乡居民已经习惯使用普通话了，即使在课堂以外也更倾向于使用普通话。

青年群体普通话的使用频率明显升高，"完全不用普通话"和"几乎不用普通话"的占比下降。该人群中除了土生土长的本地人之外，不乏一些由于工作、婚嫁等因素移居城镇的外地人口，这个群体的调查对象在家庭生活中平辈关系主要是指夫妻关系和亲属关系。有些夫妻可能不是来自同一个地方，没有相同的方言背景，无法用方言进行日常交流，因此，只能选择普通话。青年群体之间的同伴关系，除了夫妻关系，也指亲属关系。关系亲密度也是影响语码选择的一个重要因素，一般来说，关系越亲密越容易选择方言。通过采访了解到，很多年轻人在成长过程中都受过良好的普通话教育，普通话能力较强，但在家里和兄弟姐妹在一起时会选择使用方言交流。

中年和老年群体在日常生活中的平辈关系都是同龄人，不管是夫妻关系还是亲属关系都倾向于"不用普通话"，原因是他们的普通话能力相对较低，日常生活交流还是以方言为主，大家的语码选择具有一致性。

可以看出，由于同龄人的语言使用习惯相同，儿童和青少年在家中与同龄人交流时使用普通话的频率更高；青年群体在"不用普通话"的占比降低，"多用普通话"的占比提高，这一群体是典型的双语使用者，语言能力、关系亲疏都是影响语码选择情况的重要因素。

3. 与晚辈交谈

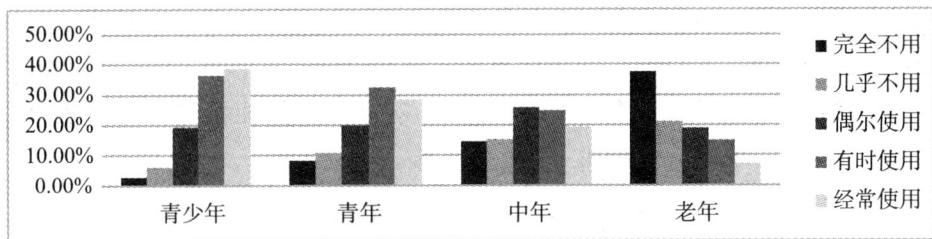

图2-3　不同群体与晚辈交流时语码选择情况分布图

因为少儿年龄较小，这里以青少年、青年、中年、老年四大群体的语码选择情况为研究重点，主要分析他们与晚辈交流时的普通话的使用情况。从图2-3可以看出，"完全不用普通话""几乎不用普通话"的比例又有所下降，而使用普通话的比例又有所提高，可见，与晚辈交流时，四大群体的语码选择都趋于复杂。

青少年群体与晚辈交流时，"完全不用普通话"和"几乎不用普通话"的比例最低，"偶尔使用普通话"的比例也是最低的，但是"有时使用普通话"和"经常使用普通话"的比例都是最高的。青少年人群普遍受教育程度更高，所接受的普通话教育更全面，大部分人普通话水平较高，他们的晚辈，也大都处于学龄期，普通话水平也较高，因此，在日常生活中普通话成为他们交流的主要工具。

中年、老年群体与晚辈交流时"完全不用普通话"和"几乎不用普通话"的选择占比都有所降低，"偶尔使用""有时使用""经常使用"的占比都有所提高。中、老年群体整体普通话水平较低，在于长辈和平辈交流时少用普通话，普通话使用的频率远远低于青年、青少年，但在与晚辈交谈时，在语码选择上，使用普通话的机会大大增加了。

总体来说，通过调查可知，青少年群体、青年群体是典型的双言使用者；中年群体会根据交际对象变换身份，大多数时候也是双言使用者；由于语言能力不足，老年居民在与子女或孙子女交流时并不以普通话为主要语言，但也有使用普通话的意愿，大多数时候是单言使用者。

（二）公共域

本次调查根据费希曼的语域理论，把朋友域、教育域、工作域归为公共域，同时增设生活域，即鄂东城市居民购物、看病、存钱、跑腿等与日常生活息息相关的以及在公共场所与陌生人打交道的言语活动场景。因此，本章所提公共域为朋友域、教育域、工作域、生活域四个语域。每一个语域为鄂东城乡居民的语码选择设置了具体的言语交际的情境，在朋友域中设置"和朋友、邻居闲聊"的情境，在教育域和工作域中设置"平常工作、干活或学习"的情景，在生活域设置"非正式"和"正式"的两个情境，分别为"在菜场、小卖部"和"在政府机关、医院、银行"。

表2-2　公共域普通话使用情况表

普通话使用情况	场合			
	在菜场、小卖部	和朋友、邻居闲聊	平常工作、干活或学习	在政府机关、医院或银行
完全不用	22.10%	26.40%	16.60%	7.31%
几乎不用	24.30%	26.20%	19.70%	13.40%
偶尔使用	33.00%	22.65%	19.32%	16.11%
有时使用	13.20%	14.45%	20.78%	25.28%
经常使用	7.40%	10.30%	23.60%	37.90%

如表2-2所示，在"和朋友、邻居闲聊"时、"在菜场、小卖部"两个情境中，"完全不用普通话"和"几乎不用普通话"的情况占主导地位，分别占据第一、第二的位置。在"平常工作、干活或学习"和"在政府机关、医院或银行"两个情境，"有时使用普通话"和"经常使用普通话"比例均高于"完全不用普通话"和"几乎不用普通话"，占据第一、第二的位置。

在"菜场、小卖部"情境中，"经常使用普通话"占比在四个情境中最低，"有时使用普通话"的占比也是最低。菜市场、食堂等场合比较随意，与人们的日常生活息息相关。购买商品时需要与供应商沟通并协商价格。但是，在这种情况下的"完全不用普通话"和"几乎不用普通话"的比例低于"和邻居朋友聊天"的比例。城镇发展推动了人口流动，许多本地人外出经商、打工，同时也有许多外地人来本地做生意，本地人和外地人交流机会增多，也使得使用普通话的频率有所增加。

在"和朋友、邻居闲聊"的情境中，"经常使用普通话"的占比较低，为10.3%，比例仅高于"在菜场、小卖部"情境。"完全不用普通话"和"几乎不用普通话"两个选项的占比都超过了25%，排名靠前。可见，鄂东城乡居民在朋友域更倾向于少用或不用普通话，邻居、朋友是关系亲密度仅次于家人的交际对象，生活环境和成长情况与被调查者类似，人们更习惯用交际双方都熟知的语言来进行交际，并且和邻居、朋友闲聊时，情绪放松，话题日常，用熟悉和习惯的语言更能拉近双方的情感距离。

在"平常工作、干活或学习"情境中，"经常使用普通话"的占比最高，"完全不用普通话"的占比最低。工作场所是一个相对正式的场合，工作中讨论的话题往往涉及专业词汇，普通话可以更准确地传达有效信息。但是，也有一些专业性较低的职业，如工厂工人和农民，一般不太容易改变自己的语言习惯，还是倾向不选择使用普通话。学习情况与工作情况类似，学习题目也涉及大量专业词汇，对普通话的要求更高，学生群体使用普通话的频率也更高。鄂东城乡居民在课堂学习中甚至是日常生活中使用普通话已经成为一种习惯，不需要老师的强制要求。可见，鄂东城乡居民在教育域、工作域倾向于普通话和非普通话两种语言变体的混用，呈现出双言制特征。

在"在政府机关、医院或银行"的情境中，"经常使用普通话"和"有时使用普通话"的比例远远高于剩余三项。"完全不使用普通话"的占比在四个情境中最低，"几乎不用普通话"的占比也是较低。人们在政府机关、医院或银行等场合谈论的话题往往不是日常生活聊天的内容，一般是涉及一些重要的事件，如寻求帮助、生命安全、经济财产等，所以更倾向于选择权威性的语言普通话；并且，在与政府工作人员、医护人员、银行工作人员沟通时，为了不影响办事效率或损坏自身利益，也更倾向于选择作为标准语体的普通话。因此，在"政府机关、医院或银行"这类相对正式的语境中，居民则倾向于选择使用普通话。

基于以上研究，根据 Barker（1947）和 Barber（1952）从社会心理层面分析，将领域分为亲密性、非正式性、正式性和群际性四个领域。"在家和平辈交谈""在家与长辈交谈""在家与晚辈交谈""与朋友和邻居闲聊"被归类为亲密性领域，"菜场、小卖部"为非正式性领域，根据以上分析，方言在亲密性、非正式性领域用得更多。"日常工作或学习"和"在政府机构、医院或银行"是正式性领域，根据以上分析，普通话在非亲密性的、正式性领域使用得更多。普通话和方言功能明确，各有适用的领域。

二、普通话使用在社会变项上的差异性分析

语言与社会密切相关，没有能够脱离语言存在的社会，也没有能够脱离社会而传承的语言。语言系统并不是独立于社会以外的"死系统"，而是与社会结构、社会运作相互作用、不断发展变化的"活系统"。交际双方的年龄、受教育程度、职业类型等社会因素都会在不同层面对社区成员的语言使用产生影响。下面就从性别、年龄、教育程度、家庭所在地、父母年龄、父母教育程度、父母职业、父母语言态度等社会变量入手，研究鄂东城乡居民的普通话语言使用情况。利用 SPSSAU 在线数据分析软件，通过独立样本 t 检验、方差分析、均值对比等方法，对鄂东城乡居民的普通话的使用进行分析，以期探讨上述社会变项对调查对象语言使用的影响。

在本次调查研究中，设定选项"全部说方言"为"1"，"主要说方言，有时说普通话"为"2"，"普通话和方言差不多"为"3"，"主要说普通话，有时说方言"为"4"，"全部说普通话"为"5"。

（一）性别变项分析

利用 t 检验（全称为独立样本 t 检验）发现，不同性别样本对于普通话使用的影响均不会表现出显著性（$p>0.05$），意味着鄂东城乡居民不会因为性别的差异而影响普通话的使用。

通过均值对比可以知道，在鄂东地区，女性居民比男性居民更愿意使用普通话。

（二）年龄变项分析

年龄与语言使用的密切关系早已引起了社会语言学的关注，"语言存在着年龄差异是所有差异中最直观、最常见的"。❶经过方差分析（全称为单因素方差分析）发现，不同年龄的鄂东城乡居民在普通话使用上的差异达到显著水平（$p<0.05$），说明不同的年龄对选择是否使用普通话有影响。通过比较平均值，可以进一步发现，受访者的普通话使用年龄变量存在明显的"层化"，具体而言，普通话的使用与受访者的年龄成反比，即年龄越大，普通话使用率越低；年龄越小，普通话使用率越高。

---

❶ 戴庆厦.社会语言学概论 [M]. 北京：商务印书馆，2004：31.

（三）受教育程度变项分析

利用方差分析（全称为单因素方差分析）发现，鄂东城乡居民不同的受教育程度对普通话的使用的影响会表现出显著性（$p<0.05$）。通过均值比较，可以发现鄂东城乡居民的普通话使用情况与受教育程度的差异有密切关系。具体来说，鄂东城乡居民的普通话使用与其受教育程度成正比，即受教育程度越高的居民，使用普通话的比例越高；受教育程度越低的居民，使用普通话的比例越低（图2-4）。

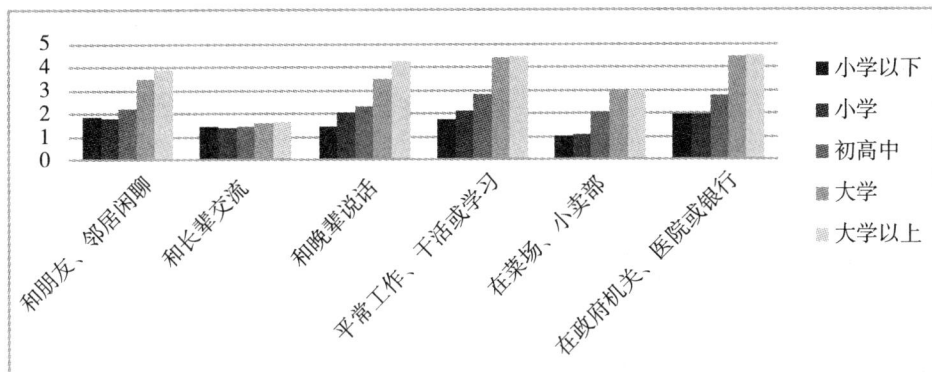

图2-4　不同文化程度鄂东城乡居民普通话使用均值差异图

（四）职业变项分析

经方差分析发现，职业因素对于普通话的使用表现出显著性（$p<0.05$）。通过均值比较发现，鄂东城乡居民的普通话使用与职业类型差异方面有密切关系。具体来说，教师、公务员、专业技术人员、学生使用普通话的比例明显高于农牧民、服务行业、个体业主、退休人员（图2-5）。

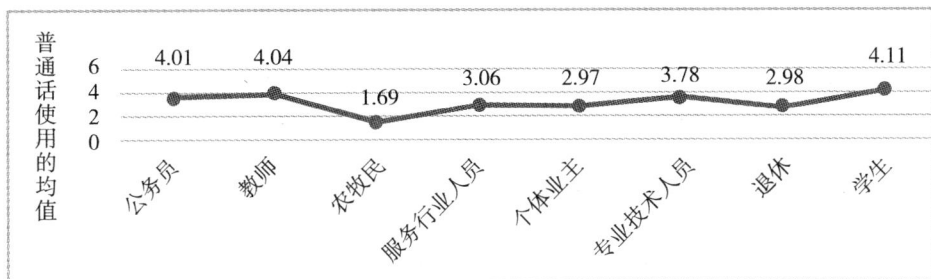

图2-5　鄂东城乡居民普通话的使用在职业变项上的差异

（五）家庭所在地变项分析

经方差分析可知，不同的家庭所在地对于普通话的使用均会表现出显著性（$p<0.05$），意味着不同地方的居民，他们使用普通话的情况具有差异。通过比较平均值，可以发现受访者的普通话使用在家庭所在地变量上表现出明显的"层化"现象，居住在城市的居民使用普通话的比例高于居住在乡镇的居民（图2-6）。

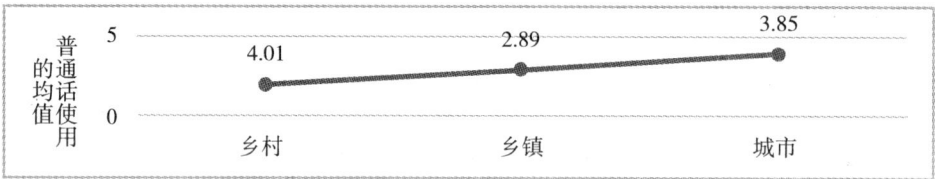

图2-6　鄂东城乡居民普通话的使用在家庭所在地变项上的差异

（六）父母年龄变项分析

经方差分析可以看出不同父母的年龄样本对于普通话的使用的影响均不会表现出显著性（$p>0.05$），但通过均值比较，我们发现调查对象普通话的使用在父母年龄变项上，呈现出明显的"层化"现象。具体来说，鄂东城乡居民的普通话使用与其父母年龄大小成反比关系，父母年龄越大的居民，其使用普通话的频率越低；父母年龄越小的居民，其使用普通话的频率就越高（图2-7）。

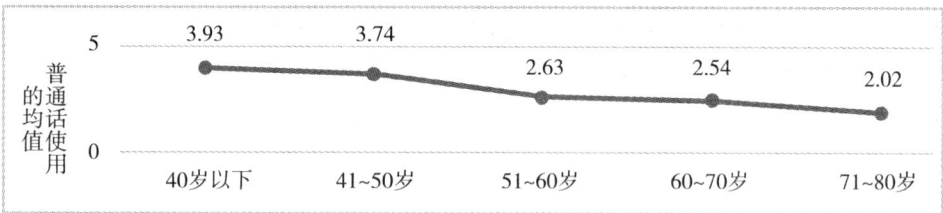

图2-7　鄂东城乡居民普通话的使用在父母年龄变项上的差异

（七）父母受教育程度变项分析

经方差分析发现，父母受教育程度不同的鄂东城乡居民受访者在普通话使用上的差异均达到显著水平（$p<0.05$），具有统计学意义。从均值可以看出，父母文化水平越高的人，使用普通话的比例就越高。

表2-3　鄂东城乡居民普通话使用与父母受教育程度的差异分析

人　员	受教育程度			
	小学及以下	初高中	大学	大学以上
母亲（均值）	2.85	2.93	3.99	4.03
父亲（均值）	2.76	2.96	3.92	3.98
父母（均值）	2.81	2.95	3.96	4.01

（八）父母职业变项分析

经 SPSS 单因素方差分析发现，父母职业不同的鄂东城乡居民受访者在普通话使用上的差异达到显著水平（$p < 0.05$），具有统计学意义。从均值可以看出，父母职业为教师、公务员的人，使用普通话的比例较高。

表2-4　鄂东城乡居民普通话使用与父母职业类型的差异分析

人　员	父母职业						
	农牧民	工人	个体业主	服务行业	公务员	专业技术人员	教师
母亲（均值）	2.46	2.42	3.04	3.05	3.87	3.68	3.95
父亲（均值）	2.38	2.39	3.21	2.61	3.92	3.59	3.87
父母（均值）	2.42	2.41	3.13	2.83	3.90	3.64	3.91

（九）父母语言态度变项分析

经方差分析，父母对子女普通话学习持不同态度的鄂东城乡居民受访者在普通话使用上的差异达到显著水平（$p < 0.05$），具有统计学意义，并且父母普通话语言态度越积极，使用普通话的比例越高。

表2-5　鄂东城乡居民普通话使用与父母普通话语言态度的差异分析

普通话使用	父母对子女学习普通话的态度（均值）				p
	非常支持	一般支持	中立	反对	
	4.11	4.02	3.54	2.69	0.000**
* $p<0.05$ ** $p<0.01$					

第二节　鄂东城乡居民方言使用情况调查

一、方言使用的整体情况分析

（一）家庭域

家庭领域的语言交流大多是非正式的，因此，着重考察不同家庭成员的语言行为，这也是观察语言代际传承和语言活力的重要视角。在家庭生活中，方言是表达夫妻之间、父母与孩子之间亲密和情感交流的重要工具。然而，随着城镇化带来的社会变革开始向家庭渗透，人口流动速度加快，家庭内部的人口结构不再单一，方言也不再是成员之间交流的唯一选择。为厘清在家庭语域中方言的使用情况，本节将从长辈、平辈、晚辈三类不同的交流对象入手，考察鄂东城乡居民与这三类亲属交流时的方言的使用情况。根据居民面对这三类亲属时方言使用频率的差异分为"完全不用方言""几乎不用方言""偶尔使用方言""有时使用方言""经常使用方言"五种语码选择情况，调查结果如表 2-6 所示。

表 2-6　家庭域不同交际对象方言使用情况表

情　境	方言使用情况				
	完全不用	几乎不用	偶尔使用	有时使用	经常使用
与长辈说话	1.13%	1.41%	2.42%	10.56%	84.48%
与平辈说话	6.14%	10.59%	9.20%	25.38%	48.69%
与晚辈说话	11.49%	10.47%	18.25%	26.51%	33.28%
平均值	6.25%	7.49%	9.96%	20.82%	55.48%

由表 2-6 可知，在家庭语域里，与不同的对象交流会有不同的语码选择倾向。整体上看，"完全不用方言"的占比最低，其次是"几乎不用方言"，说明鄂东城乡居民在面对家庭成员进行交流时使用方言较多。纵向来看，"完全不使用方言"的情况主要出现在与晚辈进行交流时，但占比也不算高；其次出现在与平辈进行交流时，极少出现在与长辈进行交流时；"几乎不用方言"的情况主要出现在与平辈进行交流时，其次出现在与晚辈进行

交流时；"偶尔使用方言"的情况主要出现在与晚辈进行交流时，其次出现在与平辈进行交流时，最少出现在与长辈进行交流时；"经常使用方言"的情况主要出现在与长辈进行交流时，其次出现在与平辈进行交流时，最少出现在与晚辈进行交流时。

1. 与长辈交谈

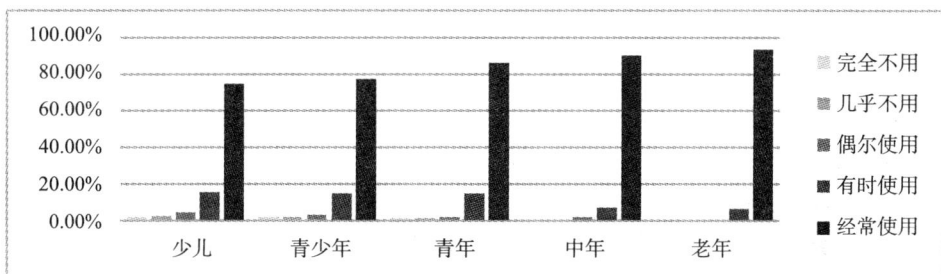

图2-8　不同群体与长辈交流时方言选择情况分布图

从图2-8可以看出，与长辈交谈时，少儿、青少年和青年这三个群体的语言选择更多样，中年和老年这两个群体的语言选择较为单一。在与长辈交谈时，鄂东城乡居民使用方言的比例较高，他们的长辈都在家乡生活了很长时间。大部分晚辈在与长辈交谈时，都会因为感情因素，跟随长辈的语言习惯，尊重长辈的语码选择，使用方言，尽量让交流更顺畅。

2. 与平辈交谈

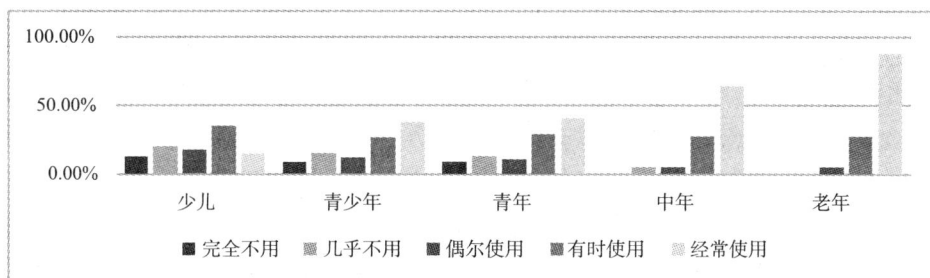

图2-9　不同群体与平辈交流时方言选择情况分布图

如图2-9所示，五大群体与平辈交流时语码选择情况和与长辈交流时语码选择情况有较大差异。整体来看，"经常使用方言"和"有时使用方言"的比例大幅下降，说明在与平辈交流时鄂东城乡居民的语码选择已经并非完全倾向于方言。

少儿、青少年和青年的语码选择发生了很大的改变，在同龄人之间交流时，方言已经失去了绝对优势的地位，"经常使用方言"的比例下降趋势较大。说明这三大群体在家里与平辈沟通时，除了方言，还有其他的选择，语码选择明显丰富了很多。

中年和老年群体在日常生活中的平辈关系都是同龄人，不管是夫妻关系还是亲属关系都倾向于"使用方言"，语码选择具有一致性。

3. 与晚辈交谈

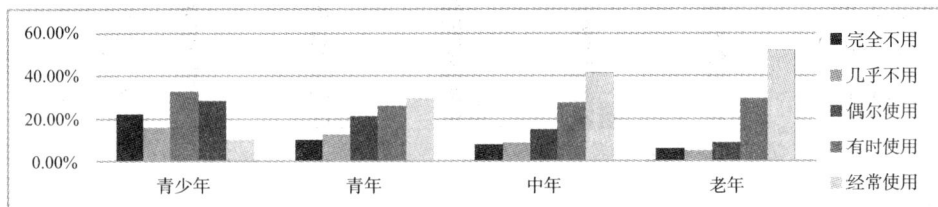

图 2-10 不同群体与晚辈交流时方言选择情况分布图

因为少儿年龄较小，这里以青少年、青年、中年、老年四大群体的语码选择情况为研究重点，主要分析他们与晚辈交流时的方言的使用情况。如图 2-10 可以看出，"经常使用方言""有时使用方言"的选择比例有所下降，不使用方言的比例有所提高，可见，与晚辈交流时，四大群体的语码选择都趋于复杂。

青少年群体与晚辈交流时，"经常使用方言"和"有时使用方言"的比例最低，但是"完全不用方言"和"几乎不用方言"的比例都是最高的。

中年、老年群体与晚辈交流时经常使用方言和"有时使用方言"的选择占比都有所降低，"完全不用方言"和"几乎不用方言"的占比都有所提高。中、老年群体在与长辈和平辈交流时多用方言，但在与晚辈交谈时，在语码选择上，有着强烈的意愿向晚辈们靠拢，使用普通话的机会大大增加了。

总体来说，通过调查可知，青少年群体、青年群体是典型的双言使用者，中年群体会根据交际对象变换身份，大多数时候也是双言使用者，而老年居民大多数时候是单言使用者。

（二）公共域

本节所提公共域为朋友域、教育域、工作域、生活域四个语域。每一个语域为鄂东城乡居民的语码选择设置了具体的言语交际的情境，在朋友域中设置"和邻居、朋友闲聊"的情境，在教育域和工作域中设置"平常工作、干活或学习"的情景，在生活域设置"非正式"和"正式"的两个情境，分别为"在菜场、小卖部"和"在政府机关、医院、银行"。

经过数据分析发现，在"和朋友、邻居闲聊"时、"在菜场、小卖部"两个情境中，"完全不用方言"和"几乎不用方言"的人数比例最低，"经常使用方言"的人数比例最高。在"平常工作、干活或学习"时、"在政府机关、医院或银行"两个情境中，"完全不用方言"和"几乎不用方言"的人数比例最高。

在"菜场、小卖部"情境中，"完全不用方言"占比在四个情境中最低。菜场、小卖部等场合相对随意，和人们日常生活息息相关，在购买物品时要和商贩进行沟通，使用方言很方便。

在"和朋友、邻居闲聊"的情境中，"完全不用方言"的占比最低。邻居、朋友是关系亲密度仅次于家人的交际对象，生活环境和成长情况与调查者类似，人们更习惯用交际双方都熟知的语言来进行交流，并且和邻居、朋友闲聊时，情绪放松，话题日常，用熟悉和习惯的语言更能拉近双方的情感距离。

在"平常工作、干活或学习"情境中，"完全不用方言"的占比最高。工作场合是相对正式的场合，工作中讨论的话题常常会涉及专业性词汇，方言不能准确无误地传递有效信息，而且给人的感觉也不够正式。学习情境中与工作情境相似，学习话题也涉及大量的专业词汇，而且鄂东城乡居民在课堂学习中甚至是日常生活中使用普通话已经成为一种习惯。可见，鄂东城乡居民在教育域、工作域倾向于方言和普通话两种语言变体的混用，呈现出双言制特征。

在"政府机关、医院或银行"的语境中，"完全不用方言"的比例最高。上一节调查结果显示，人们在政府机关、医院或银行等场合谈论的话题往往不是日常生活聊天的内容，一般是涉及一些重要的事件，比如，寻求帮助、生命安全、经济财产等，所以更倾向于选择权威性的普通话而不是方言；并且，在与政府工作人员、医护人员、银行工作人员沟通时，为了不影响办事效率或损坏自身利益，也会更倾向于选择作为标准语体的普通话。因此，在"在政府机关、医院或银行"这类相对正式的语境中，以及在"平常工作、干活或学习"这种正式程度介于正式与非正式之间的语境下，居民则倾向于选择使用普通话，而非方言。

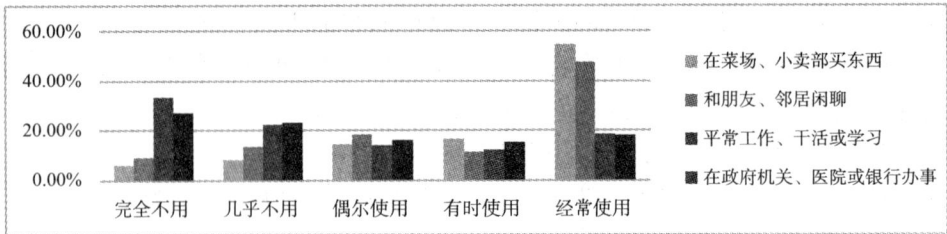

图 2-11　公共域方言使用情况图

二、方言使用在社会变项上的差异性分析

本部分研究尝试从性别、年龄、受教育程度、家庭所在地、父母年龄、父母受教育程度、父母职业、父母方言语言态度、学习方言起始时间、方言期望值等社会变项入手，利用 SPSSAU 在线数据分析软件，通过独立样本 t 检验、方差分析、均值对比等方法，对鄂东城乡居民的方言使用进行分析，探讨上述社会变量对鄂东城乡居民方言使用的影响。

在本次调查研究中，设定选项"全部说方言"为"5"，"主要说方言，有时说普通话"为"4"，"方言和普通话差不多"为"3"，"主要说普通话，有时说方言"为"2"，"全部说普通话"为"1"。

（一）性别变项分析

利用 t 检验（全称为独立样本 t 检验）发现，不同性别样本对于方言使用均不会表现出显著性差异（$p > 0.05$），意味着鄂东城乡居民不会因为性别的差异而呈现出方言使用上的差异。

（二）年龄变项分析

经过方差分析（全称为单因素方差分析）发现，不同年龄的鄂东城乡居民在方言使用上的差异达到显著水平（$p < 0.05$），意味着不同的年龄样本对于方言使用均有着差异性。通过均值比较，我们进一步发现，受访者方言使用的年龄变量呈现出明显的"层化"现象，具体来说，被调查者的方言使用与年龄成正比，即年龄越大，使用方言的比例越高；越年轻，使用方言的比例越低（图 2-12）。

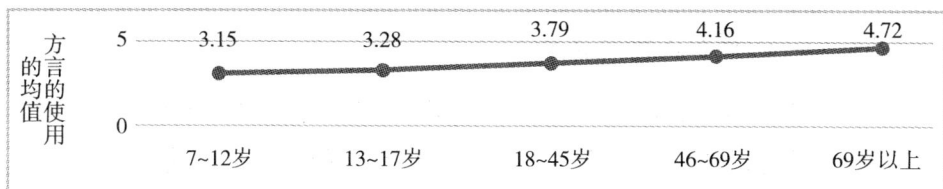

图 2-12　鄂东城乡居民方言使用在年龄变项上的差异

（三）受教育程度变项分析

利用方差分析（全称为单因素方差分析）发现，鄂东城乡居民不同的受教育程度对于方言的使用会表现出显著性（$p<0.05$），通过均值比较可以发现，鄂东城乡居民的方言使用与受教育程度差异有密切关系。具体而言，方言的使用与居民的文化程度呈反比，即文化程度越高，使用方言的比例越低；文化程度越低，使用方言的比例越高（图 2-13）。

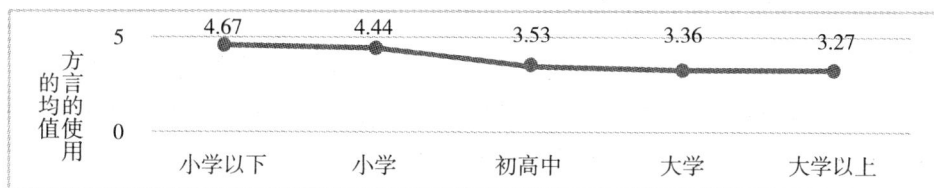

图 2-13　鄂东城乡居民方言使用在受教育程度变项上的差异

（四）职业变项分析

经方差分析发现，职业因素对于方言的使用没有表现出显著性影响（$p>0.05$），意味着不同职业对于方言的使用不具有差异性。但通过均值比较，可以发现鄂东城乡居民从事农牧民、服务行业、个体业主使用方言的稍高于其他职业的人（图 2-14）。

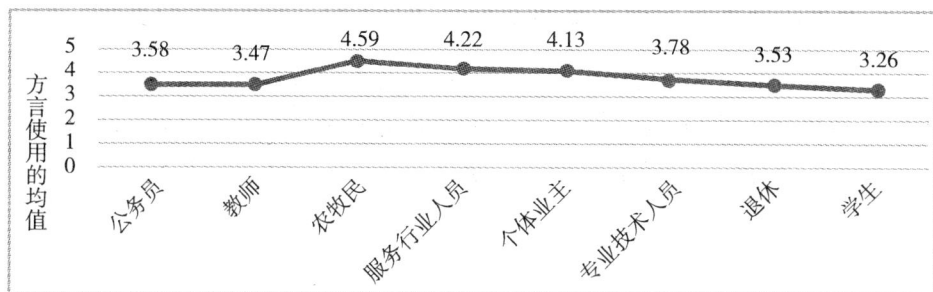

图 2-14　鄂东城乡居民方言的使用在职业变项上的差异

（五）家庭所在地变项分析

经方差分析发现，居民家庭所在地不同的鄂东城乡受访者在方言使用上的差异达到显著水平（$p<0.05$），意味着不同地域的居民，他们使用方言的情况具有差异性。通过均值比较发现，居住在城市里的人使用方言的比例明显低于居住在村镇的人（图 2-15）。

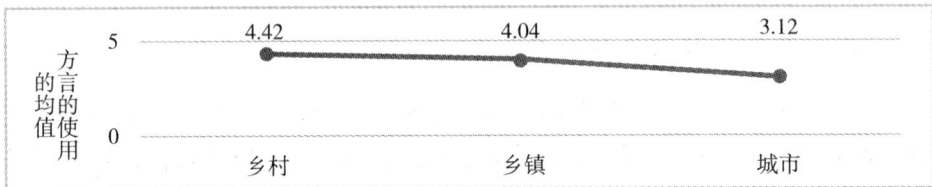

图 2-15　鄂东城乡居民方言的使用在家庭所在地变项上的差异

（六）父母年龄变项分析

经方差分析，可以看出不同父母的年龄样本对于方言的使用表现出显著性差异（$p<0.05$）。通过均值比较发现，父母年龄越大的居民，其自身使用方言的比例就高；父母年龄越小的居民，其自身使用方言的比例就较低（图 2-16）。

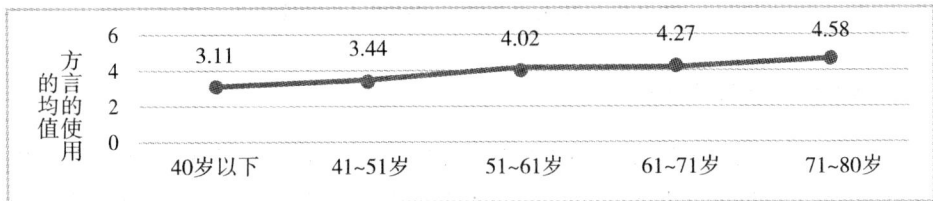

图 2-16　鄂东城乡居民方言的使用在父母年龄变项上的差异

（七）父母受教育程度变项分析

经方差分析可知，鄂东城乡居民使用方言在父母受教育程度这一社会变项上呈现出显著差别（$p<0.05$），具有统计学意义。通过均值比较可以进一步发现，父母文化水平越高的人，使用方言的比例就越低（图 2-17）。

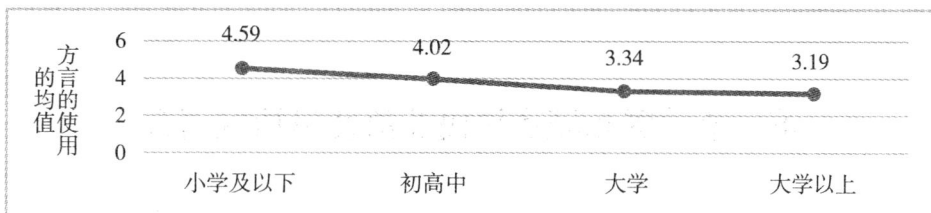

图 2-17 鄂东城乡居民方言的使用在父母受教育程度变项上的差异

（八）父母职业变项分析

经方差分析可知，鄂东城乡居民在父母职业这一社会变项上呈现出一定差别（$p < 0.05$），从均值可以看出，父母职业为农牧民、工人的人，使用方言的比例较高（图 2-18）。

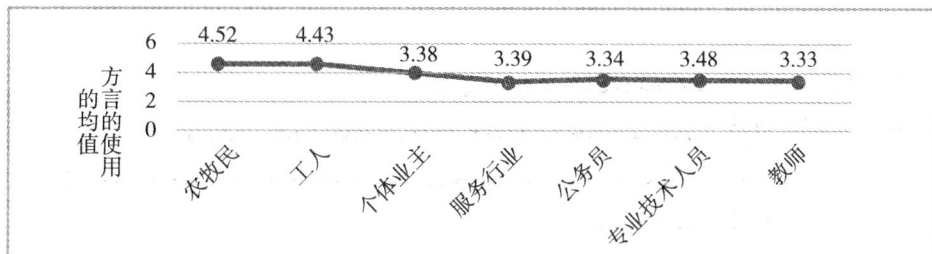

图 2-18 鄂东城乡居民方言的使用在父母职业变项上的差异

（九）父母语言态度变项分析

经方差分析可知，父母对子女方言学习持不同态度的鄂东城乡居民受访者在方言使用上的差异达到显著水平（$p < 0.05$）。父母方言语言态度越积极的居民，其自身使用方言的比例就越高；父母方言语言态度越消极的居民，其自身使用方言的比例就越低（图 2-19）。

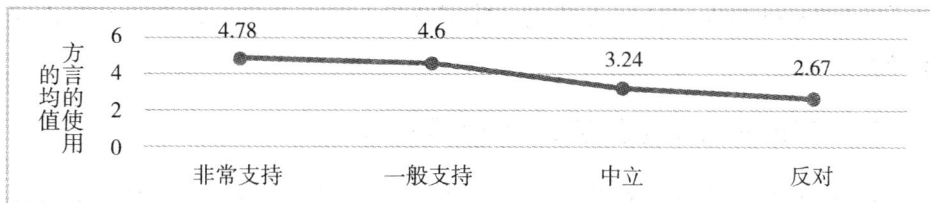

图 2-19 鄂东城乡居民方言的使用在父母方言语言态度变项上的差异

第三节　鄂东城乡居民英语使用情况调查

一、英语使用的整体情况分析

随着国家的进一步开放，我国与国外的交流日益增多，人们对外语的需求也随之增加，在一定程度上也增加了外语的使用机会。这一节所提到的外语仅狭义地指英语。

本次调查，设置了四种鄂东城乡居民可能会使用英语的情况："工作时""上课时""特殊情况非说不可时""几乎不会用到英语"。图 2-20 显示了鄂东城乡居民外语的使用情况。

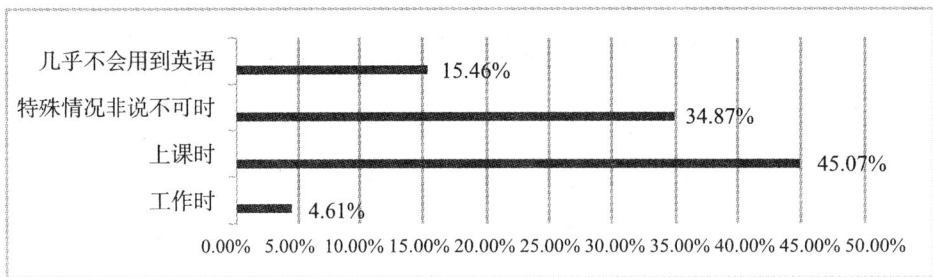

图 2-20　鄂东城乡居民外语使用情况图

结果显示，鄂东城乡居民表示"上课时"使用外语的情况最多，为 45.07%；其次是"特殊情况非说不可时"使用外语的情况次之，为 34.87%，使用频率最低的是"工作时"。"几乎用不到英语"的情况不是很多，频率为 15.46%。通过调查和访谈，可以了解到鄂东地区居民的英语使用情况有限，通常不使用或很少使用英语，只是在一些特殊场合，如"购买产品有英文说明""和外国人说话"等情况下使用英语，英语最常见的用途是帮助孩子做作业。

二、英语使用在社会变项上的差异性分析

本部分研究尝试从性别、年龄、受教育程度、家庭所在地、父母年龄、父母受教育程度、父母职业、父母英语语言态度等社会变项入手，利用 SPSSAU 在线数据分析软件，通过独立样本 t 检验、方差分析、均值对比等方法，对鄂东城乡居民的英语使用情况进行分析，探讨上述社会变量对鄂东

城乡居民英语使用情况的影响。

在本次调查研究中，设定选项"经常使用"为"5"，"有时使用"为"4"，"偶尔使用"为"3"，"几乎不用"为"2"，"完全不用"为"1"。

（一）性别变项分析

利用 t 检验（全称为独立样本 t 检验）发现，鄂东城乡居民不同性别样本对于英语使用均表现出一致性（$p>0.05$）。从均值对比结果来看，女性居民使用英语的比例大于男性居民。

（二）年龄变项分析

经过方差分析发现，不同年龄样本对于英语使用均未呈现出显著性差异（$p>0.05$），但通过均值比较发现，45 岁以下的居民使用英语的比例较高（图2-21）。

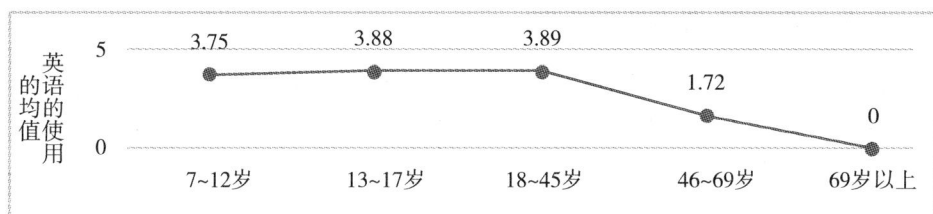

图2-21　鄂东城乡居民英语使用在年龄变项上的差异

（三）受教育程度变项分析

利用方差分析可以看出，鄂东城乡居民不同的受教育程度对于英语的使用会表现出显著性差异（$p<0.05$），并且居民的英语使用与其受教育程度成正比（图2-22）。

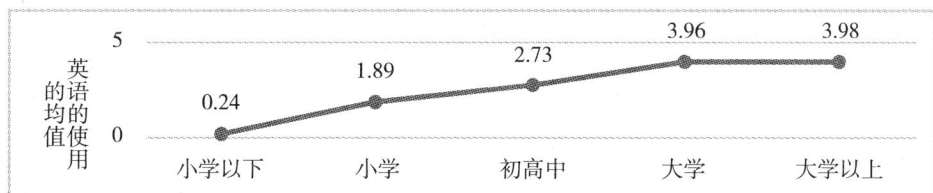

图2-22　鄂东城乡居民英语使用在受教育程度变项上的差异

（四）职业变项分析

经方差分析发现，鄂东城乡居民的英语使用情况与职业类型差异有密切关系。具体来说，学生使用英语的比例最高，其次是教师、公务员、专业技术人员（图2-23）。

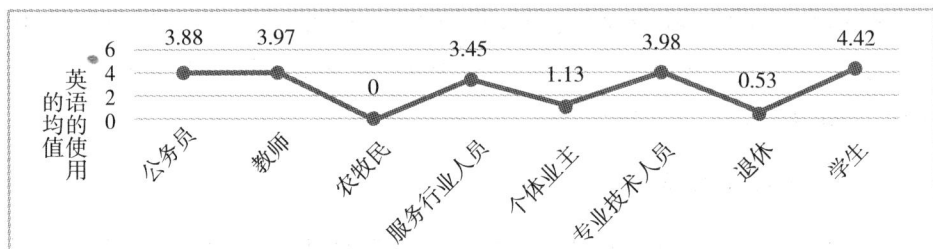

图 2-23　鄂东城乡居民英语的使用在职业变项上的差异

（五）家庭所在地变项分析

经方差分析发现，不同的家庭所在地对于英语的使用均会表现出显著性（$p<0.05$），居住在鄂东城市里的人使用英语的比例明显高于居住在村镇的人（详见图2-24）。

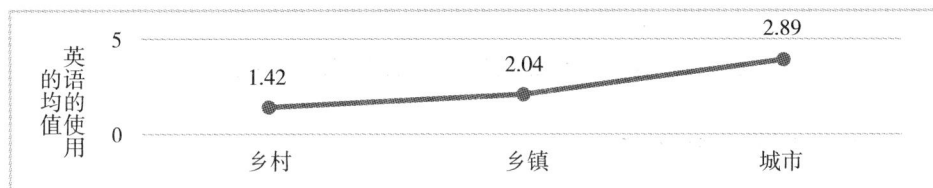

图 2-24　鄂东城乡居民英语的使用在家庭所在地变项上的差异

（六）父母年龄变项分析

经方差分析可以看出，不同父母的年龄样本对于英语的使用表现出显著性（$p<0.05$），意味着不同的父母年龄的样本对于英语的使用表现出差异性，具有统计学意义。鄂东城乡居民的英语使用与其父母年龄大小成反比关系，父母年龄越大的居民，其使用英语的频率越低；父母年龄越小的居民，其使用英语的频率越高（图2-25）。

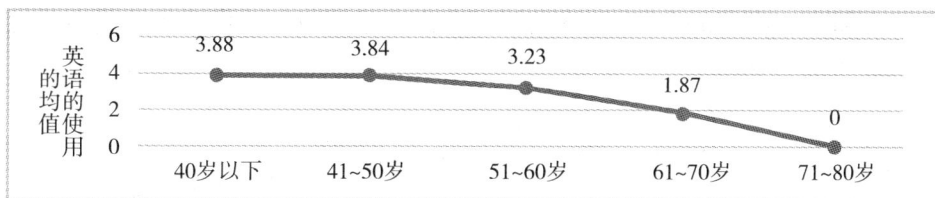

图 2-25　鄂东城乡居民英语的使用在父母年龄变项上的差异

（七）父母受教育程度变项分析

经方差分析发现，鄂东城乡居民使用英语在父母受教育程度这一社会变项上呈现出显著差别（$p < 0.05$），父母文化水平越高的人，使用英语的比例就越高（图 2-26）。

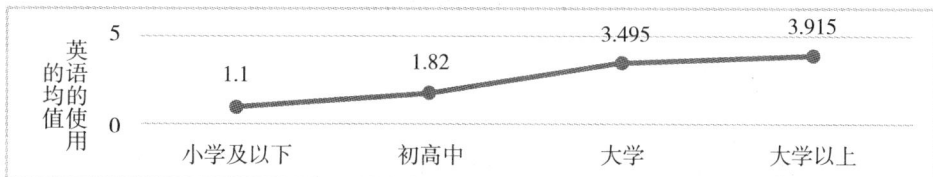

图 2-26　鄂东城乡居民英语的使用在父母受教育程度变项上的差异

（八）父母职业变项分析

经方差分析可知，虽然父母职业不同的鄂东城乡居民受访者在英语使用上的差异未达到显著水平（$p > 0.05$），但从均值可以看出，父母从事服务行业的居民，使用英语的比例相对来说较高（图 2-27）。

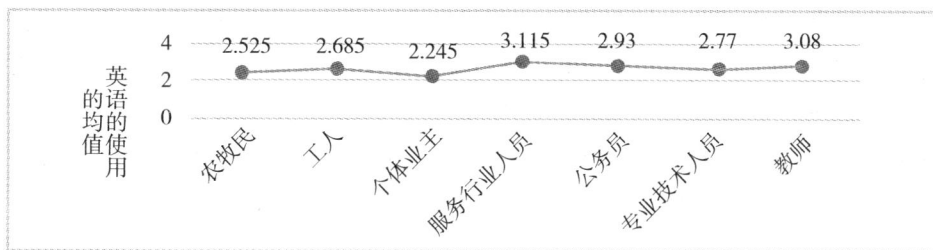

图 2-27　鄂东城乡居民英语的使用在父母职业变项上的差异

（九）父母语言态度变项分析

经方差分析可知，鄂东城乡居民的英语使用在父母语言态度变项上呈现出显著差别（$p < 0.05$），父母英语语言态度越积极的居民，使用英语的比例越高（图 2-28）。

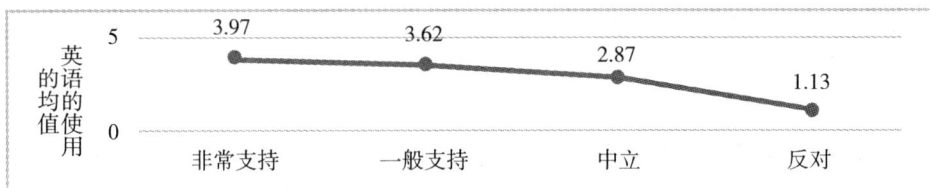

图 2-28　鄂东城乡居民英语的使用在父母英语语言态度变项上的差异

第四节　鄂东城乡居民普通话、方言和英语语言使用的差异及其成因

一、研究结果及成因

（一）家庭语域语言使用的整体趋势及成因

综合上述调查结果发现，在鄂东地区的家庭语域里，大多数居民仍然稳定地使用着方言，经常使用方言的比例远远高于经常普通话的比例。这主要是因为以下几点。

1. 积极的方言态度和较强的方言能力

鄂东城乡居民积极的方言态度和较强的方言能力是居民在家庭语域稳定使用方言的前提。调查结果表明，在鄂东地区，绝大多数人的方言能力保持完好。虽然鄂东城乡居民的普通话和方言能力都较强，但是方言的熟练程度略高于普通话，并且鄂东城乡居民对方言的态度积极、正面，能够自觉自愿地通过社会交往的方式学习方言。因此，积极的方言态度和较强的方言能力为方言被大多数鄂东城乡居民稳定地使用提供了条件。

2. 母语传承保持完整

鄂东城乡居民母语传承保持完整是居民在家庭语域稳定使用方言的根本原因。方言承载着一个民族在长期历史进程中积累的大量文化信息，人们通过方言传承地域文化。同时，人们长时期在地域文化的浸润下，对方言的情感认同度较高，对方言在情感上最忠诚。很多居民从小开始说方言，方言是他们的母语，他们对方言也最为熟悉。语言使用的调查结果显示，在鄂东地区，居民们最先学会的是方言，父母进行语言教育时主要使用的也是方言。由此可见，母语传承链条保持完整是鄂东城乡居民在家庭语域稳定使用方言的根本原因。

3. 方言习得的主要方式为家庭传承

方言习得的主要方式为家庭传承是鄂东城乡居民在家庭语域稳定使用方言的保证。调查结果表明，在鄂东地区，很多居民是通过"家庭传承"的方式习得方言，只要方言的习得方式不消失，方言语言能力就不会消失，居民就不会在家庭语域停止方言的使用。

（二）公共语域语言使用的整体趋势及成因

从调查结果可以看出，在鄂东地区的公共语域里，居民语言使用出现普通话、方言共存的"双言化"趋势。这主要是因为以下几点。

1. 语言交际的现实需要

语言交际的实际需要是公共语域中普通话和方言并存的"双言化"趋势的客观原因。普通话作为国家法定通用语言，极具显性威望。同时，普通话也是我国使用范围最广、社会功能地位最高的语言，在一般社会生活交际中占主要地位。社会经济的发展加速了城乡之间的接触、交往、融合，居民外出务工、上学、旅游等情况也逐年增多，鄂东城乡居民使用普通话的机会也越来越多。除此之外，从 2018 年起，鄂东地区大力实施能人回乡"千人计划"，吸引大量商界翘楚、行业领袖、科技精英等"大人物"，能工巧匠、创客、大学生、退休人员等"小人物"回乡创业，这也大大提高了普通话交流的频率。但同时，在鄂东地区绝大多数人的方言能力保持完好，方言的熟练程度还要略高于普通话，居民的方言能力很强。由于语言交际的需要，鄂东城乡居民可以在正式与非正式的公共语域下自由切换语言。因此，语言交际的实际需要是公共语域中普通话和方言并存的"双言化"趋势的客观原因。

2. 普通话语言能力的提升

鄂东城乡居民普通话语言能力的提升是公共语域出现普通话、方言共存的"双言化"趋势的必要条件。语言能力调查结果表明，多年推广普通话，大大推进了居民们对普通话的了解程度，拓宽了居民们学习普通话的渠道。随着城镇化进程的加快，原城乡居民的身份发生了改变，慢慢融入了城市生活。身份上的改变也潜移默化地造成了普通话能力的改变。普通话水平的提高在政治、经济、文化、教育等公共领域占主导地位。相比之下，方言受到用法和交际功能的制约，一般用在家庭语域中，在语言竞争中处于劣势，受普通话的制约。

二、在社会变项上出现差异的原因

（一）在性别变项上出现差异的原因

虽然 t 检验结果显示，鄂东城乡居民使用普通话、方言、英语的比例在性别上出现的差异不具有统计学意义，但是通过均值对比，可以发现，鄂东城乡居民女性使用普通话、英语的比例大于男性。这是因为：语言是建构社会身份的重要手段，在与人交往时，选择使用哪种语言与说话人的社会经济地位、文化程度等都密切相关。与男性相比，女性的社会话语权没有明显优势，需要更多地依靠外在表现来获得他人的认可，因此在语言使用上比男性更倾向于选择地位高、具有社会声望的语言。

（二）在年龄变项上出现差异的原因

综合前面的调查结果，可以发现，鄂东城乡居民的普通话、方言的使用在年龄上出现的差异具有统计学意义；英语的使用在年龄上出现的差异不具有统计学意义。通过各种均值比较结果发现，普通话的使用与受访者的年龄成反比，即年龄越大的人使用普通话的比例越低，越年轻的人使用普通话的比例越高；方言的使用与年龄成正比，即年龄越大，方言使用比例越高，越年轻，方言使用比例越低（图 2-29）。这主要是因为以下几点。

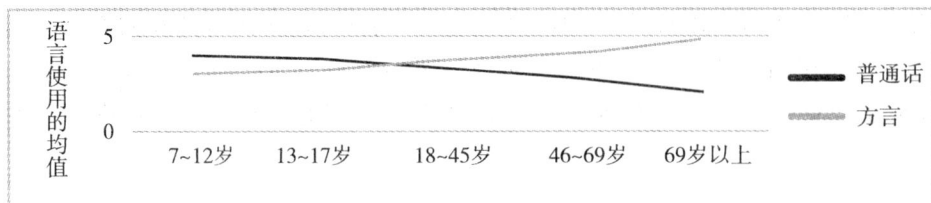

图 2-29 普通话、方言使用对比图

1. 语言能力在年龄上的差异

语言能力在年龄上的差异是鄂东城乡居民的语言使用出现差异的根本原因。调查结果表明，居民年龄越大，方言能力越强；居民年龄越小，普通话能力越强。语言能力和语言使用密切相关。如果居民某种语言的语言能力越强，在社会交往中会自然倾向于使用更为熟悉的语言，那么使用该语言进行交流的机会就越多。因此，语言能力在年龄上的差异会导致语言使用在年龄上也出现差异。

2. 语言态度在年龄上的差异

语言态度在年龄上的差异是造成鄂东城乡居民的语言使用在年龄上出现差异的重要原因。调查显示，鄂东城乡居民的年龄越大，对方言的态度越积极；年龄越小，对普通话的态度越积极。语言使用与语言态度关系密切。对某种语言的认同度越高，对其地位、社会影响力及实用性的评价越高，情感认同度越高，在心理上就会越倾向于使用该种语言，语言使用的频率就提高了。因此，语言态度在年龄上的差异会影响不同年龄的鄂东城乡居民的语言使用情况。

3. 语言学习在年龄上的差异

语言学习在年龄上的差异是造成鄂东城乡居民的语言使用在年龄上出现差异的前提条件。调查显示，年龄越小的人，通过学校教育的方式学习普通话的人越多；年龄越大的人，通过家庭传承的方式学习方言的人越多。全国上下推普工作普及之后，各地区的学校都开始重视普通话的教学，学校成了推普工作的重要阵地，学校教育已成为普通话教育的重要方式。这就造成了年龄越小的人，普通话能力越强的情况。家庭是孩子语言学习的重要阵地。年龄越大的人，家庭语言环境越单一，父母双方都是本地人，甚至所有的亲属都说着同一种方言。很多人都是从一出生就开始学习方言了，方言就是他们的母语，母语传承链条保持得非常完整。这就造成了年龄越大的人，方言能力越强的情况。

（三）在受教育程度变项上出现差异的原因

综合前面的调查结果，可以发现，鄂东城乡居民的普通话、方言、英语的使用在受教育程度变项上出现的差异具有统计学意义。通过均值比较发现，鄂东城乡居民使用普通话、英语的频率高低与受教育程度的高低呈正比关系，即受教育程度越高的居民，越倾向于使用普通话、英语；受教育程度越低的居民，越不倾向于使用普通话、英语。通过均值比较还发现，鄂东城乡居民的方言使用情况与受教育程度的高低呈反比关系，即受教育程度越高的人，使用方言的频率就越低；受教育程度越低的人，使用方言的频率就越高（图2-30）。这主要是因为以下几点。

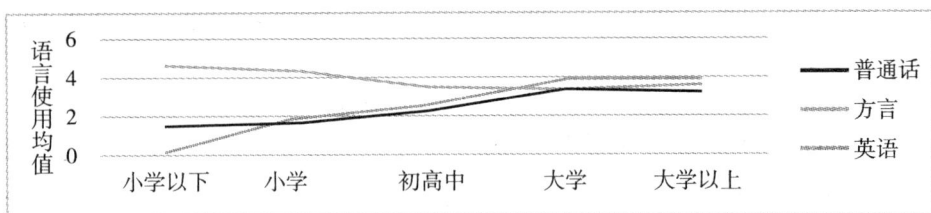

图2-30　普通话、方言、英语使用对比图

1. 语言能力在受教育程度上的差异

语言能力在受教育程度上的差异是鄂东城乡居民语言使用在受教育程度上出现差异的根本原因。调查结果表明，受教育程度越低的人，方言能力越强；受教育程度越高的人，普通话能力越强。语言能力和语言使用密切相关。如果居民某种语言的语言能力越强，在社会交往中会自然倾向于使用更为熟悉的语言，那么使用该语言进行交流的机会就越多。受教育程度越高的人，普通话能力越强，就越倾向于使用普通话，普通话使用频率就会越高，英语和普通话的使用情况同理。因此，语言能力在受教育程度上的差异造成了鄂东城乡居民普通话、英语的使用情况与受教育程度呈正比关系；方言的使用情况与受教育程度呈反比关系。

2. 语言态度在受教育程度上的差异

语言态度在受教育程度上的差异是鄂东城乡居民的语言使用出现差异的重要原因。调查显示，受教育程度越高的鄂东城乡居民，对普通话、英语的语言态度就越积极，对方言的语言态度越消极。语言使用与语言态度关系密切。对某种语言的认同度越高，对地位、社会影响力及实用性的评价越高，情感认同度越高，那么就越愿意使用该种语言。这就造成了受教育程度越高的鄂东城乡居民，使用普通话、英语的比例越高，使用方言的比例就越低的情况。

3.语言交际需求在受教育程度上的差异

语言交际需求在受教育程度上的差异是鄂东城乡居民的语言使用出现差异的直接原因。受教育程度不同的居民，交际对象不同，交际场景不同，交际话题不同，交际需求不同。受教育程度越低的人，他们的交际对象越单一，主要以本地人为主，交际话题一般涉及日常生活，交际场景一般为家庭语域，或是非正式的公共语域，越喜欢使用方言进行交际。受教育程度越高的人，交际对象相较多样，不一定只有本地人，交际话题比较宽泛，交际场景也多为正式的公共语域，使用普通话、英语的机会越多。因此，受教育程度越高的鄂东城乡居民，普通话、英语的使用频率就越高，方言的使用频率就越低。

（四）在职业变项上出现差异的原因

综合前面的调查结果，可以发现，鄂东城乡居民的普通话、英语的使用在职业变项上出现的差异具有统计学意义，方言的使用在职业变项上未出现差异。比较均值的结果发现，教师、公务员、专业技术人员、学生使用普通话的比例较高；学生使用英语的比例最高，其次是教师、公务员、专业技术人员；无论居民从事何种职业，方言使用比例都比较高，其中农牧民、服务行业、个体业主使用方言的比例略高于其他职业（图2-31）。这主要是因为以下几点。

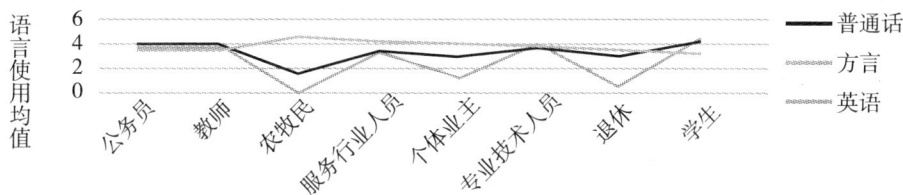

图2-31 普通话、方言、英语使用对比图

1.语言能力在职业上的差异

语言能力在职业上的差异是鄂东城乡居民的语言使用在职业上出现差异的根本原因。调查结果表明，教师、公务员、学生、专业技术人员的普通话、英语能力比较强。语言能力和语言使用密切相关。如果居民某种语言的

语言能力越强，在社会交往中会自然倾向于更为熟悉的语言，那么使用该语言进行交流的机会就越多。因此，普通话、英语能力比较强的教师、公务员、专业技术人员、学生使用普通话、英语的比例较高。

2.语言态度在职业上的差异

语言态度在职业上的差异是鄂东城乡居民的语言使用在职业上出现差异的重要原因。调查结果显示，从事教师、公务员、学生、专业技术人员职业的鄂东城乡居民对普通话、英语的语言态度积极。语言使用与语言态度关系密切。居民对某种语言的认同度越高，对地位、社会影响力及实用性的评价越高，情感认同度越高，那么就越愿意使用该种语言。这就造成了普通话、英语语言态度比较积极的教师、公务员、专业技术人员、学生等群体使用普通话、英语的比例较高。

3.语言交际需求在职业上的差异

语言交际需求在职业上的差异是鄂东城乡居民语言使用在职业上出现差异的直接原因。农牧民、服务行业、个体业主的生活领域主要在本地区，交际对象主要是当地人，他们使用方言的机会较多，使用普通话的机会较少。教师、公务员、专业技术人员、学生的活动领域一般在学校、政府部门、科研单位等正式的公共语域，交际对象相较多样，交际话题比较宽泛，使用普通话、英语来交际的机会较多。因此，从事教师、公务员、专业技术人员、学生的鄂东城乡居民使用普通话、英语的比例较高。

（五）在家庭所在地上出现差异的原因

综合前面的调查结果，可以发现，鄂东城乡居民的普通话、方言、英语的使用在家庭所在地变项上出现的差异均具有统计学意义。通过均值比较发现，居住在鄂东城市里的居民比居住在村镇的居民更倾向于使用普通话和英语；居住在村镇的人更倾向于使用方言（图2-32）。这主要是因为以下几点。

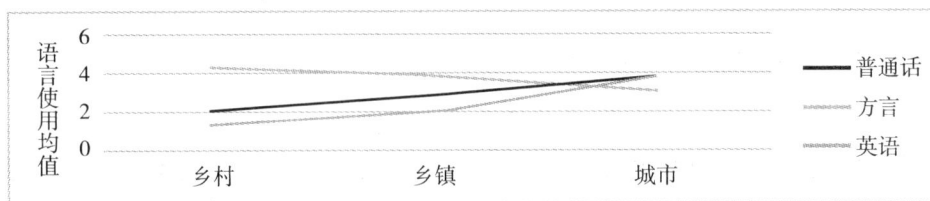

图2-32　普通话、方言、英语使用对比图

1.语言能力在家庭所在地上的差异

语言能力在家庭所在地上的差异是鄂东城乡居民的语言使用在家庭所在地上出现差异的根本原因。调查结果表明，居住在城市的人普通话、英语能力较强；居住在乡村的人方言能力较强。语言能力和语言使用密切相关。如果居民某种语言的语言能力越强，在社会交往中会自然倾向于使用更为熟悉的语言，那么使用该语言进行交流的机会就越多。因此，居住在鄂东城市里的居民比居住在村镇的居民更倾向于使用普通话和英语；居住在村镇的人更倾向于使用方言。

2.语言态度在家庭所在地上的差异

语言态度在家庭所在地上的差异是鄂东城乡居民的语言使用在家庭所在地上出现差异的重要原因。调查显示，居住在城市的人对普通话、英语的语言态度积极；居住在村镇的居民对方言的语言态度积极。语言使用与语言态度关系密切。对某种语言的认同度越高，对其地位、社会影响力及实用性的评价越高，情感认同度越高，那么就越愿意使用该种语言。这就造成了居住在鄂东城市里的人使用普通话、英语的比例高于居住在村镇的人；使用方言的比例低于居住在村镇的人。

3.语言交际需求在家庭所在地上的差异

语言交际需求在家庭所在地上的差异是鄂东城乡居民语言使用在家庭所在地上出现差异的直接原因。居住在村镇的居民，交际对象比较单一，主要以本地人为主，交际双方都倾向于使用方言进行交际。而居住在城市的人，交际对象相较复杂，既有本地人，还有外地人，甚至外国人，使用普通话、英语的机会就比居住在村镇的人多。因此，居住在鄂东城市里的居民比居住在村镇的居民更倾向于使用普通话和英语；居住在村镇的人更倾向于使用方言。

（六）在父母年龄上出现差异的原因

综合前面的调查结果，可以发现，鄂东城乡居民的方言、英语的使用在父母年龄变项上出现的差异具有统计学意义；普通话的使用在父母年龄变项上出现的差异不具有统计学意义。通过均值比较发现，父母年龄越大的居民，其自身使用普通话、英语的比例越低，使用方言的比例越高（图2-33）。这主要是因为以下几点。

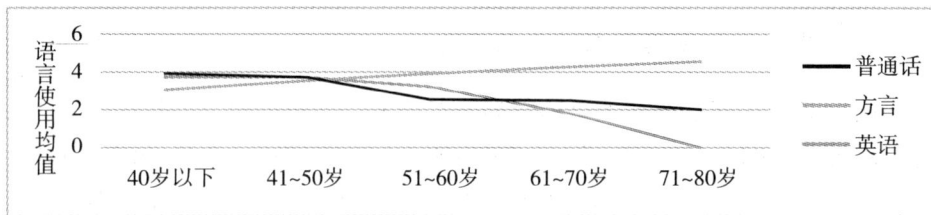

图 2-33　普通话、方言、英语使用对比图

1. 语言能力在父母年龄上的差异

语言能力在父母年龄上的差异是鄂东城乡居民的语言使用在父母年龄上其出现差异的根本原因。调查结果表明，父母年龄较大的居民，其自身普通话、英语能力较弱，方言能力较强。语言能力和语言使用密切相关。如果居民某种语言的语言能力越强，在社会交往中自然倾向于更为熟悉的语言，那么使用该语言进行交流的机会就越多。因此，语言能力在父母年龄上的差异造成了父母年龄越大的居民，其自身使用普通话、英语的比例越低，使用方言的比例越高。

2. 语言态度在父母年龄上的差异

语言态度在父母年龄上的差异是鄂东城乡居民的语言使用在父母年龄上出现差异的重要原因。调查显示，父母年龄在 41 岁以下的鄂东城乡居民普通话和英语语言态度最积极；父母年龄在 41 岁以上的鄂东城乡居民方言语言态度最积极。语言使用与语言态度关系密切。对某种语言的认同度越高，对地位、社会影响力及实用性的评价越高，情感认同度越高，那么就越愿意使用该种语言。这就造成了父母年龄越大的居民，使用普通话、英语的比例越低，使用方言的比例越高。

3. 语言学习在父母年龄上的差异

语言学习在父母年龄上的差异是造成鄂东城乡居民的语言使用在父母年龄上出现差异的前提条件。父母年龄越大的居民，其自身年龄一般来说也越大，父母的年龄和居民自身的年龄呈正相关关系。前面的调查结果显示，普通话的使用与居民的年龄成反比，即年龄越大的人使用普通话的比例越低，越年轻的人使用普通话的比例越高；方言的使用与年龄成正比，即年龄越大，方言使用率越高，越年轻，方言使用率越低。因此，父母年龄越大的人，使用普通话、英语的比例越低，使用方言的比例越高。

（七）在父母受教育程度上出现差异的原因

综合前面的调查结果，可以发现，鄂东城乡居民的普通话、方言、英语的使用在父母受教育程度变项上出现的差异具有统计学意义。通过均值比较的结果发现，父母受教育程度越高的居民，其自身就越倾向于使用普通话和英语，越少使用方言（图2-34）。这主要是因为以下几点。

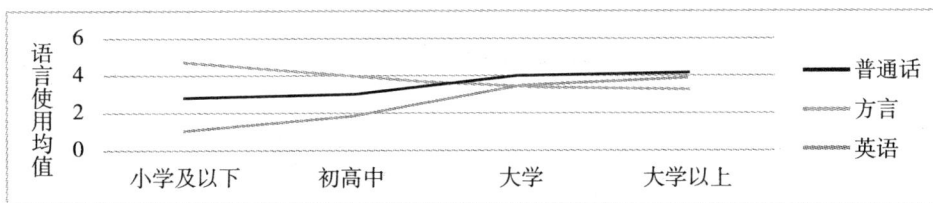

图 2-34　普通话、方言、英语使用对比图

1. 语言能力在父母受教育程度上的差异

语言能力在父母受教育程度上的差异是鄂东城乡居民的语言使用在父母受教育程度上出现差异的根本原因。调查结果表明，父母受教育程度越高的居民，普通话、英语的语言能力越强，方言的语言能力越弱；父母受教育程度越低的居民，普通话、英语的语言能力越弱，方言的语言能力越强。语言能力和语言使用密切相关。如果居民某种语言的语言能力越强，在社会交往中会自然倾向于使用更为熟悉的语言，那么使用该语言进行交流的机会就越多。因此，父母受教育程度越高的居民，其自身就越倾向于使用普通话和英语，越少使用方言。

2. 语言态度在父母受教育程度上的差异

语言态度在父母受教育程度上的差异是鄂东城乡居民的语言使用在父母受教育程度上出现差异的重要原因。调查显示，父母受教育程度越高的居民，对普通话、英语的语言态度越积极，对方言的语言态度越消极。语言使用与语言态度关系密切。对某种语言的认同度越高，对地位、社会影响力及实用性的评价越高，情感认同度越高，那么就越愿意使用该种语言。这就造成了父母受教育程度越高的居民，其自身就越倾向于使用普通话和英语，越少使用方言。

（八）在父母职业上出现差异的原因

综合前面的调查结果，可以发现，鄂东城乡居民的普通话、方言的使用在父母职业变项上出现的差异具有统计学意义；英语的使用在父母职业变项上出现的差异不具有统计学意义。通过均值比较发现，父母职业为教师、公务员的人，使用普通话的比例较高；父母职业为农牧民、工人的人，使用方言的比例较高（图 2-35）。这主要是因为以下几点。

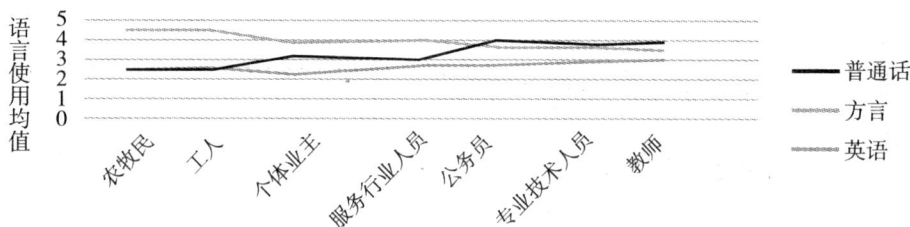

图 2-35　普通话、方言、英语使用对比图

1. 语言能力在父母职业上的差异

语言能力在父母职业上的差异是鄂东城乡居民的语言使用在父母职业上出现差异的根本原因。调查结果表明，父母从事教师、公务员、专业技术人员的居民的普通话、英语能力比较强。语言能力和语言使用密切相关。如果居民某种语言的语言能力越强，在社会交往中会自然倾向于使用更为熟悉的语言，那么使用该语言进行交流的机会就越多。因此，父母职业为教师、公务员的人，使用普通话的比例较高。

2. 语言态度在父母职业上的差异

语言态度在父母职业上的差异是鄂东城乡居民的语言使用在父母职业上出现差异的重要原因。调查显示，父母从事教师、公务员、专业技术人员职业的鄂东城乡居民对普通话、英语的语言态度积极；父母从事农牧民、工人职业的鄂东城乡居民对方言的语言态度积极。语言使用与语言态度关系密切。对某种语言的认同度越高，对地位、社会影响力及实用性的评价越高，情感认同度越高，那么就越愿意使用该种语言。这就造成了调查对象的父母职业为农牧民、工人的居民，使用方言的比例较高。

（九）在父母语言态度上出现差异的原因

综合前面的调查结果，可以发现，鄂东城乡居民的普通话、方言、英语的使用在父母语言态度变项上出现的差异具有统计学意义。比较均值的结果发现，父母普通话、方言、英语语言态度越积极的人，使用普通话、方言、英语的比例越高。整体来说，使用英语的人数要少于说普通话和方言的人数（图2-36）。这主要是因为以下几点。

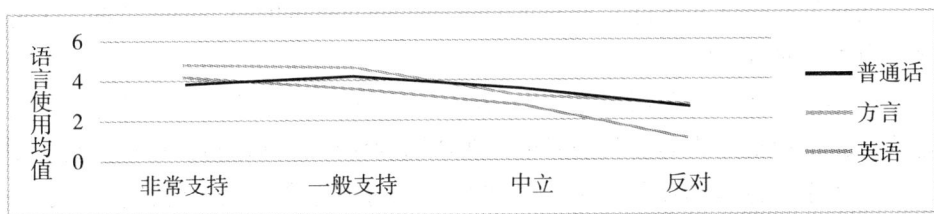

图2-36　普通话、方言、英语使用对比图

1.语言能力在父母语言态度上的差异

语言能力在父母语言态度上的差异是鄂东城乡居民的语言使用出现差异的根本原因。调查结果表明，父母语言态度越积极的居民，普通话、英语、方言的语言能力越强；父母语言态度越消极的居民，普通话、英语、方言的语言能力越弱。语言能力和语言使用密切相关。如果居民某种语言的语言能力越强，在社会交往中会自然倾向于更为熟悉的语言，那么使用该语言进行交流的机会就越多。因此，父母普通话、方言、英语语言态度越积极的人，使用普通话、方言、英语的比例越高。

2.语言态度在父母语言态度上的差异

语言态度在父母语言态度上的差异是鄂东城乡居民的语言使用出现差异的重要原因。调查显示，父母语言态度越消极的居民，对普通话、英语、方言的语言态度也越消极；父母语言态度越积极的居民，对普通话、英语、方言的语言态度也越积极。对某种语言的认同度越高，对地位、社会影响力及实用性的评价越高，情感认同度越高，那么就越愿意使用该种语言。这就造成了父母普通话、方言、英语语言态度越积极的人，使用普通话、方言、英语的比例越高。

第五节 小 结

在鄂东地区的家庭语域里，大多数成员仍然稳定地使用着方言，经常使用方言的比例远远高于经常普通话的比例，呈现出一种稳定的单言化状态，但是近年来，随着鄂东地区经济的发展，人口流动性增强，出现了新的"组合式"家庭，夫妻一方为外地人，他们之间靠普通话进行交流，但是亲属之间又靠方言交流。因此，家庭域的语言使用可能会出现一种新的渐变的趋势，由单言向双言转化。

在鄂东地区的公共语域里，居民语言使用出现普通话、方言共存的双言化状态，特别是正式的公共语域里，普通话的使用比例较高，在社会交际中起主导作用，方言的使用比例有缩减之势。随着鄂东地区经济社会的发展，与外界交流沟通的机会越来越多，语言接触机会也会大幅度增加，鄂东城乡居民在公共语域的语言使用可能会也出现一种新的渐变的趋势，由双言向单言转化。

SPSS方差检验检测结果显示，不同的性别、年龄、职业、受教育程度、家庭所在地、父母年龄、父母受教育程度、父母职业、父母语言态度会对鄂东城乡居民普通话、方言、英语的语言使用产生影响，这些差异具有统计学意义。社会、经济、文化、教育的发展等深层的社会因素相互作用、相互影响，从而形成了鄂东城乡居民的语言使用的现状和发展趋势。

第三章　鄂东城乡居民的语言能力调查

语言能力是语言学等相关学科的重要概念，也是教育领域的基础性概念。❶不同学者对语言能力的内涵有不同的理解。美国哲学家乔姆斯基认为语言能力是与语言运用相对应的概念，是受遗传因素决定的、人类普遍拥有的先天生物学机制。广义的语言能力指的是抽象思维能力和灵活发音能力的结合。狭义的语言能力是指从人与动物的差异来说，人脑天生就有语言装置。英国语言哲学家奥斯汀则认为语言是人的一种特异的行为方式，人们在实际交往过程中离不开说话和写字这类言语行为，并提出了语言行为理论。社会语言学家和人类学家海姆斯针对乔姆斯基的语言能力观，提出了交际语言能力的概念，他认为社会文化是影响语言的重要因素，社会生活不但影响外在语言运用，而且也影响内在语言能力，语言能力包括从语法能力到社会语言能力的一切听和说的能力。加拿大语言学家斯特恩从第二语言习得的角度提出语言能力是积极、动态的而不是机械、静态的，语言能力概念包括语言知识、社会语言知识和运用这些知识的技能。❷国内学者蔡冰系统阐述了语言能力和相关概念之间的关系，他认为语言能力是语言知识、语言运用、语言水平、语言技能的统称，语言技能包括听、说、读、写四个方面的能力，反映一个人的语言水平；语言水平的高低是语言运用质量的直观表现。刘丹青把中国的语言能力分为九类：普通话能力、通用文字和规范书面语的能力、外语能力、少数民族通用语言文字能力、文言文阅读能力、母语方言能力、外语方言能力、少数民族语言的母语能力、少数民族语言的非母语能力。❸

---

❶ 李宇明.试论个人语言能力和国家语言能力 [J].语言文字应用，2021（03）：2-16.

❷ 戴曼纯.语言学研究中"语言能力"的界定问题 [J].语言教学与研究，1997（02）：94-105.

❸ 刘丹青.语言能力的多样性和语言教育的多样化 [J].语言科学，2016，15（04）：352-353.

从上一章的调查结果可以看出，鄂东地区的城市居民大部分是方言和普通话的双言使用者。结合蔡冰对语言能力的定义和刘丹青对语言能力的分类，此次考察鄂东城乡居民的语言能力，主要包括居民普通话听说读写能力、方言听说能力、英语听说读写能力。方言是他们的母语，是从出生自然获得的语言，但还是有区别的。而普通话和英语是通过多种渠道获得的，有的是在学校学习的；有些是通过看电视和听广播来学习的；有些是通过社交学习的，所以他们的普通话能力和英语能力是不同的。本次调查对普通话、方言和外语的程度分为五个等级：熟练；比较好；一般；较差；一点不会。依照五个等级，对鄂东城乡居民的普通话、方言、英语能力进行考察。

第一节　鄂东城乡居民普通话语言能力调查

一、普通话语言能力的整体情况分析

（一）普通话听说能力

听是人们获取外界语言信息的基本方式，是人类语言的第一技能，说的能力建立在听的基础上的。语言基本听说能力广泛应用于人们生活的方方面面，是语言能力之一。

本书将普通话听的能力分为五种情况："完全能听懂""大部分能听懂""基本能听懂""基本听不懂""完全听不懂"，依次记为5、4、3、2、1；普通话说的能力分为五种情况："能熟练交谈""能基本交谈""会说一些常用语""基本不会说""完全不会说"，依次记为5、4、3、2、1。普通话的发音情况是评判普通话说的能力的重要指标，因此，本书考察的鄂东城乡居民的基本听说能力，也包括普通话的发音能力。普通话发音能力分为"非常标准""比较标准""一般""不标准""很不标准"五种情况，分别记为5、4、3、2、1。

鄂东城乡居民的普通话听说能力较强，全部调查对象都能听懂普通话，大部分能说普通话，只是程度不一。有81%的居民表示"完全能听得懂"普通话，43.3%的居民表示用普通话"能熟练交谈"，仅有1.97%的居民表示"基本听不懂"普通话，3.1%的居民表示"基本不会说"普通话。从统计频次可以看出，鄂东城乡居民普通话听的能力略高于普通话说的能力。听是信息输入，说是信息输出，说普通话比听普通话略显不易。

此外，以北京语音为标准发音，以北方话为基础方言的普通话，也是居住在方言区的鄂东城乡居民在学习普通话时遇到的困难之一。有34%的居民对自己的普通话非常有信心，觉得自己的普通话发音"非常标准"，20%的居民觉得自己的普通话发音"比较标准"，剩余居民中近一半对自己的普通话发音能力没有信心。鄂东城市居民普通话发音能力受方言影响较大，特别是发音与普通话差别较大的溪水、黄梅、武穴等城镇的方言，甚至鄂东一些受过高等教育的城乡居民在调查中也表示，他们的普通话发音能力一般，说普通话时带有当地方言口音。

（二）普通话读写能力

听说是语言使用的口头形式，阅读和写作是语言使用的书面形式，而传统意义上的读写能力是指语言学习中的阅读理解和写作技巧。本章对鄂东城乡居民普通话读写能力的调查包括汉字识别与书写能力两个方面。

汉字识别的数量和识别能力的强弱难以量化。因此，本节设置了"读书、看报等书面阅读"这一具体的情境来考察人们的汉字识别能力，并根据城乡居民的熟练程度分为五个等级："非常熟练""比较熟练""一般""不太熟练""很不熟练"，按次序分别记为5、4、3、2、1；书写能力也划分为五个等级："非常熟练""比较熟练""一般""不太熟练""很不熟练"，按次序分别记为5、4、3、2、1。

鄂东城乡居民的整体汉字读写能力比较强，但两极分化现象也比较明显。有47.47%的居民表示对汉字识别"非常熟练"，而只有30.73%的居民认为对汉字书写"非常熟练"，比例下降幅度较大；30.12%的居民表示对汉字识别"比较熟练"，36.41%的居民表示对汉字书写"比较熟练"，比例有所提高；16.63%的居民表示自己识别汉字的能力"一般"，27.10%的居民表示自己书写汉字的能力"一般"，比例有所提高。4.97%的居民表示可以识别汉字但"不太熟练"，4.10%的居民表示可以书写汉字但"不太熟练"，二者差别不太大；仅有0.81%的居民表示基本不能识别汉字，1.66%的居民表示基本不能书写汉字，比例略高。由此可知，居民汉字识别的能力略高于汉字书写的能力。识读是汉字字形特征的整体体现，属于识别范畴；而写作则相对比较详细，如部分、笔画、笔顺等，属于输出再现的范畴。一般来说，识别和识别信息比回忆和再现信息更容易。因此，从形到声的激活关系就是汉字的识别过程，即汉字的识别是一个相对容易的过程，而汉字的再现则比较困难。即使学习者可以识别和阅读汉字，他们也可能无法将它们写出来。

二、普通话语言能力在社会变项上的差异性分析

社会因素不但影响外在的语言运用，而且影响内在的语言能力，如性别、年龄、受教育程度等会对不同社会群体的语言能力产生影响。因此，本部分研究尝试从性别、年龄、受教育程度、家庭所在地、父母年龄、父母受教育程度、父母职业、父母普通话语言态度等社会变项入手，利用 SPSSAU 在线数据分析软件，通过独立样本 t 检验、方差分析、均值对比等方法，对鄂东城乡居民的普通话语言能力进行分析，探讨上述社会变量对鄂东城乡居民普通话语言能力的影响。

（一）性别变项分析

利用 t 检验可以看出，不同性别样本对于普通话语言能力全部均呈现出显著性差异（$p < 0.05$），从均值对比的结果来看，鄂东城乡居民女性的普通话语言能力强于男性（图 3-1）。

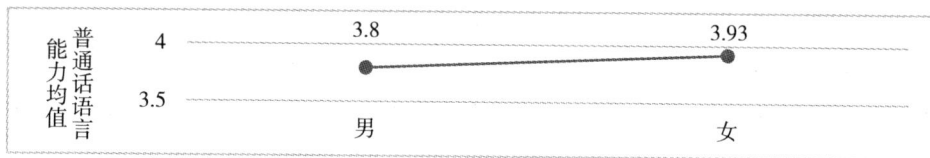

图 3-1　鄂东城乡居民普通话语言能力在性别变项上的差异

（二）年龄变项分析

经过方差分析（全称为单因素方差分析）发现，不同年龄的鄂东城乡居民在普通话语言能力上的差异达到显著水平（$p < 0.05$）。具体来说，青少年的普通话能力较强，中老年的普通话能力较弱。18～45 岁是一个分水岭，青少年阶段随着年龄的增长，普通话语言能力也越来越强；中老年阶段，随着年龄的增大，普通话语言能力越来越弱（图 3-2）。

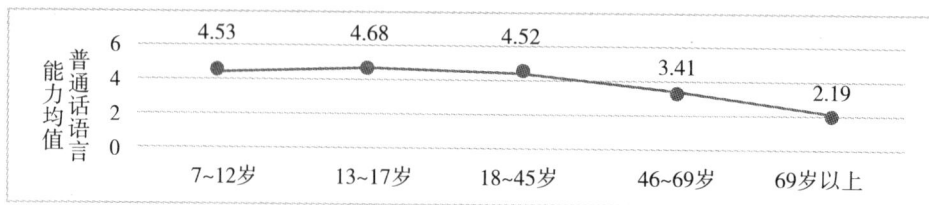

图 3-2　鄂东城乡居民普通话语言能力在年龄变项上的差异

（三）受教育程度变项分析

利用方差分析可以看出，鄂东城乡居民的普通话语言能力与受教育程度的差异有密切关系。具体来说，鄂东城乡居民的普通话语言能力与其受教育程度呈正比关系，即受教育程度越高的居民，普通话听说读写的能力就越强（图3-3）。

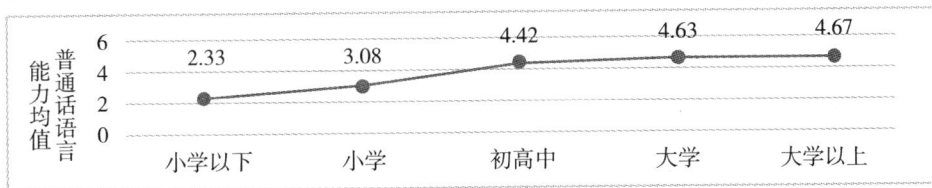

图 3-3　鄂东城乡居民普通话语言能力在受教育程度变项上的差异

（四）职业变项分析

经方差分析可知，职业不同的鄂东城乡居民在普通话语言能力上的差异达到显著水平（$p<0.05$），并且教师、公务员、专业技术人员、学生的普通话语言能力强于农牧民、服务行业人员、个体业主、退休人员。鄂东城乡居民中从事教育行业、政府事业单位等居民的普通话听说读写能力较强，他们的学习、生活和工作中对普通话的要求很高，有些从业条件里就对普通话能力有比较具体的要求和标准；其次是从事服务行业的人员和一些专业技术人员，他们需要和各种各样的人打交道，使用普通话应该是最方便的一种方式；最后是个体经营者和务农人员，他们接触的大都是本地人，在生活中使用普通话的机会不多，往往只在电视里收看各种电视节目才听到普通话，因此，这类调查者的普通话听说能力均值最低（图3-4）。

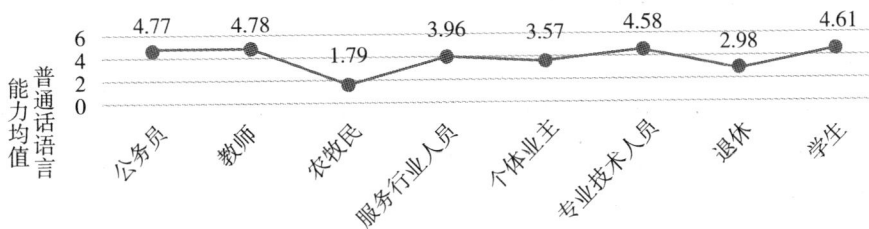

图 3-4　鄂东城乡居民普通话语言能力在职业变项上的差异

（五）家庭所在地变项分析

经方差分析可知，不同的家庭所在地对于普通话的语言能力均会表现出显著性差异（$p<0.05$），意味着不同地方的居民，他们普通话语言能力的情况具有差异性，并且，居住在城市的居民普通话听说读写的语言能力高于居住在乡镇的居民（图 3-5）。

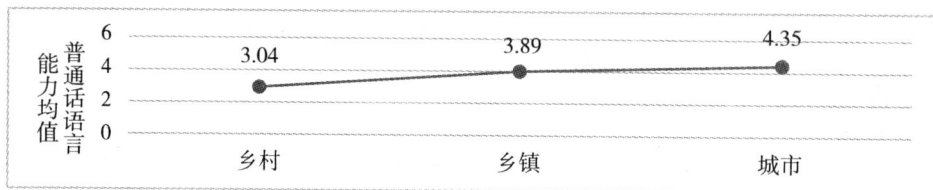

图 3-5　鄂东城乡居民普通话语言能力在家庭所在地变项上的差异

（六）父母年龄变项分析

经方差分析，可以看出不同父母的年龄样本对于普通话语言能力不会表现出显著性差异（$p>0.05$），通过均值可看出，基本上父母年龄越大，普通话能力越弱；父母越年轻，普通话能力越强（图 3-6）。

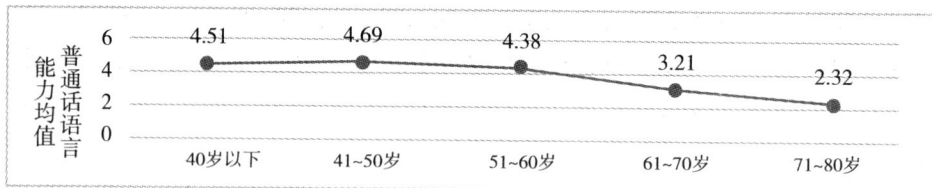

图 3-6　鄂东城乡居民普通话语言能力在父母年龄变项上的差异

（七）父母受教育程度变项分析

经方差分析可知，鄂东城乡居民普通话语言能力在父母受教育程度这一社会变项上未呈现出显著差别（$p>0.05$），但通过均值比较，也发现了一些特点，具体来说，无论父母受教育程度如何，鄂东城乡居民的整体普通话语言能力都比较强（图 3-7）。

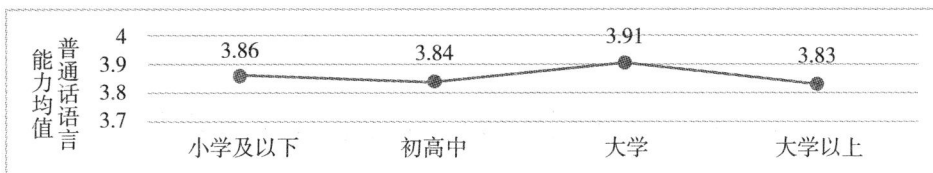

图 3-7　鄂东城乡居民普通话语言能力在父母受教育程度变项上的差异

（八）父母职业变项分析

经方差分析，父母职业不同的鄂东城乡居民受访者在普通话语言能力上的差异未达到显著水平（$p>0.05$），但也有一些特点，具体来说，在鄂东地区，无论父母从事何种职业，孩子的普通话语言能力都比较强（图 3-8）。

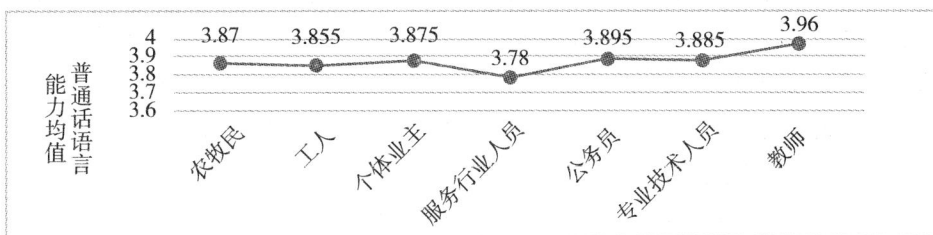

图 3-8　鄂东城乡居民普通话语言能力在父母职业变项上的差异

（九）父母语言态度变项分析

经方差分析可知，鄂东城乡居民的普通话语言能力在父母语言态度变项上呈现出显著差别（$p<0.05$），父母普通话语言态度越积极，普通话的语言能力越强（图 3-9）。

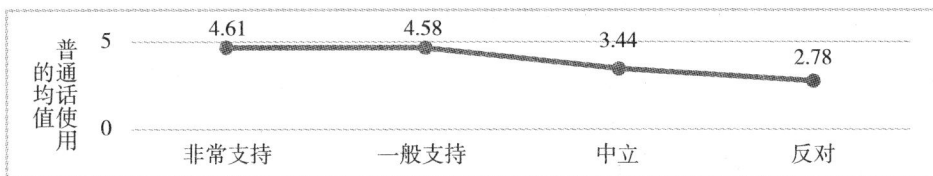

图 3-9　鄂东城乡居民普通话语言能力在父母普通话语言态度变项上的差异

第二节　鄂东城乡居民方言语言能力调查

一、方言语言能力的整体情况分析

方言，又称地方话、家乡话，只通行于一定的地域，不是独立于本民族语言之外的另一种语言，而只是局部地区使用的语言。方言是文化的活化石，是民族文化的有机组成部分。国家对普通话的大力宣传和推广，以及近年来城镇化的发展，为方言与普通话之间的接触与碰撞提供了契机。本节考察鄂东城乡居民的方言能力主要指他们方言的听说能力。在方言听的能力方面，设置了五种情况："完全能听懂""大部分能听懂""基本能听懂""基本听不懂""完全听不懂"，记为 5、4、3、2、1；将方言说的能力分为五种情况："能熟练交谈""能基本交谈""会说一些常用语""基本不会说""完全不会说"，依次记录为 5、4、3、2、1。

有 71% 的鄂东城乡居民表示"完全能听得懂"方言，不到 3% 的居民听不懂方言，有可能是父母双方或一方是外地人，家庭主要语言是普通话，那么无论是大人还是孩子，即便生活在方言圈里也听不懂方言。鄂东城乡居民方言说的能力不如听的能力好，58% 的居民表示"能熟练交谈"，有接近 8% 的居民不会说方言，人数远远大于听不懂方言的人数，这说明一部分居民能听得懂方言，但不会说方言，由此可知，居民听方言的能力高于说方言的能力，和普通话的情况一致。

二、方言语言能力在社会变项上的差异性分析

本部分研究尝试从性别、年龄、受教育程度、家庭所在地、父母年龄、父母受教育程度、父母职业、父母方言语言态度等社会变项入手，探讨上述社会变量对鄂东城乡居民方言语言能力的影响。

（一）性别变项分析

利用 t 检验（全称为独立样本 t 检验）去研究性别因素对于整体方言语言能力的差异性，发现不同性别样本对于方言语言能力全部均呈现出显著性（$p<0.05$），从均值对比的结果来看，鄂东城乡居民女性的方言语言能力强于男性。

（二）年龄变项分析

经过方差分析（全称为单因素方差分析）发现，不同年龄的鄂东城乡居民在方言语言能力上的差异达到显著水平（$p<0.05$），方言语言能力与年龄呈正比关系，年龄越大的居民，方言听说语言能力越强；年龄越小的居民，方言听说语言能力越弱（图 3-10）。

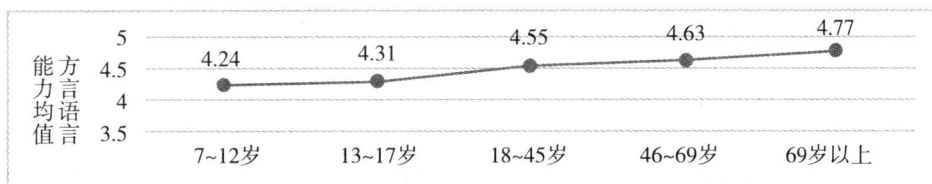

图 3-10　鄂东城乡居民方言语言能力在年龄变项上的差异

（三）受教育程度变项分析

利用方差分析（全称为单因素方差分析）可以知道，鄂东城乡居民不同的受教育程度对于方言的语言能力不会表现出显著性（$p>0.05$），无论居民们的受教育程度如何，方言语言能力都比较强，不同文化程度鄂东城乡居民的方言听说能力均值差不多都接近 5 分，分别接近选项"完全能听懂"和"能熟练交谈"，方言听和说能力非常熟练（图 3-11）。

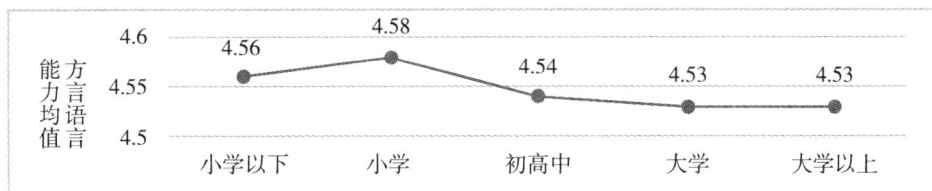

图 3-11　鄂东城乡居民方言语言能力在受教育程度变项上的差异

（四）职业变项分析

经方差分析发现，职业因素对于方言的语言能力未表现出显著性影响（$p>0.05$），无论从事何种职业的居民，方言语言能力都较强，其中最强的是农牧民，其次是个体业主和退休人员，方言语言能力最差的是学生（图 3-12）。

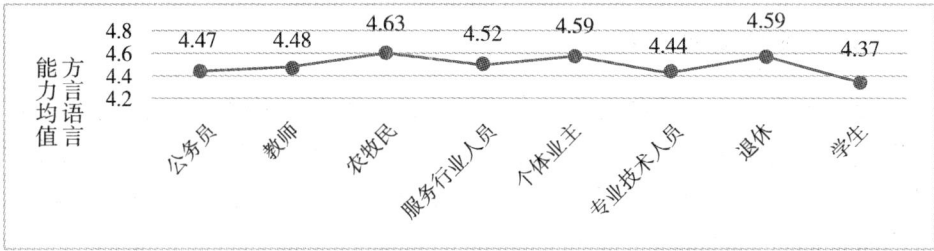

图 3-12　鄂东城乡居民方言语言能力在职业变项上的差异

（五）家庭所在地变项分析

经方差分析发现，不同的家庭所在地对于方言语言能力均表现出显著性影响（$p < 0.05$），意味着不同地方的居民，他们方言语言能力的情况具有差异性。通过均值比较，进一步发现鄂东城乡居民的方言语言能力在家庭所在地变项上，呈现出明显的"层化"现象。具体来说，居住在鄂东村镇里的人使用方言的能力高于居住在城市的人（图 3-13）。

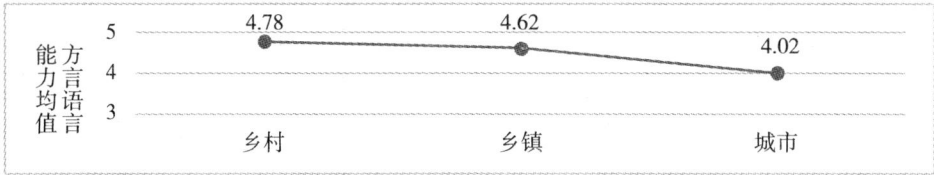

图 3-13　鄂东城乡居民方言语言能力在家庭所在地变项上的差异

（六）父母年龄变项分析

经方差分析发现，不同的父母年龄样本对于方言语言能力不会表现出显著性差异（$p > 0.05$），通过均值比较，可看出父母年龄越大的居民，其方言听、说的语言能力越强；父母年龄越小的居民，其方言听、说的语言能力越弱（图 3-14）。

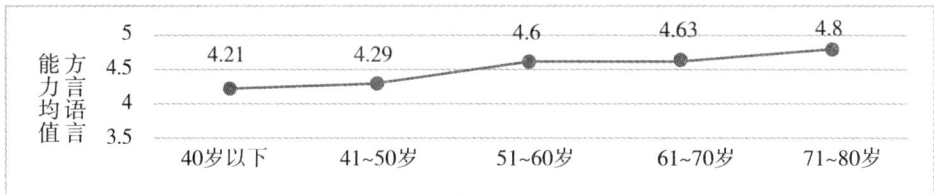

图 3-14　鄂东城乡居民方言语言能力在父母年龄变项上的差异

（七）父母受教育程度变项分析

经方差分析发现，父母受教育程度不同的鄂东城乡居民受访者在方言语言能力上的差异未达到显著水平（$p>0.05$），不具有统计学意义。但也有一些特点，具体来说，无论父母受教育程度如何，鄂东城乡居民的整体方言语言能力都比较强，但是父母的文化程度为初高中是一个分水岭，父母文化程度为大学及以上的居民方言语言能力的均值要小于父母文化程度为小学及初高中的居民方言语言能力的均值（图3-15）。

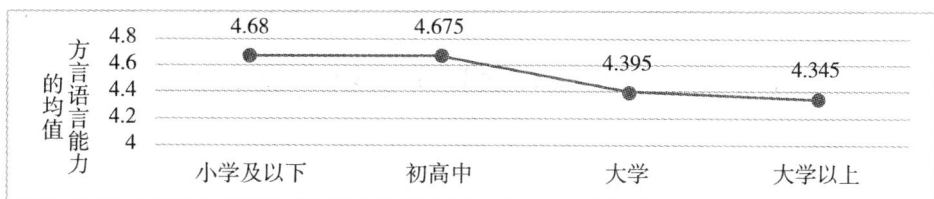

图 3-15　鄂东城乡居民方言语言能力在父母受教育程度变项上的差异

（八）父母职业变项分析

经方差分析发现，父母职业不同的鄂东城乡居民受访者在方言语言能力上的差异未达到显著水平（$p>0.05$）。通过均值比较，可以发现鄂东城乡居民方言的语言能力在父母职业变项上，也未呈现出明显的"层化"现象。但也有一些特点，具体来说，在鄂东地区，无论父母从事何种职业，孩子的方言语言能力都比较强（图3-16）。

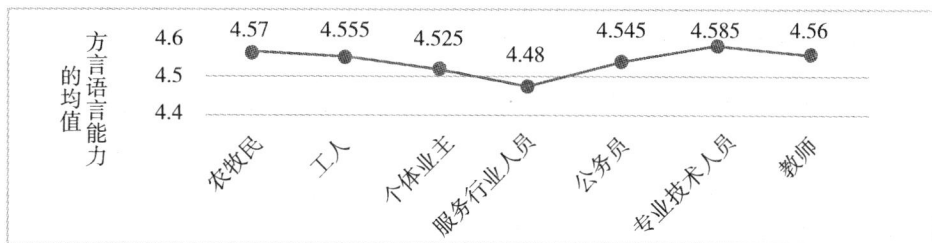

图 3-16　鄂东城乡居民方言语言能力在父母职业变项上的差异

（九）父母语言态度变项分析

经方差分析可知，鄂东城乡居民的方言语言能力在父母语言态度变项上呈现出显著差异（$p<0.05$），差异具有统计学意义。父母方言语言态度越

积极的居民，其自身方言的听、说语言能力也越强（图 3-17）。

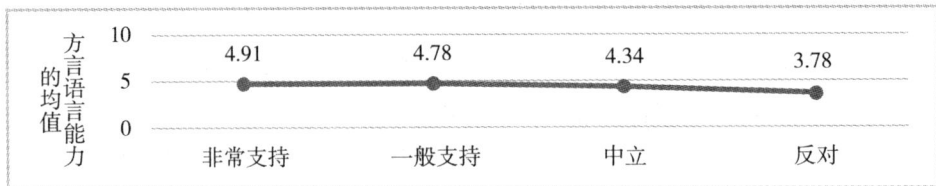

图 3-17　鄂东城乡居民方言语言能力在父母方言语言态度变项上的差异

第三节　鄂东城乡居民英语语言能力调查

一、英语语言能力的整体情况分析

对鄂东城乡居民英语能力的调查考察了他们是否学习过英语、英语听说读写能力等方面。

（一）是否学习过英语

对鄂东城乡居民是否学习过英语的调查由 1 个问题构成，即"您学习过英语吗"。统计结果显示，在 304 名调查对象中，有 134 名的鄂东城乡居民学习过英语，占比 44.08%；170 名鄂东城乡居民没有学习过英语，占比55.92%。

（二）英语听说能力

本节以 134 名学过英语的鄂东城乡居民为调查对象，英语听力能力分为五种情况："完全能听懂""大部分能听懂""基本能听懂""基本听不懂""完全听不懂"，分别记为 5、4、3、2、1；英语口语能力分为五种情况："能熟练交谈""能基本交谈""会说一些常用语""基本不会说""完全不会说"，记为 5、4、3、2、1。

鄂东城乡居民的英语听说能力一般，在 134 名学过英语的鄂东城乡居民中，仅有 9% 的居民表示"完全能听得懂"英语，5.3% 的居民表示用英语"能熟练交谈"，有 11.97% 的居民表示"基本听不懂"英语，14.40% 的居民表示"基本不会说"英语。

（三）英语读写能力

本小节对鄂东城乡居民英语读写能力的调查包括英语阅读和英语写作能力两个方面，设置了"读书、看报等书面阅读"这一具体的情境来考察居民们的英语阅读能力，并根据熟练程度分为五个等级："非常熟练""比较熟练""一般""不太熟练""很不熟练"，按次序分别记为 5、4、3、2、1；英语写作能力也划分为五个等级："非常熟练""比较熟练""一般""不太熟练""很不熟练"，按次序分别记为 5、4、3、2、1。

鄂东城乡居民的整体英语读写能力不强。在 134 名学过英语的鄂东城乡居民中，只有 11.4% 的居民表示对英语阅读"非常熟练"，10.4% 的居民认为英语写作"非常熟练"；32.8% 的居民表示对英语阅读"比较熟练"，28.6% 的居民表示对应用写作"比较熟练"；35.8% 的居民表示自己的英语阅读能力"一般"，37.2% 的居民表示自己的英语写作能力"一般"。17.1% 的居民表示可以阅读英语但"不太熟练",20.5% 的居民表示可以进行英语写作，但"不太熟练"；2.9% 的居民表示对英语阅读"很不熟练"，3.3% 的居民表示用英语写作"很不熟练"。

二、英语语言能力在社会变项上的差异性分析

本小节以 134 名学过英语的鄂东城乡居民为调查对象，尝试从性别、年龄、受教育程度、家庭所在地、父母年龄、父母受教育程度、父母职业、父母英语语言态度等社会变项入手，利用 SPSSAU 在线数据分析软件，通过独立样本 t 检验、方差分析、均值对比等方法，对鄂东城乡居民的英语语言能力进行分析，探讨上述社会变量对鄂东城乡居民英语语言能力的影响。

（一）性别变项分析

利用 t 检验（全称为独立样本 t 检验）去研究性别因素对于整体英语语言能力的差异性发现，不同性别样本对于英语语言能力均呈现出显著性（$p<0.05$）。从均值对比的结果来看，鄂东城乡居民男性的英语语言能力强于女性（图 3-18）。

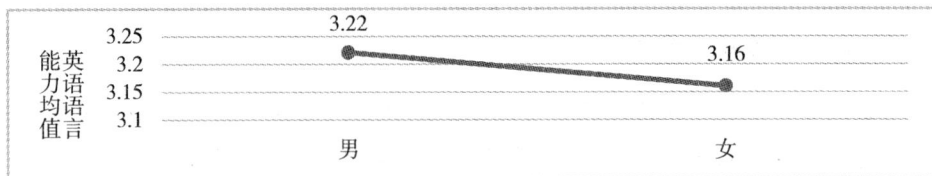

图 3-18　鄂东城乡居民英语语言能力在性别变项上的差异

（二）年龄变项分析

经过方差分析（全称为单因素方差分析）发现，不同年龄的鄂东城乡居民在英语语言能力上的差异达到显著水平（$p<0.05$），青少年的英语能力较强，中老年的英语能力较弱。18 ~ 45 岁是一个分水岭，青少年阶段，随着年龄的增长，英语语言能力增强；中老年阶段，年龄越大，英语语言能力减弱（图 3-19）。

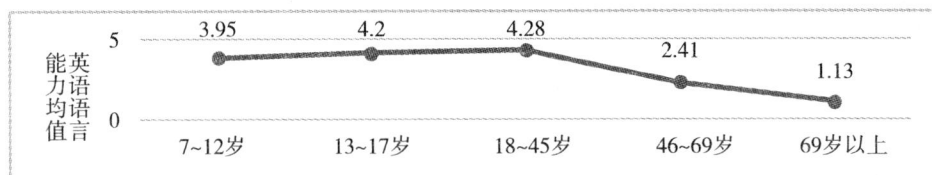

图 3-19　鄂东城乡居民英语语言能力在年龄变项上的差异

（三）受教育程度变项分析

利用方差分析（全称为单因素方差分析）去研究受教育程度对于英语语言能力的差异性，得出鄂东城乡居民不同的受教育程度对于英语语言能力会表现出显著性差异（$p<0.05$），意味着不同的受教育程度对于英语语言能力具有影响。具体来说，调查对象英语语言能力与受教育程度呈正比关系，即受教育程度越高的人，英语语言能力越强；受教育程度越低的人，英语语言能力越弱（图 3-20）。

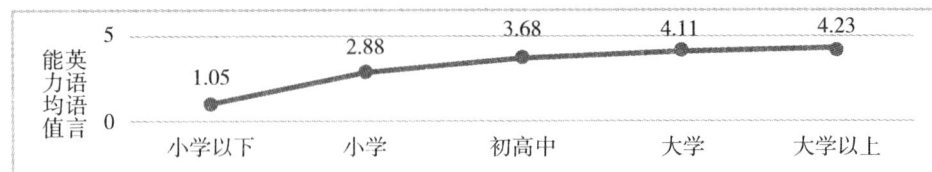

图 3-20　鄂东城乡居民英语语言能力在受教育程度变项上的差异

（四）职业变项分析

经方差分析可知，职业因素对英语语言能力表现出显著性影响（$p<0.05$），意味着不同职业人员的英语语言能力具有差异性。通过均值比较，我们进一步发现鄂东城乡居民的英语语言能力在职业上已经出现了明显的"层化"现象。具体来说，教师、公务员、专业技术人员、学生的英语语言能力较强。从事教育行业、政府事业单位工作等居民的英语语言能力均值较高，他们的学习、生活和工作中对英语的要求较高，有些从业条件里就对英语语言能力有比较具体的要求标准；其次是一些专业技术人员，他们需要和各种各样的人打交道，能够使用英语也是一般要求（图3-21）。

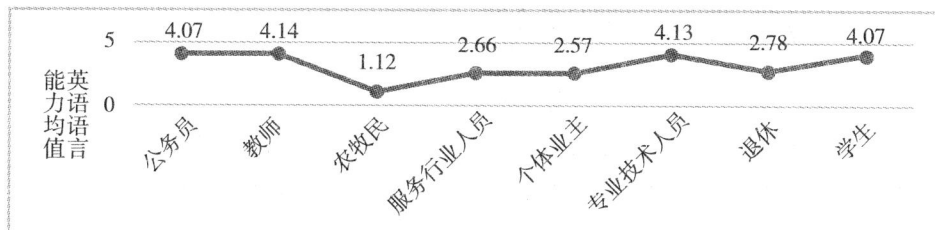

图3-21 鄂东城乡居民英语语言能力在职业变项上的差异

（五）家庭所在地变项分析

经方差分析可知，不同的家庭所在地对于英语语言能力均会表现出显著性影响（$p<0.05$），意味着不同地方的居民，他们的英语语言能力情况具有差异性，居住在鄂东城市里的人英语语言能力强于居住在村镇的人（图3-22）。

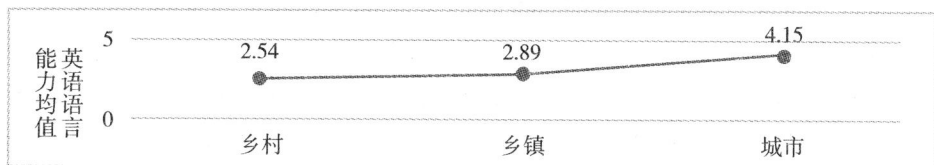

图3-22 鄂东城乡居民英语语言能力在家庭所在地变项上的差异

（六）父母年龄变项分析

经方差分析发现，父母年龄不同的鄂东城乡居民受访者在英语语言能力上的差异未达到显著水平（$p>0.05$），通过均值比较可以发现，51～60岁是一个分水岭，父母年龄在 60 岁以下的居民，其英语语言能力与其父母年龄大小成正比关系，父母年龄越大，英语"听说读写"能力越强。父母年龄在 60 岁以上的居民，其英语语言能力与其父母年龄大小成反比关系，父母年龄越大，英语"听说读写"语言能力越弱（图 3-23）。

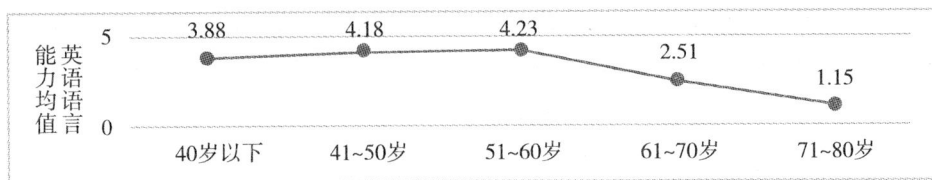

图 3-23　鄂东城乡居民英语语言能力在父母年龄变项上的差异

（七）父母受教育程度变项分析

经方差分析发现，父母受教育程度不同的鄂东城乡居民受访者在英语语言能力上的差异未达到显著水平（$p>0.05$）。但通过均值比较发现，无论父母受教育程度如何，鄂东城乡居民的整体英语语言能力都一般（图 3-24）。

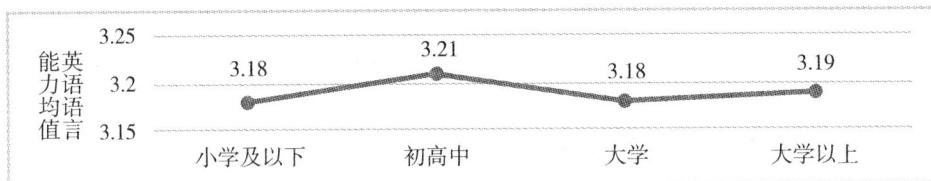

图 3-24　鄂东城乡居民英语语言能力在父母受教育程度变项上的差异

（八）父母职业变项分析

经方差分析发现，父母职业不同的鄂东城乡居民受访者在英语语言能力上的差异未达到显著水平（$p>0.05$）。调查对象英语语言能力在父母职业变项上，未呈现出明显的"层化"现象。无论父母从事何种职业，孩子的英语语言能力都一般，相对来说，父母从事公务员、专业技术工作、教师的居民，英语语言能力稍强一点（图 3-25）。

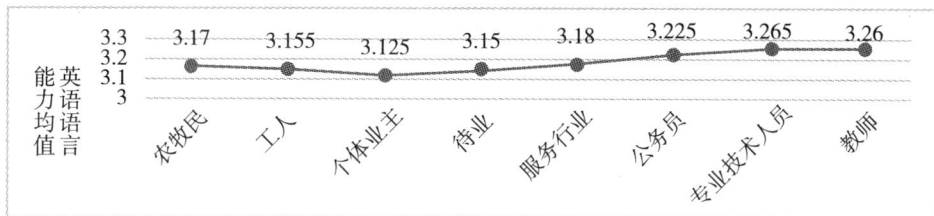

图3-25　鄂东城乡居民英语语言能力在父母职业变项上的差异

（九）父母语言态度变项分析

经方差分析发现，父母对子女英语学习持不同态度的鄂东城乡居民受访者在英语语言能力上的差异达到显著水平（$p < 0.05$），父母英语语言态度越积极的居民，其自身英语语言能力就越强（图3-26）。

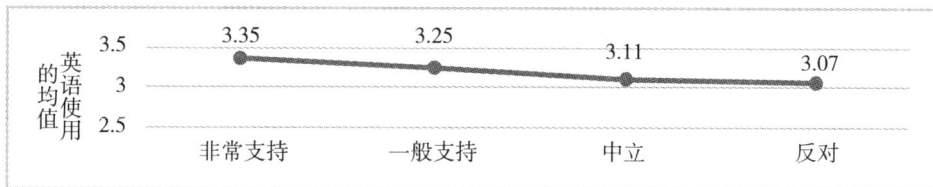

图3-26　鄂东城乡居民英语语言能力在父母英语语言态度变项上的差异

第四节　鄂东城乡居民普通话、方言和英语语言能力的差异及其成因

一、整体情况对比分析

（一）整体情况

为了对调查鄂东城乡居民普通话、方言和英语语言能力的总体趋势有一个整体的了解，本节对鄂东城乡居民对普通话、方言和英语的听说读写能力进行了对比，详见图3-27、3-28、3-29、3-30。对比显示，鄂东城乡居民的普通话和方言听的能力强于英语，鄂东城乡居民听的语言能力排序为普通话＞方言＞英语。鄂东城乡居民的普通话和方言说的能力强于英语，鄂东城乡居民说的语言能力排序为方言＞普通话＞英语。鄂东城乡居民的普通话读的能力强于英语，鄂东城乡居民读的语言能力排序为普通话＞英语。鄂东城

乡居民的普通话写的能力强于英语，鄂东城乡居民写的语言能力排序为普通话＞英语。

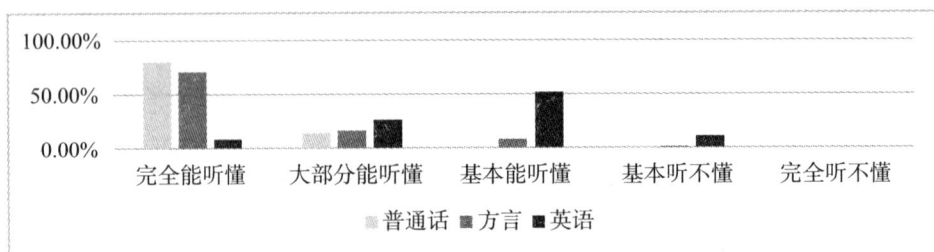

图 3-27　鄂东城乡居民听的语言能力差异对比图

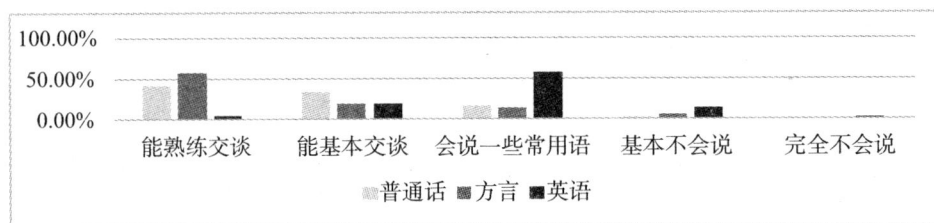

图 3-28　鄂东城乡居民说的语言能力差异对比图

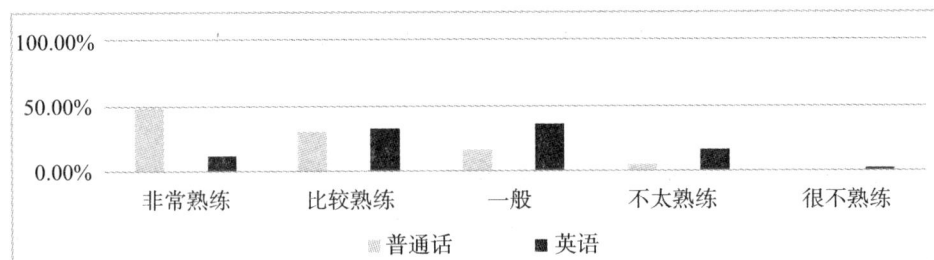

图 3-29　鄂东城乡居民读的语言能力差异对比图

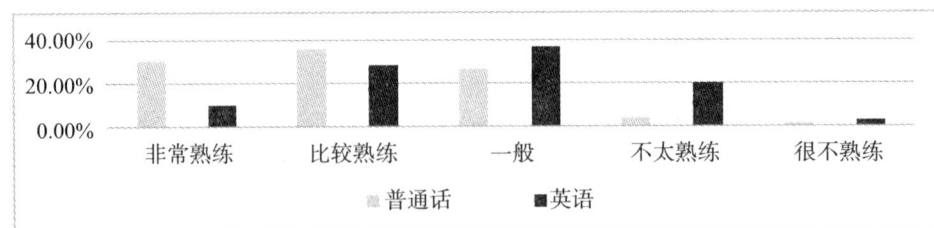

图 3-30　鄂东城乡居民写的语言能力差异对比图

（二）成因分析

1. 普通话听、读、写的能力较强的原因

（1）学校普通话教育的普及。学校普通话教育的普及是鄂东城乡居民普通话听、读、写能力最强的根本原因。学校是推普工作的重要阵地，在培养普通话语言能力方面发挥着重大作用。随着全国上下对推普宣传工作的重视，农村中小学也逐步由原来的方言教学向普通话教学转变，教师也能够在课堂教学中使用普通话、推广普通话。鄂东地区适龄儿童都接受了九年义务教育，在学校普通话环境里耳濡目染，他们的普通话听、读、写的能力自然就越来越强。

（2）大众媒体的普及。电视、广播、手机的普及为鄂东城乡居民提高普通话听、读、写的能力创造了条件。随着社会经济的发展，互联网科技的不断进步，广播、电视、互联网、智能手机等大众媒体在鄂东地区得到了普及，而这些大众媒体使用的语言基本上都是普通话，居民们通过广播、电视、互联网、智能手机等各种方式潜移默化地提高普通话听、读、写的能力。

2. 方言说的能力较强的原因

（1）方言在家庭语域中占主导地位。方言在家庭语域占主导地位是鄂东城乡居民方言说的能力最强的直接原因。在家庭语域，方言被大部分鄂东城乡居民稳定地使用，并且有很多居民是从小就开始说方言，对方言也最熟悉，日常生活时必不可少。在家庭生活中，方言是最能表达夫妻之间、亲子之间的亲密关系与沟通情感的重要工具。语言能力和语言使用密切相关，某种语言在社交互动中使用的频率越高，运用的机会越多，那么该语言的语言能力就会越来越强。因此，方言在家庭语域占主导地位是鄂东城乡居民方言说的能力最强的直接原因。

（2）积极的语言态度。对方言持有积极的语言态度为鄂东城乡居民提高方言说的能力提供了强有力的保证。调查结果表明，鄂东城乡居民对方言的态度是积极的和正面的。居民对方言的态度越积极，在与人交往中越愿意使用方言，这就保证了鄂东城乡居民在社会交往中频繁地使用方言进行交际。因此，对方言持有积极的语言态度为鄂东城乡居民提高方言说的能力提供了强有力的保证。

3.语言能力呈"多言化"趋势的原因

前面的调查结果可以看出，鄂东城乡居民的语言能力呈"多言化"趋势，虽然听说读写的能力有所区别，仍然有接近95%的居民同时会方言和普通话，还有44.08%的居民学习过英语，虽然英语听说读写能力一般，但90%以上的人都可以运用英语。这主要是因为以下几点。

（1）学校普通话、英语教育的普及。学校教育的普及是鄂东城乡居民使用方言之余，兼用普通话、英语的根本原因。大多数鄂东城乡居民是从小就开始说方言，方言能力很强，成为方言的"单语人"，后由于学校开始重视英语和普通话的教学，极大地增强了居民们对英语和普通话的热爱以及对英语、普通话能力提升的热情。随着受教育程度的提高，他们慢慢由"单语人"演变成为"双语人"，甚至是"三语人"。

（2）语言竞争的必然结果。语言之间的竞争是鄂东城乡居民使用方言之余，兼用普通话、英语的必然结果。与方言相比，普通话不仅在社会交际功能上占绝对优势，在社会地位上也具有压倒性优势，在政治、经济、文化、教育等公共语域占统治地位；而英语作为国际通用语，也是重要的外语，各种考试、工作、升职等都需要英语来提高自身的竞争力。相比之下，由于方言使用范围、交际功能受到了压缩，一般用于家庭语域，在语言竞争中处于弱势地位，不得不给普通话和英语让出使用空间。因此，语言之间的竞争是鄂东城乡居民使用方言之余，兼用普通话、英语的必然结果。

二、社会变项差异分析

（一）在性别变项上出现差异的原因

独立样本 t 检验结果显示，鄂东城乡居民的普通话、方言、英语语言能力在性别上出现的差异具有统计学意义。具体来说，鄂东城乡居民女性的普通话、方言、英语语言能力强于男性（图3-31）。语言使用调查显示，女性的社会话语权没有明显优势。因此女性在语言使用上比男性更倾向于选择地位高、具有社会声望的语言。第五章语言态度调查也显示，女性的普通话、方言和英语的语言态度都比男性积极，这也导致鄂东地区女性城乡居民使用普通话、方言和英语的比例高于男性。语言能力和语言使用密切相关，某种语言在社交互动中使用的频率越高，运用的机会越多，那么该语言的语言能力就会越来越强。因此，鄂东地区女性城乡居民的普通话、方言和英语语言能力强于男性。

图 3-31　语言能力在性别上出现的差异对比

（二）在年龄变项上出现差异的原因

综合前面的调查结果，可以发现，鄂东城乡居民的普通话、方言、英语的语言能力在年龄上出现的差异具有统计学意义。均值比较结果显现，年轻人的普通话和英语能力较强，中老年人的普通话和英语能力较弱。方言语言能力与年龄成正比，即年龄越大，方言语言能力越强；年龄越小，方言语言能力越弱（图 3-32）。这主要是因为以下几点。

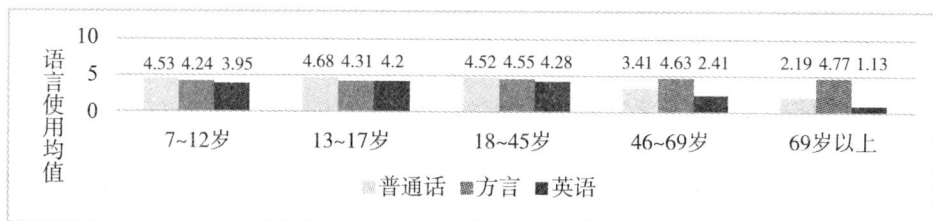

图 3-32　语言能力在年龄上出现的差异对比

1. 语言使用在年龄上的差异

语言使用在年龄上的差异是鄂东城乡居民语言能力在年龄上出现差异的直接原因。语言能力和语言使用密切相关，某种语言在社交互动中使用的频率越高，运用的机会越多，那么该语言的语言能力就会越来越强。研究表明，方言的使用与年龄存在正相关关系，即年龄越大，方言使用比例越高，越年轻，方言使用比例越低。因此，方言听说的语言能力的高低受到年龄差异的影响，年龄越大的居民，方言听说的语言能力越强；年龄越小的居民，方言听说的语言能力越弱。

2. 语言态度在年龄上的差异

语言态度在年龄上的差异是造成鄂东城乡居民语言能力在年龄上出现差

异的重要原因。调查显示，鄂东城乡年龄越大的居民，对方言的语言态度越积极；年龄越小的居民，对普通话的语言态度越积极。语言能力与语言态度的关系又相当密切，对某种语言的认同度越高，对地位、社会影响力及实用性的评价越高，情感认同度越高，那么就越愿意使用该种语言，语言能力就越强。这就造成了青少年的普通话、英语能力较强的情况。

3. 接受教育的机会在年龄上的差异

接受教育的机会在年龄上的差异是造成鄂东城乡居民语言能力在年龄上出现差异的根本原因。全国上下推普工作普及之后，各乡村城镇的学校才开始重视普通话的教学，国家倡导英语学习之后，英语才成为和语文一样的重点科目。年龄越大的人，上学期间学校提供普通话教育、英语教育的机会越少，而年龄越小的人正好相反，接受教育的机会越多，获得普通话能力、英语能力的机会越多。这就造成了青少年的普通话、英语能力较强，中老年的普通话、英语能力较弱。

（三）在受教育程度变项上出现差异的原因

综合前面的调查结果，我们发现，鄂东城乡居民的普通话、英语语言能力在受教育程度变项上出现的差异具有统计学意义，方言语言能力在受教育程度变项上出现的差异不具有统计学意义。通过均值对比发现，鄂东城乡居民的普通话语言能力、英语语言能力与受教育程度呈正比关系，即受教育程度越高的人，普通话、英语语言能力越强；受教育程度越低的人，普通话、英语语言能力越弱；无论居民们的受教育程度如何，方言语言能力都比较强（图 3-33）。这主要是因为以下几点。

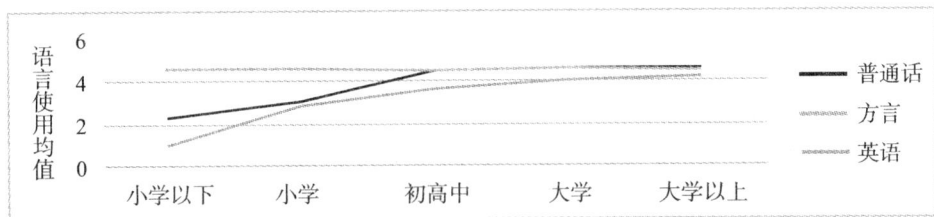

图 3-33　语言能力在受教育程度上出现的差异对比

1. 语言环境的影响

语言环境是鄂东城乡居民方言语言能力较强的客观原因。受语言环境的影响，鄂东城乡居民使用当地方言的范围广、频率高，因而在方言的听和说上都非常熟练，很多人几十年都生活在家乡，日常生活中基本上只使用方言，在使用方言时也很难受到普通话或其他方言的干扰，方言听说能力自然较高、较为稳定。

2.语言态度在受教育程度上的差异

语言态度在受教育程度上的差异是鄂东城乡居民语言能力在受教育程度上出现差异的重要原因。调查显示，受教育程度越高的鄂东城乡居民，对普通话、英语的语言态度就越积极，对方言的语言态度越消极。语言使用与语言态度关系密切，对某种语言的认同度越高，对其地位、社会影响力及实用性的评价越高，情感认同度越高，那么就越愿意使用该种语言。语言能力和语言使用密切相关，某种语言在社交互动中使用的频率越高，运用的机会越多，那么该语言的语言能力就会越来越强。因此，这就造成了受教育程度越高的人，普通话、英语语言能力越强；受教育程度越低的人，普通话、英语语言能力越弱。

3.语言使用在受教育程度上的差异

语言使用在受教育程度上的差异是鄂东地区城乡居民语言能力在受教育程度上出现差异的直接原因。调查结果表明，受教育程度越高，使用普通话和英语的比例越高；受教育程度越低，使用普通话和英语的比例越低。语言能力和语言使用密切相关，某种语言在社交互动中使用的频率越高，运用的机会越多，那么该语言的语言能力就会越来越强。因此，受教育程度越低的居民，普通话和英语的语言能力越弱。

（四）在职业变项上出现差异的原因

综合前面的调查结果，可以发现，鄂东城乡居民的普通话、英语语言能力在职业变项上出现的差异具有统计学意义，方言语言能力在职业变项上未出现的差异。比较均值的结果发现，教师、公务员、专业技术人员、学生的普通话、英语语言能力较强；无论从事何种职业的居民，方言语言能力都较强（图3-34）。这主要是因为以下几点。

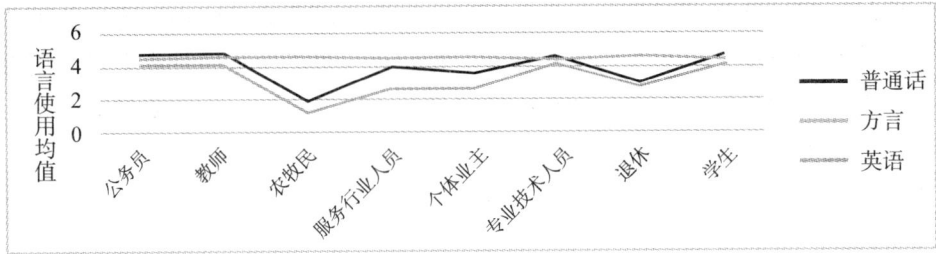

图 3-34　语言能力在职业上出现的差异对比

1. 语言态度在职业上的差异

语言态度在职业上的差异是鄂东城乡居民普通话、英语语言能力在职业上出现差异的重要原因。调查显示，从事教师、公务员、学生、专业技术人员职业的鄂东城乡居民对普通话、英语的语言态度较积极。语言使用与语言态度关系密切。对某种语言的认同度越高，对其地位、社会影响力及实用性的评价越高，情感认同度越高，那么就越愿意使用该种语言。语言能力和语言使用密切相关。如果居民某种语言的语言能力越强，在社会交往中会自然倾向于使用更为熟悉的语言，那么使用该语言进行交流的机会就越多。这就造成了鄂东城乡居民教师、公务员、专业技术人员、学生的普通话、英语语言能力较强。

2. 语言使用在职业上的差异

语言使用在职业上的差异是鄂东城乡居民普通话、语英语语言能力在职业上出现差异的直接原因。调查结果表明，教师、公务员、学生、专业技术人员使用普通话的频率较高。语言能力和语言使用密切相关，某种语言在社交互动中使用的频率越高，运用的机会越多，那么该语言的语言能力就会越来越强。这就造成了鄂东城乡居民教师、公务员、专业技术人员、学生的普通话、英语语言能力较强。

3. 母语传承链条保持完整

母语传承链条保持完整是鄂东城乡居民无论从事何种职业的居民，方言语言能力都较强的根本原因。语言使用调查结果表明，在家庭语域，方言被大部分鄂东城乡居民稳定地使用，很多居民从小就开始说方言，对方言最熟悉，方言在日常生活中必不可少。居民最先学会的是方言，并且方言是他们的母语，父母进行语言教育时主要使用的也是方言，鄂东城乡居民的方言语言能力很强。由此可见，母语传承链条保持完整是鄂东城乡居民无论从事何种职业的居民，方言语言能力都较强的根本原因。

（五）在家庭所在地上出现差异的原因

综合前面的调查结果，可以发现，鄂东城乡居民的普通话、方言、英语语言能力在家庭所在地变项上出现的差异具有统计学意义。均值比较的结果发现，居住在鄂东城市里的人普通话、英语语言能力高于居住在村镇的人；方言语言能力低于居住在村镇的人（图 3-35）。这主要是因为以下几点。

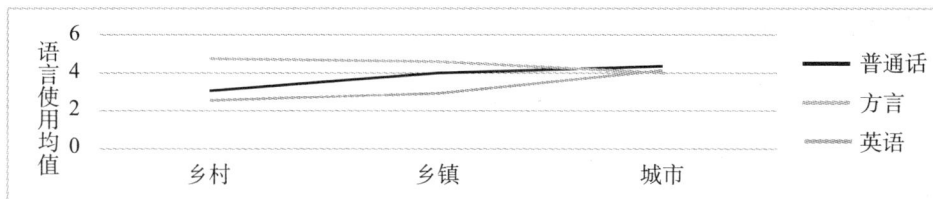

图 3-35　语言能力在家庭所在地上出现的差异对比

1. 语言使用在家庭所在地上的差异

语言使用在家庭所在地上的差异是鄂东城乡居民语言能力在家庭所在地上出现差异的直接原因。调查结果表明，居住在鄂东城市里的人使用普通话、英语的比例高于居住在村镇的人；使用方言的比例低于居住在村镇的人。语言能力和语言使用密切相关，某种语言在社交互动中使用的频率越高，运用的机会越多，那么该语言的语言能力就会越来越强。这就造成了居住在鄂东城市里的人普通话、英语语言能力高于居住在村镇的人；方言语言能力低于居住在村镇的人。

2. 语言态度在家庭所在地上的差异

语言态度在家庭所在地上的差异是鄂东城乡居民的语言能力在家庭所在地出现差异的重要原因。调查显示，居住在城市的人对普通话、英语的语言态度积极；居住在村镇的居民对方言的语言态度积极。语言态度与语言使用关系密切。对某种语言的认同度越高，对其地位、社会影响力及实用性的评价越高，情感认同度越高，那么就越愿意使用该种语言，越愿意使用该种语言，该种语言的语言能力就越强。这就造成了居住在鄂东城市里的人普通话、英语语言能力高于居住在村镇的人；方言语言能力低于居住在村镇的人。

3. 语言交际需求在家庭所在地上的差异

语言交际需求在家庭所在地上的差异是鄂东城乡居民语言能力出现差异的根本原因。居住在村镇的居民，其交际对象比较单一，以本地人为主，交际双方都倾向于使用方言进行交际。而居住在城市的人，交际对象相较复杂，既有本地人，还有外地人，甚至外国人，使用普通话、英语的机会就比居住在村镇的人多。因此，居住在鄂东城市里的人普通话、英语语言能力高于居住在村镇的人。

（六）在父母语言态度上出现差异的原因

综合前面的调查结果，可以发现，鄂东城乡居民的普通话、方言、英语的语言能力在父母语言态度变项上出现的差异具有统计学意义。比较均值的结果发现，父母普通话、方言、英语语言态度越积极的人，普通话、方言、英语的语言能力越高。整体来说，方言的语言能力高于普通话和英语（图3-36）。这主要是因为以下几点。

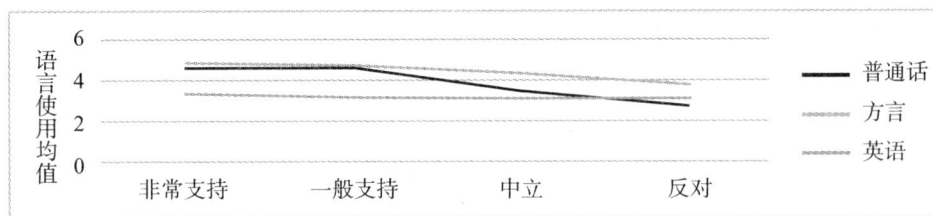

图 3-36 语言能力在父母英语态度上出现的差异对比

1. 语言使用在父母语言态度上的差异

语言使用在父母语言态度上的差异是鄂东城乡居民语言能力在父母语言态度上出现差异的直接原因。调查结果表明，父母语言态度越积极的居民，使用普通话、英语、方言的比例越高；父母语言态度越消极的居民，使用普通话、英语、方言的比例越低。语言能力和语言使用密切相关，某种语言在社交互动中使用的频率越高，运用的机会越多，那么该语言的语言能力就会越来越强。因此，父母普通话、方言、英语语言态度越积极的人，普通话、方言、英语的语言能力越强。

2. 语言态度在父母语言态度上的差异

语言态度在父母语言态度上的差异是鄂东城乡居民的语言能力在父母语言态度上出现差异的重要原因。调查显示，父母语言态度越消极的居民，其对普通话、英语、方言的语言态度也越消极；父母语言态度越积极的居民，其对普通话、英语、方言的语言态度也越积极。语言使用与语言态度关系密切，对某种语言的认同度越高，对地位、社会影响力及实用性的评价越高，情感认同度越高，那么就越愿意使用该种语言。语言能力和语言使用密切相关，某种语言在社交互动中使用的频率越高，运用的机会越多，那么该语言的语言能力就会越来越强。因此，父母普通话、方言、英语语言态度越积极的人，普通话、方言、英语的语言能力越强。

3. 母语传承保持完整

母语传承保持完整是方言语言能力高于普通话和英语的根本原因。在鄂东地区，居民的方言就是他们的母语，他们对方言的情感认同度较高，对方言在情感上最忠诚。从调查结果来看，他们的听说能力保持得相当完好，97.66% 的居民听懂方言完全没有问题或者基本没有问题，92.3% 的居民用方言与人交谈完全没有问题或者基本没有问题。从第二章的调查结果也可以看出，在鄂东地区的家庭语域里，大多数成员仍然稳定地使用着方言，经常使用方言的比例远远高于经常使用普通话的比例。在非正式的公共语域里，方言也是占据着重要的地位，使用率也高于普通话，而且很多居民是通过家庭传承的方式习得方言的，这种习得方式稳固而持久。因此，母语传承保持完整是方言语言能力高于普通话和英语的根本原因。

第五节　小　结

本章的研究发现，鄂东城乡居民的方言能力较强，绝大多数人都能听懂方言，也能使用方言与人交谈。方言在家庭语域占主导地位是鄂东城乡居民方言说的能力最强的直接原因。对方言持有积极的语言态度为鄂东城乡居民提高方言说的能力提供了强有力的保证。

鄂东城乡居民普通话听、读、写的能力较强。学校普通话教育的普及是鄂东城乡居民普通话听、读、写的能力最强的根本原因；电视、广播、手机的普及为鄂东城乡居民提高普通话听、读、写的能力创造了条件。

鄂东城乡居民的语言能力呈"多言化"趋势，虽然听说读写的能力有所区别，但仍然有接近95%的居民同时会方言和普通话，还有44.08%的居民学习过英语，虽然英语听说读写能力一般，但90%以上的居民都可以运用英语。学校教育的普及是鄂东城乡居民使用方言之余，兼用普通话、英语的根本原因。语言之间的竞争是鄂东城乡居民使用方言之余，兼用普通话、英语的必然结果。

SPSS方差检验检测结果显示，不同的性别、年龄、职业、受教育程度、家庭所在地、父母年龄、父母受教育程度、父母职业、父母语言态度会对鄂东城乡居民普通话、方言、英语的语言能力产生影响，这些差异具有统计学意义。社会、经济、文化、教育的发展等深层的社会因素相互作用、相互影响，导致了鄂东城乡居民的语言能力的现状和发展趋势。

第四章　鄂东城乡居民的语言学习调查

语言学习是指个体学习使用语言进行交流的过程，包括对一系列声音或符号及其常规含义的识别、再认和再现，对语法规则的理解，以及使用语言所必需的运动技能（如发音、书写等）。克拉申区分了儿童第二语言学习中的"学习"和"习得"。"习得"是指学习者在不知不觉中学会了语言，并在不知不觉中流利、正确地使用语言。而"学习"是指有意识地研究和理解一种语言（通常是母语以外的第二语言）的过程。在鄂东地区，基本上儿童学习的第一语言都是方言，也有少数儿童学习的第一语言是普通话，也存在儿童学习的第一语言为普方双言，很难区分普通话、方言到底是"学习"的，还是"习得"的。在本书中，使用的语言学习的概念是指鄂东城乡居民获得某种语言能力的过程，"学习"的内涵包括在父母影响、亲属影响、社会交往中自然学习语言能力的过程，还包括他们通过学校教育、语言培训等学习到语言能力的过程。故此，本书利用问卷法对鄂东城乡居民获得普通话、方言、英语语言能力的方式进行调查。

第一节　鄂东城乡居民的普通话语言学习

一、普通话语言学习的整体情况分析

（一）普通话听说能力的学习

鄂东城乡居民普通话听说能力的学习方式的调查由一个问题构成："您是怎么学说普通话的"。具体调查结果统计情况见表4-1。

表4-1 鄂东城乡居民普通话听说能力主要学习方式

学习方式	响应		普及率（n=304）
	n	响应率	
社会交往	185	29.74%	60.86%
广播、电视	133	21.38%	43.75%
扫盲培训班	43	6.91%	14.14%
学校教育	261	41.97%	85.86%
汇总	622	100%	204.61%

统计结果显示，鄂东城乡居民普通话听说学习最主要的方式是"学校教育"；其次是"社会交往"；最后是"广播、电视"和参加"扫盲培训班"。

（二）普通话读写能力的学习

鄂东城乡居民普通话读写能力的学习方式的调查由一个问题构成："您是怎么学习汉字的"。具体调查结果统计情况见表4-2。

表4-2 鄂东城乡居民普通话读写能力主要学习方式

学习方式	响应		普及率（n=304）
	n	响应率	
自学	95	14.84%	31.25%
家人影响	185	28.91%	60.86%
扫盲培训班	82	12.81%	26.97%
学校教育	278	43.44%	91.45%
汇总	640	100.00%	210.53%

统计结果显示，鄂东城乡居民普通话读写学习最主要的方式是"学校教育"；其次是"家人影响"；最后是"自学"和"扫盲培训班"。"自学"主要指通过使用手机、经常看广告牌、商品标签等方式学习汉字。

二、普通话语言学习在社会变项上的差异性分析

在数据处理过程中，采用"二分法"进行计数，即"选择"为"1"，"不选择"为"0"，然后进行各种统计分析。

（一）性别变项分析

利用 SPSS 方差检验检测"性别"对于普通话听说能力学习方式和普通话读写能力学习方式的差异关系，结果如表 4-3 所示，通过"广播、电视""培训班"学习普通话的情况，通过"家人影响""自学""培训班"学习汉字的情况在年龄上出现的差异不具有统计学意义（$p>0.05$）。通过"学校教育""社会交往"学习普通话的情况在性别变项上出现的差异具有统计学意义（$p<0.05$）。

表 4-3　鄂东城乡居民的普通话学习在性别上的差异

语言	学习方式	性别	均值	p
普通话	学校教育	男	0.83	0.016*
		女	0.87	
	社会交往	男	0.73	0.026*
		女	0.58	
	广播、电视	男	0.44	0.901
		女	0.34	
	扫盲培训班	男	0.14	0.658
		女	0.11	
汉字	学校教育	男	0.82	0.023*
		女	0.87	
	家人影响	男	0.51	1.212
		女	0.45	
	自学	男	0.26	0.907
		女	0.25	
	扫盲培训班	男	0.18	0.878
		女	0.15	
* $p<0.05$ ** $p<0.01$				

从上表可知，鄂东城乡居民的普通话学习方式与性别差异有密切关系，即居民因性别不同，他们学习普通话、汉字的方式在性别上出现了明显的差异。具体来说：

（1）女性通过"学校教育"学习普通话的情况多于男性，但是男性通过"社会交往"学习普通话的情况多于女性。

（2）虽然通过"广播、电视""培训班"学习普通话的人在性别上出现的差异不具有统计学意义（$p > 0.05$），但是从均值对比结果来看，男性通过"广播、电视""培训班"学习普通话的情况均多于女性。

（3）女性通过"学校教育"学习汉字的情况多于男性。

（4）通过"家人影响""自学""培训班"学习汉字的人在性别上出现的差异不具有统计学意义（$p > 0.05$），然而，从均值比较的结果来看，通过"家人影响"这一方式学习汉字的女性居民多于男性居民，采用"自学"和"培训班"的方式学习汉字的男性多于女性。

（二）年龄变项分析

利用 SPSS 方差检验检测"年龄"对于普通话听说能力的学习方式和普通话读写能力的学习方式的差异关系，结果如表 4-4 所示，通过"培训班"学习普通话的情况和通过"家人影响""自学""培训班"学习汉字的情况，在年龄上出现的差异不具有统计学意义（$p > 0.05$）。通过"学校教育""社会交往""广播、电视"的方式学习普通话的情况在年龄变项上出现的差异具有统计学意义（$p < 0.05$）。通过"学校教育"的方式学习汉字的情况在年龄变项上出现的差异具有统计学意义（$p < 0.05$）。

表 4-4　鄂东城乡居民的普通话学习在年龄上的差异

语言	学习方式	年龄	均值	p
普通话	学校教育	7～12 岁	0.947	0.000**
		13～17 岁	0.948	
		18～45 岁	0.564	
		46～69 岁	0.354	
		69 岁以上	0.200	

语言	学习方式	年龄	均值	*p*
普通话	社会交往	7～12 岁	0.564	0.000**
		13～17 岁	0.502	
		18～45 岁	0.748	
		46～69 岁	0.794	
		69 岁以上	0.604	
	广播、电视	7～12 岁	0.416	0.012*
		13～17 岁	0.436	
		18～45 岁	0.544	
		46～69 岁	0.616	
		69 岁以上	0.654	
	扫盲培训班	7～12 岁	0.000	0.745
		13～17 岁	0.001	
		18～45 岁	0.190	
		46～69 岁	0.264	
		69 岁以上	0.320	
汉字	学校教育	7～12 岁	0.964	0.000**
		13～17 岁	0.954	
		18～45 岁	0.602	
		46～69 岁	0.514	
		69 岁以上	0.20	
	家人影响	7～12 岁	0.642	1.014
		13～17 岁	0.670	
		18～45 岁	0.622	
		46～69 岁	0.544	
		69 岁以上	0.208	
	自学	7～12 岁	0.352	0.738
		13～17 岁	0.290	
		18～45 岁	0.532	
		46～69 岁	0.482	
		69 岁以上	0.238	

续　表

语言	学习方式	年龄	均值	p
汉字学习	扫盲培训班	7～12 岁	0.000	0.391
		13～17 岁	0.002	
		18～45 岁	0.206	
		46～69 岁	0.248	
		69 岁以上	0.291	
			* $p<0.05$ ** $p<0.01$	

从上表可以看出，鄂东地区城乡居民普通话学习方式在年龄变量上存在明显的"层化"现象，即居民因年龄不同，他们学习普通话、汉字的方式在年龄上出现了明显的层化现象。具体来说：

（1）年龄越小的人，通过"学校教育"的方式学习普通话的概率越大；通过"社会交往"和"广播、电视"的方式学习普通话的概率越小。

（2）通过"扫盲培训班"学习普通话的人的年龄差异无统计学意义（$p>0.05$），但是从均值对比结果来看，年龄越大，愿意采用"扫盲培训班"的方式学习普通话的人数越多。

（3）年龄越小，愿意通过"学校教育"的方式学习汉字书写的人越多。

（4）通过"家人影响""自学""扫盲培训班"的方式学习汉字书写的人在年龄上出现的差异不具有统计学意义（$p>0.05$），但是从均值对比结果来看，13～17 岁的人通过"家人影响"的方式学习汉字书写的人数最多；18～45 岁通过"自学"的方式学习汉字书写的人数最多；69 岁以上通过参加"扫盲培训班"的方式学习汉字书写的人数最多。

（三）受教育程度变项分析

利用 SPSS 方差检验检测"受教育程度"对于普通话听说能力的学习方式和普通话读写能力的学习方式的差异关系，结果如表 4-5 所示，通过"培训班"的方式学习普通话的情况和通过"家人影响""培训班"的方式学习汉字书写的情况在受教育程度上出现的差异不具有统计学意义（$p>0.05$）。通过"学校教育""社会交往""广播、电视"的方式学习普通话的情况在受教育程度变项上出现的差异具有统计学意义（$p<0.05$）。通过"学校教育""自学"的方式学习汉字的情况在受教育程度变项上出现的差异具有统计学意义（$p<0.05$）。

表 4-5 鄂东城乡居民的普通话学习在受教育程度上的差异

语言	学习方式	受教育程度	均值	p
普通话	学校教育	小学以下	0.322	0.000**
		小学	0.334	
		初高中	0.664	
		大学	0.884	
		大学以上	0.904	
	社会交往	小学以下	0.806	0.000**
		小学	0.742	
		初高中	0.710	
		大学	0.414	
		大学以上	0.204	
	广播、电视	小学以下	0.762	0.000**
		小学	0.718	
		初高中	0.606	
		大学	0.456	
		大学以上	0.354	
	扫盲培训班	小学以下	0.108	0.164
		小学	0.002	
		初高中	0.001	
		大学	0.000	
		大学以上	0.000	
汉字	学校教育	小学以下	0.270	0.000**
		小学	0.354	
		初高中	0.714	
		大学	0.878	
		大学以上	0.882	
	家人影响	小学以下	0.642	0.034
		小学	0.480	
		初高中	0.422	
		大学	0.544	
		大学以上	0.282	

语言	学习方式	受教育程度	均值	p
汉字	自学	小学以下	0.252	0.038*
		小学	0.290	
		初高中	0.472	
		大学	0.482	
		大学以上	0.504	
	扫盲培训班	小学以下	0.012	0.264
		小学	0.001	
		初高中	0.000	
		大学	0.000	
		大学以上	0.000	
* $p<0.05$ ** $p<0.01$				

从上表可知，鄂东城乡居民因受教育程度不同，学习普通话、汉字的方式在受教育程度上出现了明显的层化现象。具体来说：

（1）受教育程度越高，通过"学校教育"的方式学习普通话的人越多。受教育程度越低，通过"社会交往""广播、电视"的方式学习普通话的人越多。

（2）通过"扫盲培训班"的方式学习普通话这一情况在受教育程度上出现的差异不具有统计学意义（$p>0.05$），但是从均值对比结果来看，文化程度在小学和小学以下的人通过参加"扫盲培训班"的方式学习普通话的人稍多。

（3）受教育程度越高，通过"学校教育""自学"的方式学习汉字书写的人越多。

（4）通过"家人影响"的方式学习汉字书写这一情况在受教育程度上出现的差异不具有统计学意义（$p>0.05$），但是从均值对比结果来看，文化程度在小学以下的人通过"家人影响"的方式学习汉字书写的均值最高。

（5）通过"扫盲培训班"的方式学习汉字书写这一情况在受教育程度上出现的差异不具有统计学意义（$p>0.05$），但是从均值对比结果来看，文化程度在小学和小学以下的人通过参加"扫盲培训班"的方式学习普通话的人稍多。

（四）职业变项分析

利用 SPSS 方差检验检测"职业"对于普通话听说能力的学习方式和普通话读写能力的学习方式的差异关系，结果如表 4-6 所示，通过"学校教育""社会交往""广播、电视""培训班"的方式学习普通话的情况，在职业上出现的差异均不具有统计学意义（$p > 0.05$）。通过"学校教育""家人影响""自学""培训班"的方式学习汉字书写的情况，在职业上出现的差异均不具有统计学意义（$p > 0.05$）。

表 4-6　鄂东城乡居民的普通话学习在职业上的差异

语言	学习方式	职业	均值	p
普通话	学校教育	公务员	0.912	0.724
		教师	0.934	
		农牧民	0.584	
		服务行业	0.874	
		个体业主	0.894	
		专业技术人员	0.926	
		退休职工	0.546	
		学生	0.932	
	社会交往	公务员	0.606	0.548
		教师	0.562	
		农牧民	0.744	
		服务行业	0.714	
		个体业主	0.406	
		专业技术人员	0.644	
		退休职工	0.584	
		学生	0.352	

语言	学习方式	职业	均值	*p*
普通话	广播、电视	公务员	0.442	0.899
		教师	0.464	
		农牧民	0.778	
		服务行业	0.713	
		个体业主	0.754	
		专业技术人员	0.556	
		退休职工	0.634	
		学生	0.364	
	扫盲培训班	公务员	0.000	2.686
		教师	0.000	
		农牧民	0.018	
		服务行业	0.001	
		个体业主	0.000	
		专业技术人员	0.000	
		退休职工	0.000	
		学生	0.000	
汉字	学校教育	公务员	0.930	1.241
		教师	0.934	
		农牧民	0.432	
		服务行业	0.778	
		个体业主	0.742	
		专业技术人员	0.932	
		退休职工	0.368	
		学生	0.956	
	家人影响	公务员	0.442	0.834
		教师	0.440	
		农牧民	0.584	
		服务行业	0.461	
		个体业主	0.302	
		专业技术人员	0.466	
		退休职工	0.422	
		学生	0.444	

语言	学习方式	职业	均值	p
汉字	自学	公务员	0.012	0.496
		教师	0.010	
		农牧民	0.472	
		服务行业	0.482	
		个体业主	0.504	
		专业技术人员	0.068	
		退休职工	0.510	
		学生	0.000	
	扫盲培训班	公务员	0.000	2.861
		教师	0.000	
		农牧民	0.106	
		服务行业	0.002	
		个体业主	0.004	
		专业技术人员	0.000	
		退休职工	0.004	
		学生	0.000	
* $p<0.05$ ** $p<0.01$				

从上表可知，通过各种方式学习普通话和汉字书写的情况在职业上出现的差异都不具有统计学意义（$p>0.05$），但是从均值对比结果来看，有一些特点，具体来说：

（1）从事公务员、教师、服务行业、专业技术职业的居民，学习普通话最主要的方式是"学校教育"，其次是"社会交往"。

（2）职业为个体业主、学生的居民，学习普通话最主要的方式是"学校教育"，其次是"广播、电视"。

（3）职业为农牧民、退休职工的居民，学习普通话最主要的方式是收听、收看"广播、电视"，其次是"社会交往"。

（4）职业为公务员、教师、学生的居民，学习汉字最主要的方式是"学校教育"，其次是"家人影响"。

（5）职业为农牧民的居民，学习普通话最主要的方式是"家人影响"，其次是"自学"。

（6）职业为服务行业、专业技术人员、个体业主的居民，学习普通话最主要的方式是"学校教育"，其次是"自学"。

（7）已经退休的居民，学习普通话最主要的方式是"自学"，其次是"家人影响"。

（五）家庭所在地变项分析

利用 SPSS 方差检验检测"家庭所在地"对于普通话听说能力的学习方式和普通话读写能力的学习方式的差异关系，结果如表 4-7 所示，通过"广播、电视"学习普通话的情况，在家庭所在地变项上出现的差异不具有统计学意义（$p>0.05$）。通过"学校教育""社会交往""培训班"的方式学习普通话的情况在家庭所在地上出现的差异都具有统计学意义（$p<0.05$）。通过"自学"学习普通话的情况，在家庭所在地变项上出现的差异不具有统计学意义（$p>0.05$）。通过"学校教育""家人影响""培训班"的方式学习汉字的情况在家庭所在地变项上都出现的差异具有统计学意义（$p<0.05$）。分析的具体结果如表 4-7。

表 4-7　鄂东城乡居民的普通话学习在家庭所在地上的差异

语言	学习方式	家庭所在地	均值	p
普通话	学校教育	乡村	0.944	0.000**
		乡镇	0.942	
		城市	0.941	
	社会交往	乡村	0.206	0.000**
		乡镇	0.224	
		城市	0.410	
	广播、电视	乡村	0.362	0.844
		乡镇	0.378	
		城市	0.366	
	扫盲培训班	乡村	0.128	0.000**
		乡镇	0.002	
		城市	0.000	
汉字	学校教育	乡村	0.946	0.000**
		乡镇	0.944	
		城市	0.914	
	家人影响	乡村	0.222	0.04*
		乡镇	0.380	
		城市	0.662	
	自学	乡村	0.352	0.072
		乡镇	0.390	
		城市	0.372	
	扫盲培训班	乡村	0.132	0.000**
		乡镇	0.010	
		城市	0.000	
*$p<0.05$　**$p<0.01$				

从上表可知，鄂东城乡居民因家庭所在地不同，学习普通话、汉字的方式在家庭所在地变项上出现了明显的层化现象。具体来说：

（1）居住在乡村的人，通过"学校教育"、参加"扫盲培训班"的方式学习普通话的人所占的比例略高于居住在乡镇和城市的人；通过"社会交往""广播、电视"的方式学习普通话的人所占的比例略低于居住在乡镇和城市的人。

（2）居住在乡镇的人，通过"学校教育"、参加"扫盲培训班"的方式学习普通话的占比高于居住在城市的人，低于居住在乡村的人；通过"社会交往""广播电视"的方式学习普通话的占比高于居住在乡村的人，低于居住在城市的人。

（3）居住在城市的人，通过"学校教育""扫盲培训班"的方式学习普通话的占比低于居住在乡村和乡镇的人；通过"社会交往""广播、电视"的方式学习普通话的占比高于居住在乡村和乡镇的人。

（六）父母年龄变项分析

利用 SPSS 方差检验检测"父母年龄"对于普通话听说能力的学习方式和普通话读写能力的学习方式的差异关系，结果如表 4-8 所示，通过"培训班"学习普通话的情况和通过"家人影响""培训班""自学"学习汉字的情况，在父母年龄上出现的差异不具有统计学意义（$p > 0.05$）。通过"学校教育""社会交往""广播、电视"的方式学习普通话的情况在父母年龄变项上出现的差异具有统计学意义（$p < 0.05$）。通过"学校教育"的方式学习汉字的情况在父母年龄变项上出现的差异具有统计学意义（$p < 0.05$）。分析的具体结果如表 4-8。

表 4-8　鄂东城乡居民的普通话学习在父母年龄上的差异

语言	学习方式	父母年龄	均值	*p*
普通话	学校教育	40 岁以下	0.967	0.000**
		41～50 岁	0.971	
		51～60 岁	0.664	
		61～70 岁	0.454	
		71～80 岁	0.384	
	社会交往	40 岁以下	0.566	0.000**
		41～50 岁	0.512	
		51～60 岁	0.745	
		61～70 岁	0.792	
		71～80 岁	0.610	
	广播、电视	40 岁以下	0.405	0.000**
		41～50 岁	0.418	
		51～60 岁	0.549	
		61～70 岁	0.626	
		71～80 岁	0.654	
	扫盲培训班	40 岁以下	0.000	0.164
		41～50 岁	0.000	
		51～60 岁	0.192	
		61～70 岁	0.201	
		71～80 岁	0.260	
汉字	学校教育	40 岁以下	0.970	0.000**
		41～50 岁	0.954	
		51～60 岁	0.704	
		61～70 岁	0.518	
		71～80 岁	0.202	
	家人影响	40 岁以下	0.642	0.034
		41～50 岁	0.680	
		51～60 岁	0.625	
		61～70 岁	0.524	
		71～80 岁	0.109	
	自学	40 岁以下	0.351	0.138
		41～50 岁	0.287	
		51～60 岁	0.528	
		61～70 岁	0.493	
		71～80 岁	0.241	
	扫盲培训班	40 岁以下	0.000	1.451
		41～50 岁	0.000	
		51～60 岁	0.187	
		61～70 岁	0.211	
		71～80 岁	0.257	
* *p*<0.05 ** *p*<0.01				

从上表可知，鄂东城乡居民因父母年龄不同，他们学习普通话、汉字的方式在父母年龄变项上出现了明显的层化现象。具体来说：

（1）父母越年轻的人，通过"学校教育"的方式学习普通话和汉字的人越多，通过"社会交往"和"广播、电视"的方式学习普通话的人越少。

（2）通过参加"扫盲培训班"的方式学习普通话的人在父母年龄变项上出现的差异不具有统计学意义（$p>0.05$），但是从均值对比结果来看，父母越年长，通过参加"扫盲培训班"的方式学习普通话的人与其他年龄段的人通过此方式学习普通话相比越多。

（3）父母越年轻，通过"学校教育"的方式学习汉字书写的人越多。

（4）通过"家人影响"、参加"扫盲培训班"的方式学习汉字书写的人在父母年龄变项上出现的差异不具有统计学意义（$p>0.05$），但是从均值对比结果来看，父母年龄在 41 ～ 50 岁的人通过"家人影响"的方式学习汉字书写的均值最大；父母年龄在 71 ～ 80 岁的人通过参加"扫盲培训班"的方式学习汉字书写的均值最大。

（七）父母受教育程度变项分析

利用 SPSS 方差检验检测"父母受教育程度"对于普通话听说能力的学习方式和普通话读写能力的学习方式的差异关系，结果如表 4-9 所示，通过"学校教育""广播、电视""培训班"学习普通话的情况，和通过"学校教育""自学""培训班"学习汉字的情况，在父母受教育程度上出现的差异不具有统计学意义（$p>0.05$）。通过"社会交往"的方式学习普通话的情况在父母受教育程度变项上出现的差异具有统计学意义（$p<0.05$）。通过"家人影响"的方式学习汉字的情况在父母受教育程度变项上出现的差异具有统计学意义（$p<0.05$）。

表 4-9　鄂东城乡居民的普通话学习在父母受教育程度上的差异

语言	学习方式	父母受教育程度	均值	*p*
普通话	学校教育	小学以下	0.882	2.104
		初高中	0.874	
		大学	0.894	
		大学以上	0.904	
	社会交往	小学以下	0.666	0.000**
		初高中	0.650	
		大学	0.614	
		大学以上	0.404	
	广播、电视	小学以下	0.262	0.132
		初高中	0.206	
		大学	0.256	
		大学以上	0.254	
	扫盲培训班	小学以下	0.208	0.261
		初高中	0.108	
		大学	0.000	
		大学以上	0.000	
汉字	学校教育	小学以下	0.870	0.275
		初高中	0.884	
		大学	0.878	
		大学以上	0.882	
	家人影响	小学以下	0.242	0.000**
		初高中	0.422	
		大学	0.804	
		大学以上	0.822	
	自学	小学以下	0.212	0.389
		初高中	0.208	
		大学	0.202	
		大学以上	0.204	
	扫盲培训班	小学以下	0.232	0.623
		初高中	0.206	
		大学	0.000	
		大学以上	0.000	
* $p<0.05$ ** $p<0.01$				

从上表可知，鄂东城乡居民因父母受教育程度不同，他们学习普通话、汉字的方式在父母受教育程度变项上出现了明显的差异。具体来说：

（1）父母受教育程度越低的居民，其通过"社会交往"的方式学习普通话的情况越多。

（2）通过"学校教育"的方式学习普通话的情况在父母受教育程度上出现的差异不具有统计学意义（$p>0.05$），但是从均值对比结果来看，无论父母的文化程度如何，大部分人都是通过"学校教育"的方式来学习普通话的。

（3）通过收听或收看"广播、电视"的方式学习普通话的情况在父母受教育程度上出现的差异不具有统计学意义（$p>0.05$），但是从均值对比结果来看，父母受教育程度在小学以下的居民通过"广播、电视"的方式学习普通话的人数较多。

（4）通过参加"扫盲培训班"的方式学习普通话的情况在父母受教育程度上出现的差异不具有统计学意义（$p>0.05$），但是从均值对比结果来看，父母受教育程度在小学及小学以下的居民通过参加"扫盲培训班"的方式学习普通话的人数较多。

（5）父母受教育程度越高，通过"家人影响"的方式学习汉字书写的人数越多。

（6）通过"学校教育"的方式学习汉字书写的情况在父母受教育程度上出现的差异不具有统计学意义（$p>0.05$），但是从均值对比结果来看，无论父母的文化程度如何，大部分人都是通过"学校教育"的方式来学习汉字书写的。

（7）通过"自学"的方式学习汉字书写的情况在父母受教育程度上出现的差异不具有统计学意义（$p>0.05$），但是从均值对比结果来看，父母文化程度在小学以下的居民通过"自学"的方式学习汉字书写的人数较多。

（8）通过参加"扫盲培训班"的方式学习汉字书写的情况在父母受教育程度上出现的差异不具有统计学意义（$p>0.05$），但是从均值对比结果来看，父母文化程度在小学以下的居民通过参加"扫盲培训班"的方式学习汉字书写的人数较多。

（八）父母职业变项分析

利用SPSS方差检验检测"父母职业"对于普通话听说能力的学习方式和普通话读写能力的学习方式的差异关系，结果如表4-10所示，通过

"学校教育""广播、电视""培训班"学习普通话的情况，和通过"学校教育""自学""培训班"学习汉字的情况，在父母职业上出现的差异不具有统计学意义（$p>0.05$）。通过"社会交往""家人影响"的方式学习普通话和汉字的情况在父母职业变项上出现的差异具有统计学意义（$p<0.05$）。

表4-10　鄂东城乡居民的普通话学习在父母职业上的差异

语言	学习方式	父母职业	均值	p
普通话	学校教育	公务员	0.912	3.674
		教师	0.914	
		农牧民	0.844	
		服务行业	0.894	
		个体业主	0.884	
		专业技术人员	0.886	
		工人	0.886	
	社会交往	公务员	0.606	0.048*
		教师	0.682	
		农牧民	0.714	
		服务行业	0.674	
		个体业主	0.606	
		专业技术人员	0.604	
		工人	0.704	
	广播、电视	公务员	0.442	0.746
		教师	0.564	
		农牧民	0.448	
		服务行业	0.516	
		个体业主	0.454	
		专业技术人员	0.556	
		工人	0.434	
	扫盲培训班	公务员	0.000	0.925
		教师	0.000	
		农牧民	0.002	
		服务行业	0.001	
		个体业主	0.002	
		专业技术人员	0.000	
		工人	0.003	

语言	学习方式	父母职业	均值	p
汉字	学校教育	公务员	0.890	1.241
		教师	0.814	
		农牧民	0.892	
		服务行业	0.878	
		个体业主	0.902	
		专业技术人员	0.882	
		工人	0.908	
	家人影响	公务员	0.822	0.034*
		教师	0.840	
		农牧民	0.484	
		服务行业	0.684	
		个体业主	0.602	
		专业技术人员	0.966	
		工人	0.622	
	自学	公务员	0.212	0.496
		教师	0.210	
		农牧民	0.272	
		服务行业	0.282	
		个体业主	0.284	
		专业技术人员	0.268	
		工人	0.210	
	扫盲培训班	公务员	0.000	1.673
		教师	0.000	
		农牧民	0.002	
		服务行业	0.001	
		个体业主	0.002	
		专业技术人员	0.000	
		工人	0.003	
* $p<0.05$ ** $p<0.01$				

从上表可知，鄂东城乡居民因父母职业不同，他们学习普通话、汉字的方式在父母职业变项上出现了明显的差异。具体来说：

（1）父母从事公务员职业的居民学习普通话最主要的方式是"学校教

育",其次是"社会交往"。

（2）父母从事教师职业的居民学习普通话最主要的方式是"学校教育"，其次是"社会交往"。

（3）父母是农牧民的居民学习普通话最主要的方式是"学校教育"，其次是"社会交往"。

（4）父母从事服务行业职业的居民学习普通话最主要的方式是"学校教育"，其次是"社会交往"。

（5）父母从事个体商业的居民学习普通话最主要的方式是"学校教育"，其次是"社会交往"。

（6）父母从事专业技术职业的居民学习普通话最主要的方式是"学校教育"，其次是"社会交往"。

（7）父母从事工人职业的居民学习普通话最主要的方式是"学校教育"，其次是"社会交往"。

（8）通过"学校教育""广播、电视"、参加"扫盲培训班"的方式学习普通话的情况在父母职业上出现的差异不具有统计学意义（$p>0.05$），但是从均值对比结果来看，"学校教育"是鄂东城乡居民学习普通话的最主要的方式。

（9）父母从事公务员职业的居民学习汉字书写最主要的方式是"学校教育"，其次是受"家人影响"。

（10）父母从事教师职业的居民学习汉字书写最主要的方式是"学校教育"，其次是"家人影响"。

（11）父母是农牧民的居民学习汉字书写最主要的方式是"学校教育"，其次是受"家人影响"。

（12）父母从事服务行业职业的居民学习汉字书写最主要的方式是"学校教育"，其次是受"家人影响"。

（13）父母从事个体商业的居民学习汉字书写最主要的方式是"学校教育"，其次是受"家人影响"。

（14）父母从事专业技术职业的居民学习汉字书写最主要的方式是"家人影响"，其次是"学校教育"。

（15）父母从事工人职业的居民学习汉字书写最主要的方式是"学校教育"，其次是受"家人影响"。

（16）通过"学校教育""自学""扫盲培训班"的方式学习汉字书写的情况在父母职业上出现的差异不具有统计学意义（$p>0.05$），但是从均值对比结果来看，"学校教育"是鄂东城乡居民学习汉字书写的最主要的方式。

（九）父母语言态度变项分析

利用 SPSS 方差检验检测"父母语言态度"对于普通话听说能力的学习方式和普通话读写能力的学习方式的差异关系，结果如表 4-11 所示，通过"学校教育""培训班"学习普通话和汉字的情况，和通过"学校教育""培训班"学习汉字的情况，在父母语言态度上出现的差异不具有统计学意义（$p>0.05$）。通过"社会交往""广播、电视"的方式学习普通话的情况在父母语言态度变项上出现的差异具有统计学意义（$p<0.05$）。通过"家人影响""自学"的方式学习汉字的情况在父母语言态度变项上出现的差异具有统计学意义（$p<0.05$）。

表 4-11　鄂东城乡居民的普通话学习在父母语言态度上的差异

语言	学习方式	父母语言态度	均值	p
普通话	学校教育	非常支持	0.882	1.474
		一般支持	0.874	
		中立	0.854	
		反对	0.864	
	社会交往	非常支持	0.866	0.000**
		一般支持	0.850	
		中立	0.686	
		反对	0.404	
	广播、电视	非常支持	0.662	0.000**
		一般支持	0.606	
		中立	0.456	
		反对	0.254	
	扫盲培训班	非常支持	0.124	0.261
		一般支持	0.136	
		中立	0.110	
		反对	0.114	

语言	学习方式	父母语言态度	均值	*p*
汉字	学校教育	非常支持	0.870	2.675
		一般支持	0.914	
		中立	0.878	
		反对	0.882	
	家人影响	非常支持	0.926	0.000**
		一般支持	0.762	
		中立	0.604	
		反对	0.422	
	自学	非常支持	0.612	0.000*
		一般支持	0.608	
		中立	0.402	
		反对	0.204	
	扫盲培训班	非常支持	0.124	0.623
		一般支持	0.186	
		中立	0.111	
		反对	0.115	
* $p<0.05$ ** $p<0.01$				

从上表可知，鄂东城乡居民普通话学习的方式在父母语言态度变项上出现了明显的"层化"现象，即居民因父母语言态度不同，学习普通话、汉字的方式在父母语言态度上出现了明显的层化现象。具体来说：

（1）父母语言态度越积极的居民选择通过"社会交往""广播、电视"的方式学习普通话的比例越高。

（2）通过"学校教育"的方式学习普通话的情况在父母语言态度变项上出现的差异不具有统计学意义（$p>0.05$），但是从均值对比结果来看，父母非常支持学习普通话的居民，大部分都是通过"学校教育"的方式学习普通话的。

（3）通过参加"扫盲培训班"的方式学习普通话的情况在父母语言态度

变项上出现的差异不具有统计学意义（$p>0.05$），但是从均值对比结果来看，父母对是否学习普通话持积极态度的居民，大部分选择通过参加"扫盲培训班"的方式学习普通话。

（4）父母语言态度越积极的居民选择通过"家人影响""自学"的方式学习汉字书写的比例越高。

（5）通过"学校教育"的方式学习汉字书写的情况在父母语言态度变项上出现的差异不具有统计学意义（$p>0.05$），但是从均值对比结果来看，父母支持学习汉字书写的居民，大部分都是通过"学校教育"的方式学习汉字书写的。

（6）通过参加"扫盲培训班"的方式学习汉字书写的情况在父母语言态度变项上出现的差异不具有统计学意义（$p>0.05$），但是从均值对比结果来看，父母支持学习汉字书写的居民，大部分选择通过参加"扫盲培训班"的方式学习汉字书写。

第二节　鄂东城乡居民的方言语言学习

一、方言语言学习的整体情况分析

（一）学习顺序

鄂东城乡居民方言习得顺序的调查由"小时候学说话时，您最先学会的语言是哪一个"这一问题构成。统计结果显示，有82.89%的居民最先学会的是方言，方言是他们的母语；有17.11%的居民最先学会的是普通话，普通话是他们的母语。这说明绝大多数鄂东城乡居民的母语传承链条保持完整，传承顺序没有出现"错序"的现象。

（二）父母的语言教育

对鄂东城乡居民的父母进行语言教育时所使用语言情况的调查由"您父母主要跟您讲什么话"这一问题构成。统计结果显示，有92.33%的父母进行语言教育时主要使用的是方言，只有7.67%的父母进行语言教育时主要使用的是普通话。这说明92.33%的鄂东城乡居民的父母给孩子学习方言提供了家庭语言环境。

（三）学习方式

鄂东城乡居民习得方言的其他方式的调查由"您是如何学会说方言的"这一问题构成。统计结果显示，鄂东城乡居民方言学习过程中，除父母的语言教育外，接受家庭传承以及与其他说方言的人进行社会交往是他们学习方言的主要方式。有少数居民是通过看电视的方式学习方言，这里的电视主要指的是地方台播放的方言电视节目。极少数人选择通过在学校教育方言的方式，此处并不是指他们通过学校教育学习方言，而是通过与在校期间与同学使用方言交流。

二、方言语言学习在社会变项上的差异性分析

在进行数据处理时，采用"二分法"进行计数，即选中为"1"，没有选中为"0"，然后再进行各种统计分析。

（一）性别变项分析

利用 SPSS 方差检验检测"性别"对于方言听说能力学习方式的差异关系，结果如表 4-12 所示，通过"广播、电视""学校教育"的方式学习方言的情况在年龄上出现的差异不具有统计学意义（$p>0.05$）。通过"家庭传承""与人交往"的方式学习方言的情况在年龄变项上出现的差异具有统计学意义（$p<0.05$）。

表 4-12　鄂东城乡居民的方言学习在性别上的差异

语言	学习方式	性别	均值	p
方言	广播、电视	男	0.231	0.616
		女	0.272	
	家庭传承	男	0.836	0.003**
		女	0.884	
	与人交往	男	0.542	0.000**
		女	0.348	
	学校教育	男	0.144	0.658
		女	0.119	
* $p<0.05$ ** $p<0.01$				

从上表可知，鄂东城乡居民因性别不同，他们学习方言的方式在性别上出现了明显的层化现象。具体来说：

（1）采用"家庭传承"的方式学习方言的情况，男性少于女性，但是男性通过"与人交往"学习方言的情况多于女性。

（2）虽然通过"广播、电视"（方言电视节目）的方式学习方言的人在性别上出现的差异不具有统计学意义（$p>0.05$），但是从均值对比结果来看，女性通过收看方言电视节目的方式学习方言的情况多于男性。

（3）虽然通过"学校教育"的方式学习方言的人在性别上出现的差异不具有统计学意义（$p>0.05$），但是从均值对比结果来看，男性通过"学校教育"的方式学习方言的情况多于女性。

（二）年龄变项分析

利用 SPSS 方差检验检测"年龄"对于方言听说能力的学习方式的差异关系，结果如表 4-13 所示，通过"学校教育""与人交往""广播、电视"学习方言的情况，在年龄上出现的差异不具有统计学意义（$p>0.05$）。通过"家庭传承"的方式学习方言的情况在年龄变项上出现的差异具有统计学意义（$p<0.05$）。

表 4-13　鄂东城乡居民的方言学习在年龄上的差异

语言	学习方式	年龄	均值	p
方言	学校教育	7～12 岁	0.017	0.697
		13～17 岁	0.011	
		18～45 岁	0.004	
		46～69 岁	0.004	
		69 岁以上	0.000	
	家庭传承	7～12 岁	0.804	0.002**
		13～17 岁	0.842	
		18～45 岁	0.901	
		46～69 岁	0.932	
		69 岁以上	0.964	

语言	学习方式	年龄	均值	p
	广播、电视	7～12 岁	0.216	0.314
		13～17 岁	0.236	
		18～45 岁	0.244	
		46～69 岁	0.116	
		69 岁以上	0.654	
	与人交往	7～12	0.324	0.145
		13～17	0.322	
		18～45	0.393	
		46～69	0.273	
		69 岁以上	0.128	
* $p<0.05$　** $p<0.01$				

从上表可知，鄂东城乡居民方言学习的方式在年龄变项上出现了差异，即居民因年龄不同，他们学习方言的方式在年龄上出现了明显的层化现象。具体来说：

（1）年龄越大，通过"家庭传承"的方式学习方言的人越多。

（2）愿意采用"学校教育"的方式学习方言的情况在年龄上出现的差异不具有统计学意义（$p>0.05$），但是从均值对比结果来看，年龄小的人通过"学校教育"的方式学习方言与其他年龄段的人通过此方式学习方言相比占比略高。

（3）愿意采用通过"广播、电视"（收看方言电视节目）的方式学习方言的情况在年龄上出现的差异不具有统计学意义（$p>0.05$），但是从均值对比结果来看，青、老年人群选择通过"广播、电视"的方式学习方言的占比较高。

（4）通过"与人交往"的方式学习方言的人在年龄上出现的差异不具有统计学意义（$p>0.05$），但是从均值对比结果来看，青年、青少年、少年通过"与人交往"的方式学习方言的占比较大。

（三）受教育程度变项分析

利用 SPSS 方差检验检测"受教育程度"对于方言听说能力的学习方式的差异关系，结果如表 4-14 所示，通过"学校教育""家庭传承""广播、电视""与人交往"学习方言的情况，在受教育程度上出现的差异均不具有统计学意义（$p>0.05$）。

表 4-14　鄂东城乡居民的方言学习在受教育程度上的差异

语言	学习方式	受教育程度	均值	p
方言	学校教育	小学以下	0.002	0.849
		小学	0.004	
		初高中	0.104	
		大学	0.214	
		大学以上	0.137	
	家庭传承	小学以下	0.806	0.357
		小学	0.802	
		初高中	0.801	
		大学	0.803	
		大学以上	0.704	
	广播、电视	小学以下	0.032	0.337
		小学	0.038	
		初高中	0.023	
		大学	0.129	
		大学以上	0.110	
	与人交往	小学以下	0.543	0.451
		小学	0.502	
		初高中	0.528	
		大学	0.312	
		大学以上	0.320	
* $p<0.05$ ** $p<0.01$				

从上表可知，通过"学校教育""家庭传承""广播、电视""与人交往"方式学习方言的情况在受教育程度上出现的差异都不具有统计学意义（$p>0.05$），但是均值对比结果呈现出一些特点，具体来说：

（1）愿意采用"家庭传承"的方式学习方言的情况在受教育程度上出现的差异不具有统计学意义（$p>0.05$），但是从均值对比结果来看，文化程度在小学的人通过"家庭传承"的方式学习方言的人较多。

（2）愿意采用"学校教育"的方式学习方言的情况在受教育程度上出现的差异不具有统计学意义（$p>0.05$），但是从均值对比结果来看，文化程度在大学的人通过"学校教育"的方式学习方言的人较多。

（3）愿意采用"广播、电视"（看方言电视节目）的方式学习方言的情况在受教育程度上出现的差异不具有统计学意义（$p>0.05$），但是从均值对比结果来看，文化程度在大学及大学以上的人通过"广播、电视"的方式学习方言的人较多。

（4）愿意采用"与人交往"的方式学习方言的情况在受教育程度上出现的差异不具有统计学意义（$p>0.05$），但是从均值对比结果来看，文化程度在小学以下和初高中的人通过"与人交往"的方式学习方言的占比相对较高。

（四）职业变项分析

利用SPSS方差检验检测"职业"对于方言听说能力的学习方式的差异关系，结果如表4-15所示，通过"学校教育""家庭传承""广播、电视""与人交往"学习方言的情况在职业上出现的差异都不具有统计学意义（$p>0.05$）。分析的具体结果如表4-15。

表 4-15　鄂东城乡居民的方言学习在职业上的差异

语言	学习方式	职业	均值	*p*
方言	学校教育	公务员	0.012	0.122
		教师	0.034	
		农牧民	0.244	
		服务行业	0.174	
		个体业主	0.004	
		专业技术人员	0.186	
		退休职工	0.046	
		学生	0.032	
	家庭传承	公务员	0.606	1.566
		教师	0.642	
		农牧民	0.702	
		服务行业	0.614	
		个体业主	0.606	
		专业技术人员	0.624	
		退休职工	0.724	
		学生	0.657	
方言	广播、电视	公务员	0.132	1.325
		教师	0.154	
		农牧民	0.168	
		服务行业	0.118	
		个体业主	0.152	
		专业技术人员	0.136	
		退休职工	0.139	
		学生	0.162	
	与人交往	公务员	0.231	0.455
		教师	0.220	
		农牧民	0.336	
		服务行业	0.228	
		个体业主	0.300	
		专业技术人员	0.269	
		退休职工	0.237	
		学生	0.156	
* *p*<0.05 ** *p*<0.01				

从上表可知，通过"学校教育""家庭传承""广播、电视""与人交往"学习方言的情况在职业上出现的差异都不具有统计学意义（$p>0.05$），但是均值对比结果呈现出一些特点，具体来说：

（1）公务员学习方言最主要的方式是"家庭传承"，其次是"与人交往"。

（2）教师学习方言最主要的方式是"家庭传承"，其次是"与人交往"。

（3）农牧民学习方言最主要的方式是"家庭传承"，其次是"与人交往"。

（4）服务行业的居民学习方言最主要的方式是"家庭传承"，其次是"与人交往"。

（5）个体业主学习方言最主要的方式是"家庭传承"，其次是"与人交往"。

（6）专业技术人员学习方言最主要的方式是"家庭传承"，其次是"与人交往"。

（7）退休职工学习方言最主要的方式是"家庭传承"，其次是"与人交往"。

（8）学生学习方言最主要的方式是"家庭传承"，其次是"广播、电视"（收看方言电视节目）。

（9）"家庭传承"和"与人交往"这两个学习方言的方式是鄂东城乡居民学习方言的两大主要方式。

（五）家庭所在地变项分析

利用 SPSS 方差检验检测"家庭所在地"对于方言听说能力的学习方式的差异关系，结果如表 4-16 所示，通过"学校教育""广播、电视"的方式学习方言的情况在家庭所在地上出现的差异不具有统计学意义（$p>0.05$）。通过"家庭传承""与人交往"的方式学习方言的情况在家庭所在地变项上呈现的差异具有统计学意义（$p<0.05$）。

表4-16　鄂东城乡居民的方言学习在家庭所在地上的差异

语言	学习方式	家庭所在地	均值	p
方言	学校教育	乡村	0.024	1.536
		乡镇	0.022	
		城市	0.003	
	家庭传承	乡村	0.856	0.000**
		乡镇	0.832	
		城市	0.512	
	广播、电视	乡村	0.262	0.876
		乡镇	0.258	
		城市	0.066	
	与人交往	乡村	0.528	0.000**
		乡镇	0.442	
		城市	0.173	
* $p<0.05$ ** $p<0.01$				

从上表可知，鄂东城乡居民方言学习的方式在家庭所在地变项上出现了差异，即居民因家庭所在地不同，学习方言的方式在家庭所在地变项上出现了明显的层化现象。具体来说，无论是居住在乡村、乡镇还是城市的人，"家庭传承"和"与人交往"都是学习方言最主要的途径。

（六）父母年龄变项分析

利用SPSS方差检验检测"父母年龄"对于方言听说能力的学习方式的差异关系，结果如表4-17所示，通过"学校教育""广播、电视"的方式学习方言的情况在父母年龄上出现的差异不具有统计学意义（$p>0.05$）。通过"家庭传承""与人交往"的方式学习方言的情况在父母年龄变项上出现的差异具有统计学意义（$p<0.05$）。

表 4-17　鄂东城乡居民的方言学习在父母年龄上的差异

语言	学习方式	父母年龄	均值	p
方言	学校教育	40 岁以下	0.122	3.776
		41～50 岁	0.124	
		51～60 岁	0.004	
		61～70 岁	0.004	
		71～80 岁	0.000	
	家庭传承	40 岁以下	0.572	0.000**
		41～50 岁	0.683	
		51～60 岁	0.769	
		61～70 岁	0.858	
		71～80 岁	0.904	
	广播、电视	40 岁以下	0.122	0.747
		41～50 岁	0.118	
		51～60 岁	0.106	
		61～70 岁	0.156	
		71～80 岁	0.154	
	与人交往	40 岁以下	0.500	0.000**
		41～50 岁	0.512	
		51～60 岁	0.614	
		61～70 岁	0.625	
		71～80 岁	0.637	

* $p < 0.05$ ** $p < 0.01$

从上表可知，鄂东城乡居民方言学习的方式在父母年龄变项上出现了差异，即居民因父母年龄不同，学习方言的方式在父母年龄变项上出现了明显的层化现象。具体来说：

（1）父母越年长，通过"家庭传承"和"与人交往"的方式学习方言的人越多。

（2）愿意采用"学校教育"的方式学习方言的情况在父母年龄变项上出现的差异不具有统计学意义（$p > 0.05$），但是从均值对比结果来看，父母年龄在 40 岁以下和 41～45 岁的居民通过"学校教育"的方式学习方言与其他年龄段的人相比占比大一些。

（3）愿意采用"广播、电视"的方式学习方言的情况在父母年龄变项上出现的差异不具有统计学意义（$p>0.05$），但是从均值对比结果来看，父母年龄超过60岁的居民选择通过"广播、电视"（收看方言电视节目）的方式学习方言的占比较多。

（七）父母受教育程度变项分析

利用SPSS方差检验检测"父母受教育程度"对于方言听说能力的学习方式的差异关系，结果如表4-18所示，通过"学校教育""家庭传承""广播、电视""与人交往"学习方言的情况在父母受教育程度上出现的差异均不具有统计学意义（$p>0.05$）。

表4-18 鄂东城乡居民的方言学习在父母受教育程度上的差异

语言	学习方式	父母受教育程度	均值	p
方言	学校教育	小学以下	0.013	2.104
		初高中	0.014	
		大学	0.024	
		大学以上	0.014	
	家庭传承	小学以下	0.869	0.294
		初高中	0.848	
		大学	0.614	
		大学以上	0.504	
	广播、电视	小学以下	0.238	0.321
		初高中	0.253	
		大学	0.056	
		大学以上	0.054	
方言	与人交往	小学以下	0.408	0.451
		初高中	0.388	
		大学	0.102	
		大学以上	0.100	
* $p<0.05$ ** $p<0.01$				

从上表可知，鄂东城乡居民方言学习的方式在父母受教育程度变项上出

现了差异，即居民因父母受教育程度不同，学习方言的方式在父母受教育程度变项上出现了明显的层化现象。具体来说：

（1）愿意采用"家庭传承"的方式学习方言的情况在父母受教育程度上出现的差异不具有统计学意义（$p>0.05$），但是从均值对比结果来看，父母受教育程度越高，选择通过"家庭传承"的方式学习方言的人越少。

（2）通过"学校教育"的方式学习方言的情况在父母受教育程度上出现的差异不具有统计学意义（$p>0.05$），但是从均值对比结果来看，无论父母的文化程度如何，只有少部分人是通过"学校教育"的方式来学习方言的。

（3）愿意采用"广播、电视"的方式学习方言的情况在父母受教育程度上出现的差异不具有统计学意义（$p>0.05$），但是从均值对比结果来看，父母受教育程度在高中以下的居民通过"广播、电视"（收看方言电视节目）的方式学习方言的人数较多。

（4）愿意通过"与人交往"的方式学习方言的情况在父母受教育程度上出现的差异不具有统计学意义（$p>0.05$），但是从均值对比结果来看，父母受教育程度在高中以下的居民通过"与人交往"的方式学习方言的人数较多。

（八）父母职业变项分析

利用 SPSS 方差检验检测"父母职业"对于方言听说能力的学习方式的差异关系，结果如表4-19所示，通过"学校教育""广播、电视""与人交往"学习方言的情况在父母职业上出现的差异不具有统计学意义（$p>0.05$）。通过"家庭传承"的方式学习方言的情况在父母职业变项上出现的差异具有统计学意义（$p<0.05$）。

表 4-19 鄂东城乡居民的方言学习在父母职业上的差异

语言	学习方式	父母职业	均值	p
方言	学校教育	公务员	0.012	2.936
		教师	0.014	
		农牧民	0.024	
		服务行业	0.024	
		个体业主	0.024	
		专业技术人员	0.016	
		工人	0.026	
	家庭传承	公务员	0.506	0.021*
		教师	0.582	
		农牧民	0.814	
		服务行业	0.674	
		个体业主	0.606	
		专业技术人员	0.504	
		工人	0.704	
	广播、电视	公务员	0.140	0.746
		教师	0.124	
		农牧民	0.238	
		服务行业	0.216	
		个体业主	0.224	
		专业技术人员	0.166	
		工人	0.234	
	与人交往	公务员	0.187	0.758
		教师	0.201	
		农牧民	0.237	
		服务行业	0.248	
		个体业主	0.252	
		专业技术人员	0.211	
		工人	0.224	
* $p < 0.05$ ** $p < 0.01$				

从上表可知，鄂东城乡居民方言学习的方式在父母职业变项上出现了差异，即居民学习方言的方式在父母职业变项上出现了明显的层化现象。具体来说：

（1）父母从事公务员职业的居民学习方言最主要的方式是"家庭传承"，其次是"与人交往"。

（2）父母从事教师职业的居民学习方言最主要的方式是"家庭传承"，其次是"与人交往"。

（3）父母是农牧民的居民学习方言最主要的方式是"家庭传承"，其次是"广播、电视"（收看方言电视节目）。

（4）父母从事服务行业职业的居民学习方言最主要的方式是"家庭传承"，其次是"与人交往"。

（5）父母从事个体商业的居民学习方言最主要的方式是"家庭传承"，其次是"与人交往"。

（6）父母从事专业技术职业的居民学习方言最主要的方式是"家庭传承"，其次是"与人交往"。

（7）父母从事工人职业的居民学习方言最主要的方式是"家庭传承"，其次是"广播、电视"（收看方言电视节目）。

（九）父母语言态度变项分析

利用SPSS方差检验检测"父母语言态度"对于方言听说能力的学习方式的差异关系，结果如表4-20所示，通过"学校教育""广播、电视"学习方言的情况在父母语言态度上出现的差异不具有统计学意义（$p>0.05$）。通过"家庭传承""与人交往"的方式学习方言的情况在父母语言态度变项上出现的差异具有统计学意义（$p<0.05$）。

表 4-20　鄂东城乡居民的方言学习在父母语言态度上的差异

语言	学习方式	父母语言态度	均值	p
方言	学校教育	非常支持	0.013	1.474
		一般支持	0.012	
		中立	0.014	
		反对	0.015	
	家庭传承	非常支持	0.836	0.000**
		一般支持	0.748	
		中立	0.477	
		反对	0.003	
	广播、电视	非常支持	0.262	4.213
		一般支持	0.206	
		中立	0.156	
		反对	0.154	
	与人交往	非常支持	0.804	0.001**
		一般支持	0.794	
		中立	0.510	
		反对	0.302	
* $p<0.05$　** $p<0.01$				

从上表可知，鄂东城乡居民方言学习的方式在父母语言态度变项上出现了差异，即居民学习方言的方式在父母语言态度上出现了明显的层化现象。具体来说：

（1）父母语言态度越积极的居民通过"家庭传承""与人交往"的方式学习方言的比例越高。

（2）通过"学校教育"的方式学习方言的人在父母语言态度变项上出现的差异不具有统计学意义（$p>0.05$），但是从均值对比结果来看，不管父母对方言的学习持有什么样的语言态度，绝大部分居民都不是通过"学校教育"的方式学习方言。

（3）通过"广播、电视"（收看方言电视节目）的方式学习方言的人在父母语言态度变项上出现的差异不具有统计学意义（$p>0.05$），但是从均值对比结果来看，父母对学习方言持有积极态度的居民，选择通过"广播、电视"的方式学习方言的人数，比父母对学习方言持有消极态度的居民多一些。

第三节　鄂东城乡居民的英语语言学习

在 304 名调查对象中，只有 134 名的鄂东城乡居民学习过英语，这些居民主要集中在少儿、青少年和少年阶段。

一、英语语言学习的整体情况分析

（一）英语听说能力的学习

鄂东城乡居民英语听说能力的学习方式的调查由"您是怎么学会说英语的"这一问题构成。统计结果显示，鄂东城乡居民英语听说能力学习最主要的方式是学校教育；其次是英语培训和广播电视。说明学校教育为英语的学习提供了最重要的条件。

（二）英语读写能力的学习

鄂东城乡居民英语读写能力的学习方式的调查由"您是通过什么途径学会书写英文的？"这一问题构成。统计结果显示，鄂东城乡居民英语读写能力学习最主要的方式是学校教育；其次是英语培训；最后是家人教育影响和看电视自学。

二、英语语言学习在社会变项上的差异性分析

在进行数据处理时，采用"二分法"进行计数，即选中为"1"，没有选中为"0"，然后再进行各种统计分析。本章中的"英文"仅指英语文字。

（一）性别变项分析

利用 SPSS 方差检验检测"性别"对于英语听说能力学习方式和英语读写能力学习方式的差异关系，结果如表 4-21 所示，通过"学校教育""英语培训班"学习英语的情况在年龄上出现的差异不具有统计学意义（$p > 0.05$）。通过"与人交往""广播电视"学习英语的情况在年龄变项上出现的差异具有统计学意义（$p < 0.05$）。通过"学校教育""家人影响""英语培训班"学习英文的情况在年龄上出现的差异不具有统计学意义（$p > 0.05$）。通过"自学"学习英文的情况在年龄变项上出现的差异具有统计学意义（$p < 0.05$）。

表4-21 鄂东城乡居民的英语学习在性别上的差异

学习类型	学习方式	性别	均值	p
英语	学校教育	男	0.94	0.432
		女	0.93	
	与人交往	男	0.28	0.026*
		女	0.23	
	广播、电视	男	0.42	0.001**
		女	0.59	
	英语培训班	男	0.63	1.473
		女	0.69	
英文	学校教育	男	0.92	0.397
		女	0.97	
	家人影响	男	0.21	0.845
		女	0.25	
	自学	男	0.26	0.023*
		女	0.35	
	英语培训班	男	0.75	0.478
		女	0.79	
* $p<0.05$ ** $p<0.01$				

从上表可知，鄂东城乡居民英语学习方式在性别变项上出现了差异，即居民他们学习英语、英文的方式在性别上出现了明显的层化现象。具体来说：

（1）女性通过"广播、电视"（收听英语广播、收看英语电视节目）的方式学习英语的情况多于男性，但是男性通过"与人交往"的方式学习英语的情况多于女性。

（2）虽然通过"学校教育"的方式学习英语的情况在性别上出现的差异不具有统计学意义（$p>0.05$），但是从均值对比结果来看，男性通过"学校教育"英语的情况略微多于女性。

（3）虽然通过参加"英语培训班"的方式学习英语的情况在性别上出现的差异不具有统计学意义（$p>0.05$），但是从均值对比结果来看，女性通过此方式学习英语的情况略微多于男性。

（4）女性通过"自学"的方式学习英文的情况多于男性。

（5）通过"学校教育"的方式学习英文的人在性别上出现的差异不具有统计学意义（$p>0.05$），但是从均值对比结果来看，女性通过此方式学习英文的情况略微多于男性。

（6）通过"家人影响"的方式学习英文的人在性别上出现的差异不具有统计学意义（$p>0.05$），但是从均值对比结果来看，女性通过此方式学习英文的情况略微多于男性。

（7）通过参加"英语培训班"的方式学习英文的人在性别上出现的差异不具有统计学意义（$p>0.05$），但是从均值对比结果来看，女性通过此方式学习英语的情况略微多于男性。

（二）年龄变项分析

利用 SPSS 方差检验检测"年龄"对于英语听说能力的学习方式和英语读写能力的学习方式的差异关系，结果如表 4-22 所示，通过"英语培训班"的方式学习英语的情况和通过"家人影响""英语培训班"的方式学习英文的情况，在年龄上出现的差异不具有统计学意义（$p>0.05$）。通过"学校教育""与人交往""广播、电视"的方式学习英语的情况在年龄变项上出现的差异具有统计学意义（$p<0.05$）。通过"学校教育""自学"的方式学习英文的情况在年龄变项上出现的差异具有统计学意义（$p<0.05$）。

表 4-22　鄂东城乡居民的英语学习在年龄上的差异

学习类型	学习方式	年龄	均值	p
英语	学校教育	7～12 岁	0.971	0.000**
		13～17 岁	0.964	
		18～45 岁	0.487	
		46～69 岁	0.054	
		69 岁以上	0.000	
	与人交往	7～12 岁	0.146	0.000**
		13～17 岁	0.201	
		18～45 岁	0.248	
		46～69 岁	0.004	
		69 岁以上	0.000	

学习类型	学习方式	年龄	均值	*p*
英文	广播、电视	7～12 岁	0.506	0.002**
		13～17 岁	0.413	
		18～45 岁	0.327	
		46～69 岁	0.006	
		69 岁以上	0.001	
	英语培训班	7～12 岁	0.504	0.164
		13～17 岁	0.645	
		18～45 岁	0.386	
		46～69 岁	0.004	
		69 岁以上	0.001	
	学校教育	7～12 岁	0.942	0.000**
		13～17 岁	0.928	
		18～45 岁	0.402	
		46～69 岁	0.002	
		69 岁以上	0.000	
	家人影响	7～12 岁	0.242	0.736
		13～17 岁	0.170	
		18～45 岁	0.122	
		46～69 岁	0.001	
		69 岁以上	0.000	
	自学	7～12 岁	0.122	0.000**
		13～17 岁	0.268	
		18～45 岁	0.312	
		46～69 岁	0.003	
		69 岁以上	0.000	
	英语培训班	7～12 岁	0.512	1.702
		13～17 岁	0.643	
		18～45 岁	0.321	
		46～69 岁	0.001	
		69 岁以上	0.000	

* $p<0.05$ ** $p<0.01$

从上表可知，鄂东城乡居民英语学习的方式在年龄变项上出现了差异，即居民学习英语、英文的方式在年龄上出现了明显的层化现象。这种分层主要体现在少儿、青少年和青年阶段。具体来说：

（1）年龄越小，选择通过"学校教育""广播、电视"（收听英语广播和收看英语电视节目）的方式学习英语的人越多；选择通过"与人交往"的方式学习英语的人越少。

（2）愿意采用参加"英语培训班"的方式学习英语的情况在年龄上出现的差异不具有统计学意义（$p>0.05$），但是从均值对比结果来看，青年人比较乐意通过参加"英语培训班"的方式学习英语。

（3）年龄越小，选择通过"学校教育"的方式学习英文书写的人越多；选择通过"自学"的方式学习英文书写的人越少。

（4）愿意通过"家人影响"的方式学习英文书写的情况在年龄上出现的差异不具有统计学意义（$p>0.05$），但是从均值对比结果来看，年龄越小，受到"家人影响"而去学习英文书写的人数越多。

（5）愿意通过"英语培训班"的方式学习英文书写的情况在年龄上出现的差异不具有统计学意义（$p>0.05$），但是从均值对比结果来看，青年人中通过参加"英语培训班"来学习英文书写的人数最多。

（三）受教育程度变项分析

利用 SPSS 方差检验检测"受教育程度"对于英语听说能力的学习方式和英语读写能力的学习方式的差异关系，结果如表 4-23 所示，通过"学校教育""广播电视""英语培训班"的方式学习英语的情况在受教育程度上出现的差异不具有统计学意义（$p>0.05$）。通过"学校教育""家人影响""英语培训班"的方式学习英文书写的情况在受教育程度上出现的差异也不具有统计学意义（$p>0.05$）。通过"与人交往"的方式学习英语的情况在受教育程度变项上出现的差异具有统计学意义（$p<0.05$）。通过"自学"的方式学习英文书写的情况在受教育程度变项上出现的差异也具有统计学意义（$p<0.05$）。

表 4-23　鄂东城乡居民的英语学习在受教育程度上的差异

学习类型	学习方式	受教育程度	均值	p
英语	学校教育	小学以下	0.002	0.375
		小学	0.004	
		初高中	0.978	
		大学	0.663	
		大学以上	0.312	
	与人交往	小学以下	0.000	0.000**
		小学	0.001	
		初高中	0.003	
		大学	0.206	
		大学以上	0.217	
	广播、电视	小学以下	0.000	0.164
		小学	0.001	
		初高中	0.106	
		大学	0.426	
		大学以上	0.448	
	英语培训班	小学以下	0.000	0.435
		小学	0.000	
		初高中	0.468	
		大学	0.602	
		大学以上	0.300	
英文	学校教育	小学以下	0.002	0.346
		小学	0.004	
		初高中	0.96	
		大学	0.638	
		大学以上	0.394	
	家人影响	小学以下	0.000	0.060
		小学	0.001	
		初高中	0.156	
		大学	0.005	
		大学以上	0.002	

学习类型	学习方式	受教育程度	均值	p
	自学	小学以下	0.000	0.000*
		小学	0.001	
		初高中	0.172	
		大学	0.336	
		大学以上	0.413	
	英语培训班	小学以下	0.000	0.184
		小学	0.001	
		初高中	0.206	
		大学	0.402	
		大学以上	0.371	
* $p<0.05$ ** $p<0.01$				

从上表可知，鄂东城乡居民英语学习的方式在受教育程度变项上出现了差异，即居民学习英语、英文的方式在受教育程度上出现了明显的层化现象。具体来说：

（1）受教育程度越高，选择通过"与人交往"的方式学习英语的人数越多。

（2）愿意通过"学校教育"的方式学习英语的情况在受教育程度上出现的差异不具有统计学意义（$p>0.05$），但是从均值对比结果来看，文化程度为初高中，选择通过"学校教育"的方式学习英语的人数较多。

（3）愿意通过"广播、电视"的方式学习英语的情况在受教育程度上出现的差异不具有统计学意义（$p>0.05$），但是从均值对比结果来看，文化程度越高，选择通过此方式学习英语的人数越多。

（4）愿意通过参加"英语培训班"的方式学习英语的情况在受教育程度上出现的差异不具有统计学意义（$p>0.05$），但是从均值对比结果来看，文化程度在大学，选择通过参加"英语培训班"的方式学习英语的人数较多。

（5）受教育程度越高，通过"自学"的方式学习英文书写的人数越多。

（6）愿意通过"学校教育"的方式学习英文书写的情况在受教育程度上出现的差异不具有统计学意义（$p>0.05$），但是从均值对比结果来看，文化程度在大学及大学以上，通过"学校教育"的方式学习英文书写的人数最多。

（7）愿意通过"家人影响"的方式学习英文书写的情况在受教育程度上

出现的差异不具有统计学意义（$p>0.05$），但是从均值对比结果来看，文化程度在初高中，通过"家人影响"的方式学习英文书写的人数最多。

（8）愿意通过"英语培训班"的方式学习英文书写的情况在受教育程度上出现的差异不具有统计学意义（$p>0.05$），但是从均值对比结果来看，文化程度在大学及大学以上，通过参加"英语培训班"的方式学习英文书写的人数最多。

（四）职业变项分析

利用 SPSS 方差检验检测"职业"对于英语听说能力的学习方式和英语读写能力的学习方式的差异关系，结果如表 4-24 所示，通过"学校教育""与人交往""广播、电视""英语培训班"学习英语的情况，在职业上出现的差异不具有统计学意义（$p>0.05$）。通过"学校教育""家人影响""自学""英语培训班"学习英文的情况，在职业上出现的差异不具有统计学意义（$p>0.05$）。

表 4-24　鄂东城乡居民的英语学习在职业上的差异

学习类型	学习方式	职业	均值	p
英语	学校教育	公务员	0.914	0.564
		教师	0.924	
		农牧民	0.854	
		服务行业	0.876	
		个体业主	0.804	
		专业技术人员	0.836	
		退休职工	0.645	
		学生	0.932	
	与人交往	公务员	0.106	0.763
		教师	0.125	
		农牧民	0.004	
		服务行业	0.113	
		个体业主	0.112	
		专业技术人员	0.314	
		退休职工	0.279	
		学生	0.252	

学习类型	学习方式	职业	均值	p
英文	广播、电视	公务员	0.472	1.188
		教师	0.471	
		农牧民	0.008	
		服务行业	0.437	
		个体业主	0.282	
		专业技术人员	0.456	
		退休职工	0.234	
		学生	0.464	
	英语培训班	公务员	0.537	0.122
		教师	0.513	
		农牧民	0.008	
		服务行业	0.445	
		个体业主	0.389	
		专业技术人员	0.512	
		退休职工	0.291	
		学生	0.594	
	学校教育	公务员	0.915	1.451
		教师	0.922	
		农牧民	0.856	
		服务行业	0.836	
		个体业主	0.812	
		专业技术人员	0.837	
		退休职工	0.821	
		学生	0.933	
	家人影响	公务员	0.142	0.583
		教师	0.140	
		农牧民	0.004	
		服务行业	0.084	
		个体业主	0.102	
		专业技术人员	0.266	
		退休职工	0.122	
		学生	0.144	

学习类型	学习方式	职业	均值	p
	自学	公务员	0.112	0.496
		教师	0.121	
		农牧民	0.003	
		服务行业	0.082	
		个体业主	0.114	
		专业技术人员	0.238	
		退休职工	0.110	
		学生	0.221	
	英语培训班	公务员	0.465	0.277
		教师	0.479	
		农牧民	0.106	
		服务行业	0.302	
		个体业主	0.202	
		专业技术人员	0.443	
		退休职工	0.004	
		学生	0.545	
* $p < 0.05$ ** $p < 0.01$				

从上表可知，鄂东城乡居民学习英语的方式在职业变项上差异不明显，即居民学习英语、英文的方式在职业上没有出现明显的层化现象，但是从均值对比结果来看，有一些特点，具体来说：

（1）从事公务员、教师、农牧民、服务行业、个体业主、专业技术人员、退休职工、学生职业的鄂东城乡居民，学习英语最主要的方式都是"学校教育"，其次是参加"英语培训班"。

（2）从事公务员、教师、农牧民、服务行业、个体业主、专业技术人员、退休职工、学生职业的鄂东城乡居民，学习英文书写最主要的方式都是"学校教育"，其次都是参加"英语培训班"。

（3）虽然愿意采用通过"学校教育"和"英语培训班"的方式学习英文书写的情况在受教育程度上出现的差异不具有统计学意义（$p > 0.05$），但是从均值对比结果来看，这两项是鄂东城乡居民学习英语和学习英文书写的两大主要方式。

（五）家庭所在地变项分析

利用 SPSS 方差检验检测"家庭所在地"对于英语听说能力的学习方式和英语读写能力的学习方式的差异关系，结果如表 4-25 所示，通过"学校教育"学习英语的情况，在家庭所在地变项上出现的差异不具有统计学意义（$p>0.05$）。通过"与人交往""广播、电视""英语培训班"学习英语的情况，在家庭所在地变项上出现的差异具有统计学意义（$p<0.05$）。通过"家人影响""自学""英语培训班"的方式学习英文书写的情况，在家庭所在地变项上出现的差异具有统计学意义（$p<0.05$）。

表 4-25　鄂东城乡居民的英语学习在家庭所在地上的差异

学习类型	学习方式	家庭所在地	均值	p
英文	学校教育	乡村	0.941	0.657
		乡镇	0.939	
		城市	0.937	
	与人交往	乡村	0.117	0.000**
		乡镇	0.122	
		城市	0.215	
	广播、电视	乡村	0.278	0.000**
		乡镇	0.382	
		城市	0.404	
	英语培训班	乡村	0.128	0.000**
		乡镇	0.242	
		城市	0.538	
英文	学校教育	乡村	0.943	0.683
		乡镇	0.942	
		城市	0.948	
	家人影响	乡村	0.022	0.014*
		乡镇	0.180	
		城市	0.432	
	自学	乡村	0.002	0.038*
		乡镇	0.013	
		城市	0.243	
	英语培训班	乡村	0.132	0.000**
		乡镇	0.246	
		城市	0.543	
* $p<0.05$ ** $p<0.01$				

从上表可知，鄂东城乡居民英语学习的方式在家庭所在地变项上出现了差异，即居民学习英语、英文的方式在家庭所在地变项上出现了明显的层化现象。具体来说：

（1）居住在城市的人通过"与人交往""广播、电视""英语培训班"的方式学习英语的占比高于居住在乡村和乡镇的人。

（2）居住在城市的人通过"家人影响""自学""英语培训班"的方式学习英文的占比高于居住在乡村和乡镇的人。

（3）虽然愿意采用"学校教育"的方式学习英语和英文的情况在家庭所在地变项上出现的差异不具有统计学意义（$p>0.05$），但是从均值对比结果来看，"学校教育"是鄂东城乡居民学习英语和学习英文书写的主要方式。

（六）父母年龄变项分析

利用 SPSS 方差检验检测"父母年龄"对于英语听说能力的学习方式和英语读写能力的学习方式的差异关系，结果如表 4-26 所示，通过"培训班"学习英语的情况和通过"家人影响""培训班"学习英文书写的情况，在父母年龄上出现的差异均不具有统计学意义（$p>0.05$）。通过"学校教育""与人交往""广播、电视"的方式学习英语的情况在父母年龄变项上出现的差异具有统计学意义（$p<0.05$）。通过"学校教育""自学"的方式学习英文书写的情况在父母年龄变项上出现的差异具有统计学意义（$p<0.05$）。

表 4-26　鄂东城乡居民的英语学习在父母年龄上的差异

学习类型	学习方式	父母年龄	均值	p
英语	学校教育	40 岁以下	0.958	0.000**
		41～50 岁	0.954	
		51～60 岁	0.412	
		61～70 岁	0.030	
		71～80 岁	0.001	
	与人交往	40 岁以下	0.128	0.000**
		41～50 岁	0.213	
		51～60 岁	0.242	
		61～70 岁	0.004	
		71～80 岁	0.000	

学习类型	学习方式	父母年龄	均值	*p*
	广播、电视	40 岁以下	0.511	0.000**
		41 ～ 50 岁	0.410	
		51 ～ 60 岁	0.302	
		61 ～ 70 岁	0.005	
		71 ～ 80 岁	0.000	
	英语培训班	40 岁以下	0.498	0.234
		41 ～ 50 岁	0.621	
		51 ～ 60 岁	0.471	
		61 ～ 70 岁	0.003	
		71 ～ 80 岁	0.000	
英文	学校教育	40 岁以下	0.937	0.000**
		41 ～ 50 岁	0.919	
		51 ～ 60 岁	0.403	
		61 ～ 70 岁	0.003	
		71 ～ 80 岁	0.000	
	家人影响	40 岁以下	0.211	0.112
		41 ～ 50 岁	0.164	
		51 ～ 60 岁	0.100	
		61 ～ 70 岁	0.002	
		71 ～ 80 岁	0.000	
	自学	40 岁以下	0.111	0.000*
		41 ～ 50 岁	0.257	
		51 ～ 60 岁	0.309	
		61 ～ 70 岁	0.002	
		71 ～ 80 岁	0.000	
英语	英语培训班	40 岁以下	0.508	0.453
		41 ～ 50 岁	0.624	
		51 ～ 60 岁	0.332	
		61 ～ 70 岁	0.003	
		71 ～ 80 岁	0.000	
* $p<0.05$ ** $p<0.01$				

从上表可知，鄂东城乡居民学习英语的方式在父母年龄变项上出现了差异，即居民因父母年龄不同，他们学习英语、英文的方式在父母年龄变项上出现了明显的层化现象。这种现象主要体现在父母年龄在 60 岁以下的居民之中。具体来说：

（1）父母越年轻，选择通过"学校教育""广播、电视"（收听英语广播和收看英语电视节目）的方式学习英语的人越多；选择通过"与人交往"的方式学习英语的人越少。

（2）愿意采用通过参加"英语培训班"的方式学习英语的情况在父母年龄上出现的差异不具有统计学意义（$p>0.05$），但是从均值对比结果来看，中青年父母比较乐意子女通过参加"英语培训班"的方式学习英语。

（3）父母越年轻，选择通过"学校教育"的方式学习英文书写的人越多；选择通过"自学"的方式学习英文书写的人越少。

（4）愿意通过"家人影响"的方式学习英文书写的情况在父母年龄上出现的差异不具有统计学意义（$p>0.05$），但是从均值对比结果来看，父母越年轻，受到"家人影响"而去学习英文书写的人数越多。

（5）愿意采用"英语培训班"的方式学习英文书写的情况在父母年龄上出现的差异不具有统计学意义（$p>0.05$），但是从均值对比结果来看，中青年父母比较乐意子女通过参加"英语培训班"的方式来学习英文书写。

（七）父母受教育程度变项分析

利用 SPSS 方差检验检测"父母受教育程度"对于英语听说能力的学习方式和英语读写能力的学习方式的差异关系，结果如表 4-27 所示，通过"学校教育""与人交往""培训班"学习英语的情况，和通过"学校教育""自学""培训班"学习英文的情况，在父母受教育程度上出现的差异不具有统计学意义（$p>0.05$）。通过"广播、电视"的方式学习英语的情况在父母受教育程度变项上出现的差异具有统计学意义（$p<0.05$）。通过"家人影响"的方式学习英文的情况在父母受教育程度变项上也出现的差异具有统计学意义（$p<0.05$）。

表 4-27　鄂东城乡居民的英语学习在父母受教育程度上的差异

学习类型	学习方式	父母受教育程度	均值	p
英语	学校教育	小学以下	0.947	1.425
		初高中	0.948	
		大学	0.952	
		大学以上	0.949	
	与人交往	小学以下	0.112	0.685
		初高中	0.117	
		大学	0.251	
		大学以上	0.263	
	广播、电视	小学以下	0.147	0.000**
		初高中	0.204	
		大学	0.373	
		大学以上	0.389	
	英语培训班	小学以下	0.512	0.148
		初高中	0.509	
		大学	0.543	
		大学以上	0.528	
英文	学校教育	小学以下	0.956	0.082
		初高中	0.949	
		大学	0.961	
		大学以上	0.963	
	家人影响	小学以下	0.001	0.000**
		初高中	0.122	
		大学	0.405	
		大学以上	0.414	
	自学	小学以下	0.235	0.075
		初高中	0.252	
		大学	0.359	
		大学以上	0.378	
	英语培训班	小学以下	0.552	0.093
		初高中	0.596	
		大学	0.585	
		大学以上	0.579	
* $p<0.05$　** $p<0.01$				

从上表可知，鄂东城乡居民学习英语的方式在父母受教育程度变项上出现了差异，即居民学习英语、英文的方式在父母受教育程度变项上出现了明显的层化现象。具体来说：

（1）居民的父母受教育程度越高，居民自身愿意选择通过"广播、电视"（收听英语广播、收看英语电视节目）的方式学习英语的人数越多。

（2）愿意采用通过"学校教育"的方式学习英语的情况在父母受教育程度上出现的差异不具有统计学意义（$p>0.05$），但是从均值对比结果来看，无论父母的文化程度如何，大部分人都是通过"学校教育"的方式来学习英语的。

（3）愿意采用通过参加"英语培训班"的方式学习英语的情况在父母受教育程度上出现的差异不具有统计学意义（$p>0.05$），但是从均值对比结果来看，父母受教育程度在大学及以上的居民通过参加"英语培训班"的方式学习英语的人数较多。

（4）父母受教育程度越高，通过"家人影响"的方式学习英文书写的人数越多。

（5）愿意采用"学校教育"的方式学习英文书写的情况在父母受教育程度上出现的差异不具有统计学意义（$p>0.05$），但是从均值对比结果来看，无论父母的文化程度如何，大部分人都是通过"学校教育"的方式来学习英文书写的。

（6）愿意采用"自学"的方式学习英文书写的情况在父母受教育程度上出现的差异不具有统计学意义（$p>0.05$），但是从均值对比结果来看，父母文化程度较高的居民通过"自学"的方式学习英文书写的人数较多。

（7）愿意采用通过参加"英语培训班"的方式学习英文书写的情况在父母受教育程度上出现的差异不具有统计学意义（$p>0.05$），但是从均值对比结果来看，无论父母的文化程度如何，居民选择"英语培训班"的方式学习英文书写的人数都差不多。

（八）父母职业变项分析

利用SPSS方差检验检测"父母职业"对于英语听说能力的学习方式和英语读写能力的学习方式的差异关系，结果如表4-28所示，通过"学校教育""与人交往""广播、电视""英语培训班"学习英语的情况，和通过"学校教育""自学""英语培训班"学习英文的情况，在父母职业上出现的差异不具有统计学意义（$p>0.05$）。通过"家人影响"的方式学习英文的情况在父母职业变项上出现的差异具有统计学意义（$p<0.05$）。

表 4-28 鄂东城乡居民的英语学习在父母职业上的差异

学习类型	学习方式	父母职业	均值	p
英语	学校教育	公务员	0.935	1.213
		教师	0.934	
		农牧民	0.944	
		服务行业	0.921	
		个体业主	0.924	
		专业技术人员	0.926	
		工人	0.936	
	与人交往	公务员	0.306	0.546
		教师	0.342	
		农牧民	0.114	
		服务行业	0.274	
		个体业主	0.204	
		专业技术人员	0.303	
		工人	0.104	
	广播、电视	公务员	0.442	1.586
		教师	0.464	
		农牧民	0.347	
		服务行业	0.414	
		个体业主	0.412	
		专业技术人员	0.354	
		工人	0.437	
	英语培训班	公务员	0.612	0.864
		教师	0.623	
		农牧民	0.328	
		服务行业	0.548	
		个体业主	0.452	
		专业技术人员	0.600	
		工人	0.424	

学习类型	学习方式	父母职业	均值	p
英文	学校教育	公务员	0.921	0.765
		教师	0.931	
		农牧民	0.931	
		服务行业	0.927	
		个体业主	0.936	
		专业技术人员	0.938	
		工人	0.939	
	家人影响	公务员	0.421	0.003**
		教师	0.436	
		农牧民	0.087	
		服务行业	0.178	
		个体业主	0.202	
		专业技术人员	0.425	
		工人	0.141	
	自学	公务员	0.312	0.674
		教师	0.308	
		农牧民	0.169	
		服务行业	0.284	
		个体业主	0.247	
		专业技术人员	0.359	
		工人	0.110	
	英语培训班	公务员	0.609	1.342
		教师	0.621	
		农牧民	0.311	
		服务行业	0.539	
		个体业主	0.426	
		专业技术人员	0.610	
		工人	0.419	
* $p<0.05$ ** $p<0.01$				

从上表可知，鄂东城乡居民学习英语的方式在父母职业变项上出现了差

异，即居民因父母职业不同，他们学习英语、英文的方式在父母职业变项上出现了明显的层化现象。具体来说：

（1）虽然采用"学校教育"和"英语培训班"的方式学习英语的情况在父母职业上出现的差异不具有统计学意义（$p>0.05$），但是从均值对比结果来看，这两项是鄂东城乡居民学习英语和学习英文书写的两大主要方式。

（2）虽然采用"与人交往"的方式学习英语的情况在父母职业上出现的差异不具有统计学意义（$p>0.05$），但是从均值对比结果来看，通过"与人交往"的方式学习英语的人群之中，父母从事教师和公务员职业的居民人数最多。

（3）虽然通过"广播、电视"的方式学习英语的情况在父母职业上出现的差异不具有统计学意义（$p>0.05$），但是从均值对比结果来看，通过该方式学习英语的人群之中，父母从事教师和公务员职业的居民人数最多。

（4）父母职业越趋于脑力类型的，居民学习英文受到家人的影响越大。

（5）虽然采用"自学"的方式学习英文的情况在父母职业上出现的差距不具有统计学意义（$p>0.05$），但是从均值对比结果来看，选用此种方式学习英文的人群之中，父母为专业技术人员的居民人数最多。

（九）父母语言态度变项分析

利用 SPSS 方差检验检测"父母语言态度"对于英语听说能力的学习方式和英语读写能力的学习方式的差异关系，结果如表 4-29 所示，通过"学校教育"的方式学习英语和英文书写的情况，在父母语言态度上出现的差异不具有统计学意义（$p>0.05$）。通过"与人交往""广播、电视""英语培训班"的方式学习英语的情况在父母语言态度变项上出现的差异具有统计学意义（$p<0.05$）。通过"家人影响""自学""英语培训班"的方式学习英文书写的情况在父母语言态度变项上出现的差异具有统计学意义（$p<0.05$）。

表 4-29　鄂东城乡居民的英语学习在父母语言态度上的差异

学习类型	学习方式	父母语言态度	均值	p
英语	学校教育	非常支持	0.922	1.474
		一般支持	0.917	
		中立	0.918	
		反对	0.921	
	与人交往	非常支持	0.566	0.000**
		一般支持	0.350	
		中立	0.286	
		反对	0.104	
	广播、电视	非常支持	0.561	0.000**
		一般支持	0.503	
		中立	0.358	
		反对	0.053	
	英语培训班	非常支持	0.614	0.001**
		一般支持	0.602	
		中立	0.306	
		反对	0.101	
英文	学校教育	非常支持	0.930	1.364
		一般支持	0.924	
		中立	0.918	
		反对	0.912	
	家人影响	非常支持	0.686	0.000**
		一般支持	0.651	
		中立	0.204	
		反对	0.022	
	自学	非常支持	0.457	0.000*
		一般支持	0.329	
		中立	0.271	
		反对	0.004	
	英语培训班	非常支持	0.520	0.047*
		一般支持	0.471	
		中立	0.203	
		反对	0.006	
* $p<0.05$ ** $p<0.01$				

从上表可知，鄂东城乡居民英语学习的方式在父母语言态度变项上出现了差异，即居民学习英语、英文的方式在父母语言态度上出现了明显的层化现象。具体来说：

（1）父母语言态度越积极，选择通过"与人交往""广播、电视"（收听英语广播和收看英语电视节目）、参加"英语培训班"的方式学习英语的居民比例越高。

（2）通过"学校教育"的方式学习英语的人在父母语言态度变项上出现的差异不具有统计学意义（$p>0.05$），但是从均值对比结果来看，无论父母是否支持学习英语，绝大部分鄂东城乡居民都是通过"学校教育"的方式学习英语的。

（3）父母语言态度越积极，选择通过"家人影响""自学"、参加"英语培训班"的方式学习英文书写的居民比例越高。

（4）愿意通过"学校教育"的方式学习英文书写的情况在父母语言态度变项上出现的差异不具有统计学意义（$p>0.05$），但是从均值对比结果来看，无论父母是否持有积极的语言态度，大部分居民都是通过"学校教育"的方式学习英文书写的。

第四节　鄂东城乡居民普通话、方言和英语语言学习的差异及其成因

一、研究总体结果及成因

（一）普通话学习情况的成因

根据前面数据统计结果可知，鄂东城乡居民普通话听说学习方式的排序为"学校教育＞社会交往＞广播电视＞培训班"；普通话读写学习方式的排序为"学校教育＞家人影响＞自学＞培训班"。

1. 学校普通话教育的普及

学校普通话教育的普及是鄂东城乡居民能够采用学校教育的方式学习普通话的根本原因。学校是推普工作的重要阵地，在培养普通话语言能力方面发挥着重大作用。随着全国上下对推普宣传工作的重视，农村中小学也逐步由原来的方言教学向普通话教学转变。教师也能够在课堂教学中使用普通

话，推广普通话，让学生在普通话的语言环境中形成良好的语言习惯。

2. 对普通话持积极的语言态度

对普通话持有积极的语言态度为鄂东城乡居民能够通过社会交往的方式学习普通话提供了保证。国家对推普工作宣传力度的加大，提高了城乡居民对普通话的正确认识，树立了积极的语言观。居民对说普通话的人由原来嘲笑的态度，转变为羡慕的态度，大家都愿意用普通话进行交流。第二章语言使用调查结果也表明，在公共语域，普通话被广泛使用，这就为鄂东城乡居民采用社会交往的方式学习普通话提供了条件。

3. 大众媒体的普及

电视、广播和手机的普及，为鄂东城乡居民通过广播、电视等大众传媒学习普通话创造了条件。随着社会经济的发展和互联网技术的不断进步，鄂东地区广播、电视、互联网、智能手机、5G 信号等技术已经普及，居民可以使用广播、电视、互联网、智能手机和其他方式自学普通话。

（二）方言学习情况的成因

根据前面数据统计结果可知，鄂东城乡居民方言听说能力的学习方式排序为"家庭传承＞与人交往＞广播电视＞学校教育"。

1. 母语传承链条保持完整

母语传承链条保持完整是鄂东城乡居民能通过家庭传承的方式学习方言的根本原因。第二章语言使用调查结果也表明，在家庭语域，方言被大部分鄂东城乡居民稳定地使用，很多居民从小就开始说方言，对方言也最熟悉，日常生活中方言必不可少。本章第二节调查结果显示，在鄂东地区，居民最先学会的是方言，并且方言就是他们的母语，父母进行语言教育时主要使用的也是方言。由此可见，母语传承链条保持完整是鄂东城乡居民能通过家庭传承的方式学习方言的根本原因。

2. 积极的语言态度和较强的语言能力

对方言持有积极的语言态度和较强的语言能力为鄂东城乡居民能够通过社会交往的方式学习方言提供了强有力的保证。第三章调查结果表明，在鄂东地区，绝大多数人的方言能力保持完好。虽然鄂东城乡居民的普通话和方言能力都较强，但是方言的熟练程度还要略高于普通话。第五章调查结果表明，鄂东城乡居民对方言的态度是积极的和正面的。居民对方言的态度越积极，在与人交往中越愿意使用，这就保证了鄂东城乡居民能够通过社会交往的方式学习方言。

（三）英语学习情况的成因

根据前面数据统计结果可知，鄂东城乡居民英语听说能力的学习方式排序为"学校教育＞培训班＞广播电视＞与人交往"；英语读写能力的学习方式排序为"学校教育＞培训班＞家人影响＞自学"。

1. 学校英语教育的普及

学校英语教育的普及是鄂东城乡居民能通过学校教育的方式学习英语的根本原因。为了与世界更好地沟通，国家倡导英语学习。在鄂东地区，很多地方从小学开始，英语就成为和语文一样的重点科目，各个学校都十分重视英语教学，不断完善教学设备，提高教师教学水平。这些教学政策和措施都极大推进了居民们对英语的热爱和对英语能力提升的热情，让学生在学校的语言环境中形成良好的英语使用习惯。

2. 英语在教育语域使用占重要地位

英语在教育语域占重要地位是鄂东城乡居民能通过英语培训班的方式学习英语的直接原因。英语作为国际通用语，也是重要的外语，大家需要通过提升英语能力从而在求学和就业中增强竞争力。第二章语言使用调查结果表明，虽然在语言生活中，相较于方言和普通话，其交际功能有限，但在教育语域，英语受重视程度很高，各种考试、工作、升职等都需要英语来提高竞争力。基于此，很多居民不满足于学校提供的英语教学，还迫切希望通过英语培训班的形式加强英语学习。

3. 大众媒体的普及

电视、广播、手机的普及，为鄂东城市居民通过广播电视等大众传媒学习英语创造了条件。随着社会经济的发展和互联网技术的不断进步，广播、电视、互联网、智能手机、5G 信号等技术在鄂东地区已经普及，居民可以通过多种方式学习英语。

二、在社会变项上出现差异的原因

（一）在性别变项上出现差异的原因

SPSS 方差检验检测结果显示，鄂东城乡居民普通话、方言、英语的语言学习方式在性别上出现的差异具有统计学意义。通过均值对比可知，鄂东城乡居民的普通话、方言、英语学习方式在性别变项上出现了明显的"层化"现象。具体情况如下。

1. 普通话学习在性别上出现差异的原因

均值比较结果为，女性通过学校教育学习普通话和汉字的情况多于男性，但是男性通过社会交往学习普通话的情况多于女性。出现这种差异的原因：

（1）社会角色意识在性别上的差异。社会角色意识的性别差异是导致通过社会交往学习普通话的居民性别差异的根本原因。鄂东地处内陆，经济发展不如一线城市，影响居民生活的文化背景依然是农耕文化，"男主外，女主内"的格局依然存在于许多居民的意识中。因此，与男性相比，女性的社会角色不仅要负责部分社会交往事务，还要承担相当一部分的家庭事务，而男性主要负责的只是社会交往事务，这使得通过社会交往学习普通话的男性数量超过女性。

（2）语言态度在性别上的差异。语言态度的性别差异是造成通过学校学习普通话的居民性别差异的直接原因。第五章语言态度调查结果表明，从性别来看，女性的语言态度积极性高于男性；在语言行为和语言认知的评价中，女性对普通话的认可度也高于男性。女性对普通话的积极语言态度直接影响女性对提高普通话技能的重视程度，她们希望通过稳定、正式的方式学习标准普通话。

2. 方言学习在性别上出现差异的原因

通过均值比较发现，女性通过家庭传承的方式学习方言的情况多于男性，但是男性通过与人交往的方式学习方言的情况多于女性。出现这种差异的原因：

（1）传统农耕文化在性别上的差异。传统农耕文化在性别上的差异是造成居民通过与人交往的方式学习方言的情况在性别上出现差异的根本原因。

鄂东农耕历史背景深厚，地广人稀，农业资源丰富充足。自古以来，男性就"日出而作日入而息"，女性则在家"相夫教子"，男性承担社会交际事务相比女性更多，女性大部分时间都是在处理家庭内部事务。这造成了男性通过社会交往的方式学习方言的人数多于女性。

（2）方言语言态度在性别上的差异。鄂东城乡居民方言的语言态度在性别上的差异是造成居民采用通过家庭传承的方式学习方言的情况在性别上出现差异的重要原因。第五章语言态度调查结果表明，不同性别的鄂东城乡居民的方言行为上有差异，女性的平均值（4.46）会明显高于男性的平均值（4.23）。对某种语言的语言态度越积极的人，越倾向选择使用该语言与人进行交往。

3. 英语学习在性别上出现差异的原因

均值比较结果为，女性通过收听英语广播、收看英语电视节目的方式学习英语的情况多于男性，但是男性通过与人交往学习英语的情况多于女性，女性通过自学的方式学习英文的情况多于男性。出现这种差异的原因：

（1）语言能力在性别上的差异。语言能力在性别上的差异是鄂东城乡居民通过广播、电视的方式学习英语的情况在性别上出现差异的重要原因。第三章调查结果表明，女性的英语语言能力高于男性。语言能力越高的人，越有机会和可能通过学校教育以外的方式加强英语学习，甚至是自己学习。不具备良好英语语言能力的人听不懂英语广播，也看不懂英语电视节目。如果再缺少老师的帮助和讲解，自己学习英语就更加困难了。因此，也就不可能选择这些方式学习英语。这就造成了女性通过收听英语广播、收看英语电视节目以及自学的方式学习英语的情况多于男性。

（2）社会角色意识在性别上的差异。社会角色意识在性别上的差异是造成居民通过社会交往的方式学习英语的情况在性别上出现差异的重要原因。"男主外、女主内"的模式存在于很多居民的意识里，男性通过社会交往的方式学习普通话的人数多于女性，同样的道理，男性通过社会交往的方式学习英语的人数也多于女性。

（二）在年龄变项上出现差异的原因

SPSS 方差检验检测结果显示，鄂东城乡居民普通话、方言、英语的语言学习方式在年龄上出现的差异具有统计学意义。通过均值对比可知，鄂东城乡居民的普通话、方言、英语学习方式在年龄变项上出现了明显的"层化"现象。具体情况如下。

1. 普通话学习在年龄上出现差异的原因

通过均值比较发现，年龄越小，通过学校教育的方式学习普通话和汉字的人越多；通过社会交往和收听广播、收看电视节目的方式学习普通话的人越少。出现这种差异的原因：

（1）学校普通话教育在年龄上的差异。学校普通话教育在年龄上的差异是造成居民通过学校教育学习普通话的情况在年龄上出现差异的主要原因。全国上下推普工作普及之后，各乡村城镇的学校才开始重视普通话的教学。年龄越大的人，上学期间学校提供普通话教育的机会越少，能够通过学校教育的方式学习普通话的人也就越少。而年龄越小的人正好相反，学校成了推普工作的重要阵地，学校教育已成为普通话教育的重要方式。这就造成了年龄越小，通过学校教育的方式学习普通话和汉字的人越多。

（2）语言能力在年龄上的差异。语言能力在年龄上的差异是造成居民通过社会交往学习普通话的情况在年龄上出现差异的重要原因。年龄越小的人，学校教育越是他们学习普通话的重要方式。第三章调查结果表明，鄂东城乡居民年龄越小的人，普通话语言能力越强。说明年龄越小的人，越有机会在学校就完成了普通话的学习，根本不需要再通过社会交往的方式学习普通话。而年龄越大的人情况正好相反。这就造成了年龄越大，通过社会交往的方式学习普通话的人越多。

（3）学习方式在年龄上的差异。学习方式在年龄上的差异是造成居民通过广播、电视学习普通话的情况在年龄上出现差异的重要条件。普通话作为国家法定通用语言，是我国使用范围最广、社会功能地位最高的语言。第二章语言使用调查结果表明，在公共语域，普通话被广泛地使用着。如果不提高普通话语言能力，可能会影响工作的开展、和外地人做生意、去外地学习、旅游等。但是年龄越大的人，由于学校普通话教育的缺失，使得他们的普通话能力不强。广播、电视、互联网、智能手机、5G 信号等技术在鄂东地区普及，带来了普通话多元化的学习方式，居民就可以通过广播、电视、互联网等方式学习普通话，提高普通话语言能力。这就造成了年龄越大的人通过广播、电视的方式学习普通话的人越多。

2. 方言学习在年龄上出现差异的原因

通过均值比较发现，年龄越大的人，通过家庭传承的方式学习方言的人越多。出现这种差异的原因：

（1）语言使用在年龄上的差异。语言使用在年龄上的差异是造成居民通过家庭传承的方式学习方言的情况在年龄上出现差异的根本条件。第二章语言使用调查结果表明，在家庭语域，方言被大部分鄂东城乡居民稳定地使用，年龄越大的人，对方言越熟悉，使用频率也越高。而年龄越小的人，使用普通话的比例越高，父母进行语言教育时不再使用单一的方言，也会配合学校教育使用普通话。这就造成了年龄越大，通过家庭传承的方式学习方言的人越多。

（2）家庭语言环境在年龄上的差异。家庭语言环境在年龄上的差异是造成居民通过家庭传承的方式学习方言的情况在年龄上出现差异的直接条件。家庭是孩子语言学习的重要阵地。年龄越大的人，家庭语言环境越单一，父母双方都是本地人，甚至所有的亲属都说着同一种方言。很多人都是从一出生就开始学习方言了，方言就是他们的母语，母语传承链条保持非常完整。但是近年来，随着鄂东地区经济的发展，人口流动性增强，出现了新的"组合式"家庭，夫妻一方为外地人，他们之间靠普通话进行交流，但是亲属之间又靠方言交流。年龄越小的人，处于这种"组合式"家庭的概率越大，家庭语言环境越复杂。这就造成了年龄越大的人通过家庭传承的方式学习方言的人越多。

3. 英语学习在年龄上出现差异的原因

通过均值比较发现，年龄越小的人，选择通过学校教育、收听英语广播和收看英语电视节目的方式学习英语的人越多。出现这种差异的原因：

（1）学校英语教育在年龄上的差异。学校英语教育在年龄上的差异是造成居民通过学校教育学习英语的情况在年龄上出现差异的主要原因。年龄越大的人，上学期间学校提供英语教育的机会越少，能够通过学校教育的方式学习英语的人也就越少。而年龄越小的人正好相反，国家倡导英语学习之后，英语在教育中占重要地位，各个学校都十分重视英语教学。这就造成了年龄越小，通过学校教育的方式学习英语的人越多。

（2）学习方式在年龄上的差异。学习方式在年龄上的差异是造成居民通过广播、电视学习英语的情况在年龄上出现差异的重要条件。英语作为国际通用语言，社会功能地位很高。第二章语言使用调查结果表明，在教育语域英语被广泛地使用着，各种考试、工作、升职等都需要英语来提高竞争力。自从广播、电视、互联网、智能手机、5G信号等技术在鄂东地区普及，带来了英语多元化的学习方式，居民就可以通过广播、电视、互联网等方式学习英语，提高英语语言能力。年龄越大的人，对英语的需求越低，对使用新鲜事物的兴趣也越低。这就造成了年龄越小的人通过广播、电视的方式学习英语的人越多。

（三）在受教育程度变项上出现差异的原因

SPSS 方差检验检测结果显示，鄂东城乡居民普通话、英语的语言学习方式在受教育程度上出现的差异具有统计学意义。通过均值对比可知，鄂东城乡居民的普通话、英语学习方式在受教育程度变项上出现了明显的"层化"现象。具体情况如下。

1. 普通话学习在受教育程度上出现差异的原因

通过均值比较发现，受教育程度越高，通过学校教育的方式学习普通话和汉字的人越多。受教育程度越低，通过社会交往、收听广播或收看电视的方式学习普通话的人越多。出现这种差异的原因：

（1）接触普通话的时间在受教育程度上的差异。接触普通话的时间在受教育程度上的差异是造成居民通过学校教育的方式学习普通话在受教育程度上出现差异的重要原因。正如前文所述，学校教育对人们的普通话能力具有重要影响，学校也是普通话学习的重要阵地。受教育程度越高的人，接受学校教育的时间越长，接触普通话的时间也就越长。这就造成了受教育程度越高的人通过学校教育的方式学习普通话和汉字的人越多。

（2）语言使用在受教育程度上的差异。语言使用在受教育程度上的差异是造成居民通过社会交往学习普通话的情况在受教育程度上出现差异的主要原因。第二章调查结果表明，文化程度越高的人，普通话使用频率就会越高，使用得越多普通话语言能力就越强，也就不需要再通过其他方式提高普通话语言能力了。这就造成了受教育程度越低，通过社会交往、收听广播或收看电视的方式学习普通话语的人越多。

2. 英语学习在受教育程度上出现差异的原因

通过均值比较发现，受教育程度越高，选择通过与人交往、自学的方式学习英语和英文的人数越多。出现这种差异的原因：

（1）语言能力在受教育程度上的差异。语言能力在受教育程度上的差异是造成居民通过与人交往的方式学习英语的鄂东城乡居民在受教育程度上出现差异的重要原因。第三章调查结果表明，受教育程度越高的人，英语的语言能力越强。英语语言能力越强的人，使用英语与人交往的意愿越强烈，使用英语的频率就会越高，通过与人交往学习英语的机会就越多。这就造成了受教育程度越高的人，选择通过与人交往的方式学习英语和英文的人数越多。

（2）语言学习方式在受教育程度上的差异。语言学习方式在受教育程度上的差异是造成居民通过自学的方式学习英语的鄂东城乡居民在受教育程度上出现差异的主要原因。第四章调查结果表明，受教育程度越高的人，学习英语的方式越多元，而且受教育程度越高的人，英语的语言能力也越强。这就造成了受教育程度越高的人，选择通过自学的方式学习英语和英文的人数越多。

（四）在家庭所在地变项上出现差异的原因

SPSS方差检验检测结果显示，鄂东城乡居民普通话、方言、英语的语言学习方式在家庭所在地上出现的差异具有统计学意义。通过均值对比可知，鄂东城乡居民的普通话、方言、英语学习方式在家庭所在地上出现了明显的"层化"现象。具体情况如下。

1.普通话学习在家庭所在地变项上出现差异的原因

通过均值比较发现，居住在村镇的人通过学校教育的方式学习普通话的人比城市的人多；居住在城市的人通过社会交往、家人影响的方式学习普通话和汉字的人比村镇的人多。出现这种差异的原因：

（1）语言使用在家庭所在地上的差异。语言使用在家庭所在地上的差异是造成居民通过学校教育的方式学习普通话的人在家庭所在地变项上出现差异的直接原因。第二章调查结果表明，居住在村镇的人使用普通话的比例明显低于居住在城市的人，他们基本只有在学校或是公共语域才会使用普通话。这造成了居住在村镇的人通过学校教育的方式学习普通话的人较多。

（2）语言态度在家庭所在地上的差异。语言态度在家庭所在地上的差异是造成居民通过社会交往的方式学习普通话的情况在家庭所在地上出现差异的重要原因。第五章调查结果表明，居住在城市的人对普通话的语言态度比村镇的人积极。那么在社会交往中，居住在城市的人使用普通话的频率就会较高，选择通过社会交往的方式学习普通话的人也比村镇的人多。

（3）语言能力在家庭所在地上的差异。语言能力在家庭所在地上的差异是造成居民通过自学的方式学习普通话的情况在家庭所在地上出现差异的重要条件。第四章调查结果表明，居住在城市的人，学习普通话的方式也更多元，他们不拘于学校教育这一条方式，再加上居住在城市的人普通话能力普遍强于居住在乡村的人，这就给居住在城市的人通过自学的方式学习普通话提供了条件。

2. 方言学习在家庭所在地变项上出现差异的原因

通过均值比较发现，居住在村镇的人通过家庭传承、与人交往的方式学习方言的人比城市的人多。出现这种差异的原因：

（1）家庭语言环境在家庭所在地上的差异。家庭语言环境在家庭所在地上的差异是造成居民通过家庭传承的方式学习方言的情况在家庭所在地上出现差异的直接原因。家庭是孩子语言学习的重要阵地。居住在乡镇的人，父母双方都是本地人的概率比城市的人大，也就是说，居住在村镇的人家庭语言环境为方言的概率比居住在城市的人大。这就造成了居住在村镇的人通过家庭传承的方式学习方言的人比城市的人多。

（2）语言使用在家庭所在地上的差异。语言使用在家庭所在地上的差异是造成居民通过与人交往的方式学习方言的情况在家庭所在地上出现差异的重要原因。第二章语言使用调查结果表明，居住在村镇的人使用方言的比例高于居住在城市的人。语言在交往中使用得越多，通过与人交往学习该语言的机会就越多，这就造成了居住在鄂东村镇、通过与人交往的方式学习方言的人比城市的人多。

3. 英语学习在家庭所在地变项上出现差异的原因

通过均值比较发现，居住在城市的人通过与人交往、广播电视、家人影响、自学、英语培训班的方式学习英语和英文的占比高于居住在乡村和乡镇的人。出现这种差异的原因：

（1）语言使用在家庭所在地上的差异。语言使用在家庭所在地上的差异是造成居民通过与人交往的方式学习英语的情况在家庭所在地上出现差异的重要原因。第二章语言使用调查结果表明，居住在城市的人使用英语的比例高于居住在村镇的人。语言在交往中使用得越多，通过与人交往学习该语言的机会就越多，这就造成了居住在鄂东城市的人通过与人交往的方式学习英语的人比居住在村镇的人多。

（2）语言学习方式在家庭所在地上的差异。语言学习方式在家庭所在地上的差异是造成居民通过广播电视、自学、英语培训班的方式学习英语的情况在家庭所在地上出现差异的主要原因。居住在城市的人，学习英语的方式较多元。这就造成了居住在城市的人通过广播电视、自学、英语培训班的方式学习英语和英文的占比高于居住在乡村和乡镇的人。

（3）家庭语言环境在家庭所在地上的差异。家庭语言环境在家庭所在地上的差异是造成居民通过家人影响的方式学习英语的情况在家庭所在地上出现差异的直接原因。家庭是孩子语言学习的重要阵地。居住在城市的人，父母学习过英语的概率比居住在村镇的人大，也就是说，居住在城市的人家庭语言环境中有英语这种语言的概率比居住在村镇的人大。这就造成了居住在城市的人通过家人影响的方式学习英语和英文的占比高于居住在乡村和乡镇的人。

（五）在父母年龄变项上出现差异的原因

SPSS 方差检验检测结果显示，鄂东城乡居民普通话、方言、英语的语言学习方式在父母年龄上出现的差异具有统计学意义。通过均值对比可知，鄂东城乡居民的普通话、方言、英语学习方式在父母年龄变项上出现了明显的"层化"现象。具体情况如下。

1. 普通话学习在父母年龄变项上出现差异的原因

通过均值比较发现，父母越年轻，通过学校教育的方式学习普通话和汉字的人越多；通过社会交往和收听广播、收看电视节目的方式学习普通话的人越少。出现这种差异的原因：

（1）学校普通话教育在父母年龄上的差异。学校普通话教育在父母年龄上的差异是造成居民通过学校教育学习普通话的情况在父母年龄上出现差异的主要原因。父母越年轻，子女年龄一般来说也越小，据前文所述，年龄越小，通过学校教育的方式学习普通话和汉字的人越多。因此，父母越年轻，通过学校教育的方式学习普通话和汉字的人越多。

（2）语言能力在父母年龄上的差异。语言能力在父母年龄变项上的差异是造成居民通过社会交往学习普通话的情况在父母年龄变项上出现差异的重要原因。父母越年轻，子女年龄一般来说也越小，据前文所述，年龄越小，通过社会交往的方式学习普通话的人越少。因此，父母越年轻，通过社会交往的方式学习普通话和汉字的人越少。

（3）学习方式在父母年龄上的差异。学习方式在父母年龄上的差异是造成居民通过广播、电视学习普通话的情况在父母年龄上出现差异的重要条件。父母越年轻，子女年龄一般来说也越小，据前文所述，年龄越小，通过广播、电视的方式学习普通话的人越少。因此，父母越年轻，通过收听广播、收看电视节目的方式学习普通话和汉字的人越少。

2. 方言学习在父母年龄变项上出现差异的原因

通过均值比较发现，父母越年长的居民，通过家庭传承和与人交往的方式学习方言的人越多。出现这种差异的原因：

（1）语言使用在父母年龄上的差异。语言使用在父母年龄上的差异是造成居民通过与人交往的方式学习方言的情况在父母年龄变项上出现差异的根本条件。父母越年长的人，子女年龄一般来说也越大，据前文所述，鄂东城乡居民中年龄越大，通过家庭传承的方式学习方言的数量越多。这就造成了父母越年长的居民，通过与人交往的方式学习方言的人数越多。

（2）家庭语言环境在父母年龄上的差异。家庭语言环境在父母年龄上的差异是造成居民通过家庭传承的方式学习方言的情况在父母年龄上出现差异的直接条件。父母越年长，子女年龄一般来说也越大，据前文所述，年龄越大，通过家庭传承的方式学习方言的人越多。这就造成了父母越年长，通过家庭传承的方式学习方言的人数越多。

3. 英语学习在父母年龄变项上出现差异的原因

通过均值比较发现，父母越年轻，选择通过学校教育、收听英语广播和收看英语电视节目的方式学习英语的人越多。出现这种差异的原因：

（1）学校英语教育在父母年龄上的差异。学校英语教育在父母年龄上的差异是造成居民通过学校教育学习英语的情况在父母年龄变项上出现差异的主要原因。父母越年轻，子女年龄一般来说也越小，据前文所述，年龄越小，通过学校教育的方式学习英语的人越多。因此，父母越年轻的居民，选择通过学校教育的方式学习英语的人越多。

（2）学习方式在父母年龄上的差异。学习方式在父母年龄上的差异是造成居民通过广播、电视学习英语的情况在父母年龄上出现差异的重要条件。父母越年轻，子女年龄一般来说也越小，据前文所述，年龄越小，通过广播、电视的方式学习英语的人越多。因此，父母越年轻的居民，选择通过收听英语广播和收看英语电视节目的方式学习英语的人越多。

（六）在父母受教育程度变项上出现差异的原因

SPSS 方差检验检测结果显示，鄂东城乡居民普通话、英语的语言学习方式在父母受教育程度上出现的差异具有统计学意义。通过均值对比可知，鄂东城乡居民的普通话、英语学习方式在父母受教育程度变项上出现了明显的"层化"现象。具体情况如下。

1.普通话学习在父母受教育程度变项上出现差异的原因

通过均值比较发现，父母受教育程度越低的人，通过社会交往的方式学习普通话的人越多；父母受教育程度越高的人，通过家人教育影响的方式学习汉字书写的人数越多。出现这种差异的原因：

（1）语言态度在父母受教育程度上的差异。语言态度在父母受教育程度上的差异是造成居民通过社会交往的方式学习普通话的情况在父母受教育程度上出现差异的重要原因。第五章调查结果表明，父母受教育程度越低的鄂东城乡居民，对普通话的语言态度越消极，很少为了提高普通话能力特地去学。但是普通话已在公共语域广泛使用，因此，这就造成了受教育程度越低的人只好通过社会交往的方式学习普通话。

（2）家庭语言环境在父母受教育程度上的差异。家庭语言环境在父母受教育程度上的差异是造成居民通过家人教育影响的方式学习普通话的情况在父母受教育程度上出现差异的直接原因。家庭是孩子语言学习的重要阵地。第五章调查结果表明，受教育程度越高的人，对普通话的语言态度就越积极。父母的语言态度越积极，孩子就越容易受到积极语言态度的影响。这就造成了父母受教育程度越高，通过家人教育影响的方式学习汉字书写的人数越多。

2.英语学习在父母受教育程度变项上出现差异的原因

通过均值比较发现，父母受教育程度越高，选择通过收听英语广播、收看英语电视节目和家人影响的方式学习英语和英文的人数越多。出现这种差异的原因：

（1）学习方式在父母受教育程度上的差异。学习方式在父母受教育程度上的差异是造成居民通过广播、电视学习英语的情况在父母受教育程度上出现差异的重要条件。父母受教育程度越高的居民，学习普通话、英语的方式越多元，选择通过收听英语广播和收看英语电视节目的方式学习英语的人数越多。

（2）家庭语言环境在父母受教育程度上的差异。家庭语言环境在父母受教育程度上的差异是造成居民通过家人教育影响的方式学习英语的情况在父母受教育程度上出现差异的直接原因。家庭是孩子语言学习的重要阵地。第五章调查结果表明，受教育程度越高的人，对英语的语言态度就越积极。父母的语言态度越积极，孩子就越容易受到积极语言态度的影响。这就造成了父母受教育程度越高的人，通过家人教育影响的方式学习英语的人数越多。

（七）在父母职业变项上出现差异的原因

SPSS 方差检验检测结果显示，鄂东城乡居民普通话、方言、英语的语言学习方式在父母职业变项上出现的差异具有统计学意义。通过均值对比可知，鄂东城乡居民的普通话、方言、英语学习方式在父母职业变项上出现了明显的"层化"现象。具体情况如下。

1. 普通话学习在父母职业上出现差异的原因

通过均值比较发现，选择社会交往的方式学习普通话的居民，父母多为从事农牧民的职业；选择家人影响的方式学习汉字的居民，父母多为从事专业技术、教师、公务员的职业。出现这种差异的原因：

（1）语言态度在父母职业上的差异。语言态度在父母职业上的差异是造成居民通过社会交往的方式学习普通话的情况在父母职业上出现差异的重要原因。第五章调查结果表明，父母从事农牧民、工人职业的居民对普通话的语言态度较为消极，对普通话的认同度较低，但是对普通话的地位、社会影响力及实用性的评价较高，也乐意在社会交往中尝试使用。这就造成了选择社会交往的方式学习普通话的居民，父母多从事农牧民、工人职业。

（2）家庭语言环境在父母职业上的差异。家庭语言环境在父母职业上的差异是造成居民通过家人教育影响的方式学习普通话的情况在父母职业上出现差异的直接原因。家庭是孩子语言学习的重要阵地。第五章调查结果表明，职业类型越接近于学术性的、社会性的、公共性的、政府性的，对普通话的语言态度越积极，父母的语言态度越积极，孩子就越容易受到积极语言态度的影响。这就造成了选择家人影响的方式学习汉字的居民，父母多从事专业技术、教师、公务员职业。

2. 方言学习在父母职业上出现差异的原因

通过均值比较发现，选择家庭传承的方式学习方言的居民，父母多为农牧民。出现这种差异的原因：

家庭语言环境在父母职业上的差异。家庭语言环境在父母职业上的差异是造成居民通过家庭传承的方式学习普通话的情况在父母职业上出现差异的直接原因。第五章调查结果表明，在对方言语言态度上，整体来看，不管父母受教育程度如何，方言语言态度都比较积极，但是父母为农牧民的居民，方言语言态度最积极。语言态度越积极，越会主动使用这种语言，孩子就越容易处于方言的语言环境之中，这就造成了选择家庭传承的方式学习方言的居民，父母多为农牧民。

3. 英语学习在父母职业上出现差异的原因

通过均值比较发现，选择家人影响的方式学习英语和英文的居民，父母多为从事教师职业。出现这种差异的原因：

家庭语言环境在职业上的差异。家庭语言环境在父母职业上的差异是造成居民通过家人教育影响的方式学习英语的情况在父母职业上出现差异的直接原因。第五章调查结果表明，在对英语语言态度上，整体来看，不管父母从事何种职业，英语语言态度都比较积极，但是父母职业为教师的居民，英语语言态度最积极。语言态度越积极，越会主动使用这种语言，孩子就越容易处于英语的语言环境之中，这就造成了选择家人影响的方式学习英语的居民，父母多为教师。

（八）在父母语言态度变项上出现差异的原因

SPSS 方差检验检测结果显示，鄂东城乡居民普通话、方言、英语的语言学习方式在父母语言态度上出现的差异具有统计学意义。通过均值对比可知，鄂东城乡居民的普通话、方言、英语学习方式在父母语言态度变项上出现了明显的"层化"现象。具体情况如下。

1. 普通话学习在父母语言态度上出现差异的原因

通过均值比较发现，父母语言态度越积极的居民选择通过社会交往、收听广播和收看电视、家人影响、自学的方式学习普通话和汉字的比例越高。出现这种差异的原因：

（1）语言使用在父母语言态度上的差异。语言使用在父母语言态度上的差异是造成居民通过社会交往的方式学习普通话的情况在父母语言态度上出现差异的重要原因。第二章调查结果表明，父母语言态度越积极的居民，使用普通话的比例越高，通过社会交往学习普通话的机会就越多。这就造成了父母语言态度越积极的居民选择通过社会交往的方式学习普通话和汉字的比例越高。

（2）语言能力在父母语言态度上的差异。语言能力在父母语言态度上的差异是造成居民通过自学的方式学习普通话的情况在父母语言态度上出现差异的重要原因。第三章调查结果表明，父母语言态度越积极的居民，普通话的语言能力越强。语言能力越高的人，才有机会通过学校教育以外的方式加强英语学习，如自学等方式。这就造成了父母语言态度越积极的居民选择通过自学的方式学习普通话和汉字的比例越高。

（3）语言学习方式在父母语言态度上的差异。语言学习方式在父母语言态度上的差异是造成居民通过收听广播学习普通话的情况在父母语言态度上出现差异的重要原因。第四章调查结果表明，父母语言态度越积极的居民，学习普通话的方式越多元。这就造成了父母语言态度越积极的居民选择通过收听广播和收看电视的方式学习普通话和汉字的比例越高。

（4）家庭语言环境在父母语言态度上的差异。家庭语言环境在父母语言态度上的差异是造成居民通过家人教育影响的方式学习汉字的情况在父母语言态度上出现差异的直接原因。家庭是语言学习的重要阵地。父母的语言态度越积极，孩子就越容易受到积极语言态度的影响。这就造成了父母语言态度越积极的居民选择通过家人影响的方式学习普通话和汉字的比例越高。

2. 方言学习在父母语言态度上出现差异的原因

通过均值比较发现，父母语言态度越积极的居民通过家庭传承、与人交往的方式学习方言的比例越高。出现这种差异的原因：

（1）家庭语言环境在父母语言态度上的差异。家庭语言环境在父母语言态度上的差异是造成居民通过家庭传承的方式学习普通话的情况在父母语言态度上出现差异的直接原因。第五章调查结果表明，鄂东城乡居民的父母的语言态度越积极，居民自身的语言态度就越积极。语言态度越积极，越会主动使用这种语言，孩子就越容易处于方言的语言环境之中，这就造成了父母语言态度越积极的居民通过家庭传承的方式学习方言的比例越高。

（2）语言使用在父母语言态度上的差异。语言使用在父母语言态度上的差异是造成居民通过与人交往的方式学习方言的情况在父母语言态度上出现差异的重要原因。第二章语言使用调查结果表明，父母语言态度越积极的居民，使用该语言的频率就越高。语言在交往中使用得越多，通过与人交往学习该语言的机会就越多，这就造成了父母语言态度越积极的居民通过与人交往的方式学习方言的比例越高。

3. 英语学习在父母语言态度上出现差异的原因

通过均值比较发现，父母语言态度越积极，选择通过与人交往、收听英语广播和收看英语电视节目、参加英语培训班的方式学习英语的居民比例越高。父母语言态度越积极的居民，选择通过家人影响、自学、参加英语培训班的方式学习英文书写的比例越高。出现这种差异的原因：

（1）语言使用在父母语言态度上的差异。语言使用在父母语言态度上的差异是造成居民通过与人交往的方式学习英语的情况在父母语言态度上出现差异的重要原因。第二章语言使用调查结果表明，父母语言态度越积极的居民，使用该语言的频率就越高。语言在交往中使用得越多，通过与人交往学习该语言的机会就越多，这就造成了父母语言态度越积极的居民通过与人交往的方式学习英语的比例越高。

（2）语言学习方式在父母语言态度上的差异。语言学习方式在父母语言态度上的差异是造成居民通过广播电视、英语培训班的方式学习英语的情况在父母语言态度上出现差异的主要原因。第二章语言使用调查结果表明，在教育语域英语被广泛地使用着，各种考试、工作、升职等都需要英语来提高竞争力。自从广播、电视、互联网、智能手机、5G 信号等技术在鄂东地区普及，带来了英语多元化的学习方式，居民就可以通过广播、电视、互联网等方式学习英语，提高英语语言能力。父母语言态度越积极的居民，使用该语言的意愿就越强烈，提高该语言能力的意愿也越强烈。这就造成了父母语言态度越积极的居民，选择通过自学、参加英语培训班的方式学习英文书写的比例越高。

第五节 小 结

鄂东城乡居民的母语方言传承较好，绝大多数人的母语方言传承链条完整，尚未出现断裂的迹象，并且他们的母语方言习得顺序也未出现错序现象，绝大多数人习得的第一语言都是母语，他们的母语方言都是通过父母的家庭语言教育而自然习得的。

根据前面数据统计结果可知，鄂东城乡居民普通话听说能力的学习方式排序为"学校教育＞社会交往＞广播电视＞培训班"；他们普通话读写能力的学习方式排序为"学校教育＞家人影响＞自学＞培训班"；方言听说能力的学习方式排序为"家庭传承＞与人交往＞广播电视＞学校教育"；鄂东城乡居民英语听说能力的学习方式排序为"学校教育＞培训班＞广播电视＞与人交往""英语读写能力的学习方式排序为：学校教育＞培训班＞家人影响＞自学"。

SPSS方差检验检测结果显示，不同的性别、年龄、受教育程度、家庭所在地、父母年龄、父母受教育程度、父母职业、父母语言态度会对鄂东城乡居民普通话、方言、英语的语言学习方式产生影响，这些差异具有统计学意义。社会、经济、文化、教育的发展等深层的社会因素相互作用、相互影响，从而形成了鄂东城乡居民的语言学习方式的现状和发展趋势。

第五章　鄂东城乡居民的语言态度调查

语言是人类进行沟通交流的表达方式，只要能达到表情达意的目的，所有语言都一样，没有优劣之分。但从使用者的角度来看，不同的使用者会对某种语言的认识、理解、情感不一样，对特定语言的使用价值和社会地位的理性评价也会不一样：有的喜欢，有的讨厌，有的尊重，有的轻视，都带有十分强烈的主观意愿。这些情感因素和理性评价都会影响他们对语言的行为及其倾向。比如，有的人对某种语言或语言变体觉得难听、难用，就会自己讨厌使用，也会讨厌别人甚至劝阻下一代使用，这就是语言态度。

国内外学者对语言态度的定义、构成和形成机制进行了深入探讨。查尔斯·埃杰顿·奥斯古德（Charles Egerton Osgood）等认为语言态度是对整个语义空间中语言价值的判断。❶约书亚·费什曼（Joshua A.Fishman）将语言态度定义为对不同语言和语言使用者的情绪、认知和行为的价值反应。彼得·特鲁吉尔（Peter Trudgill）认为，语言态度是个体对不同语言、方言、口音及其说话人的态度，这些态度反映在个人对说话人的人格特征、语言及其变体的主观评价中。国内学者对语言态度的讨论也多是基于价值评价、情感体验、行为倾向三个方面。例如，戴庆厦认为，"语言态度，又称语言观念，是指人们对语言的使用价值的看法，包括对语言的地位、功能和发展前景的看法"。冯广艺认为，"语言态度是人们在语言生活中对待某种语言的基本意见、主张以及由此带来的语言倾向和言语行为"。本章将从情感、认知、行为三个维度对鄂东地区城乡居民的语言态度进行研究和分析，探讨影响鄂东地区城乡居民语言态度的相关因素。

---

❶ Carroll J B , Osgood C E , Suci G J , et al. The measurement of meaning[J]. *Language*, 1959, 35(1):58~77.

第一节 鄂东城乡居民的普通话语言态度

一、普通话语言态度研究结果

普通话态度调查问卷的设计基于语言态度的三个维度——情感、认知、行为，每个维度设置 3 个问题。在认知维度中，考察乡镇居民对普通话的社会地位、有用程度的认知，设计了"您认为普通话的社会地位很高吗？""您认为普通话有很大用处吗？""您认为说普通话很有身份吗？"三个问题。在情感维度中，考察鄂东城乡居民对普通话的喜好程度、亲切程度，设计了"您认为普通话很好听吗？""您认为普通话很亲切吗？""您认为普通话很优美吗？"三个问题。在行为维度中，考察鄂东城乡居民对学习、使用普通话的意愿，设计了"您愿意下一代说普通话吗？""您愿意收听、收看普通话电视节目吗？""您愿意学习普通话"三个问题。这些问题采用李克特五级语义区分量表进行测量，选项最小值 1 分，最大值 5 分，统计的时候，"非常同意"统一记作"5"，"同意"记作"4"，"一般"记作"3"，"不同意"记作"2"，"非常不同意"记作"1"。所有项目的平均值为鄂东地区城乡居民的普通话态度，得分越高表明受试者对普通话的语言态度越积极。研究发现，鄂东城乡居民的普通话态度均值为 4.227，说明被试者对普通话的语言态度比较积极。在情感维度上，被试者普通话语言态度均值为 4.078；在认知维度上，均值为 4.366；在行为（倾向）维度上，均值为 4.236。鄂东城乡居民的语言态度在三个维度上呈现出差异：在情感维度上对普通话的喜好程度、亲切程度态度一般；在认知维度上对普通话的社会地位、有用程度评价最高；在行为维度上态度较为积极，说明被试者对普通话的使用认同度较高，对下一代学习、使用普通话的意愿较强烈。

二、普通话语言态度的三个维度相关性分析

利用相关分析研究发现，鄂东城乡居民整体普通话语言态度与情感、认知、行为三个因素均呈现出显著性（表 5-1），相关系数值均大于 0，p 值小于 0.01，意味着普通话语言态度与三个因素之间有着正相关关系。另外，该相关分析也显示出，认知因素与整体普通话语言态度相关系数最高，行为因素与整体普通话语言态度相关系数最低，这表明在鄂东城乡居民的普通话语

言态度构成中，认知因素是影响其普通话语言态度的关键因素。

表5-1　鄂东城乡居民整体普通话语言态度与行为、认知、情感的相关性量表

语言种类	计算结果	行为	认知	情感
普通话语言态度	相关系数	0.415	0.898	0.686
	p	0.000**	0.000**	0.000**
* $p<0.05$ ** $p<0.01$				

利用相关分析研究情感和认知、行为之间的相关关系，使用 Pearson 相关系数表示相关关系的强弱情况（表5-2）。具体分析可知：情感和认知之间的相关系数值为 0.412，并且呈现出 0.01 水平的显著性，因而说明情感和认知之间有着显著的正相关关系。情感和行为之间的相关系数值为 0.080，接近于 0，并且 p 值为 0.163，因而说明情感和行为之间并没有相关关系。行为和认知之间的相关系数值为 0.246，并且呈现出 0.01 水平的显著性，因而说明行为和认知之间有着显著的正相关关系。这说明鄂东城乡居民在认知上对普通话社会交际功能的认可促进其普通话学习和使用以及对普通话的情感认同。

表5-2　鄂东城乡居民普通话语言态度的三个维度相关性量表

维度	计算结果	行为	认知	情感
行为	相关系数	1	—	—
	p	—	—	—
认知	相关系数	0.246	1	—
	p	0.000**	—	—
情感	相关系数	0.080	0.412	1
	p	0.163	0.000**	—
* $p<0.05$ ** $p<0.01$				

三、普通话语言态度与社会变项分析

本书共有 9 个社会变量，包括 4 个与个人相关的社会变量，即性别、年龄、受教育程度、职业；与家庭有关的 5 个社会变量，即家庭所在地、父母年龄、父母受教育程度、父母职业、父母语言态度。

（一）个 体

问卷考察的个体因素主要有性别、年龄、受教育程度、职业。

1. 性 别

利用独立样本 t 检验研究性别因素对于整体普通话语言态度的差异性，发现不同性别的居民对普通话语言态度表现出的差异没有表现出显著性（$p > 0.05$）。

利用单因素方差分析研究性别对行为、认知、情感共三项的差异性，从表 5-3 可以看出不同的性别样本对于行为、情感差异并不显著性（$p > 0.05$），对于认知呈现出显著性（$p < 0.05$）这意味着因为性别的差异，鄂东城乡居民对普通话的认知有差异。具体分析可知：女性的平均值（4.61）高于男性（4.38）。

表 5-3　鄂东城乡居民普通话语言态度的三个维度与性别的差异分析

维度	性别		p
	女	男	
行为（均值）	4.87	4.71	0.080
认知（均值）	4.61	4.38	0.016*
情感（均值）	3.32	3.62	0.196
* $p < 0.05$ ** $p < 0.01$			

2. 年 龄

经过单因素方差分析发现，不同年龄的鄂东城乡居民在普通话语言态度上的差异达到显著水平（$p < 0.05$）。通过均值比较，进一步发现了调查对象的普通话语言态度在年龄变项上出现了明显的"层化"现象，即调查对象的普通话语言态度因调查对象年龄的不同而出现了明显的"层化"。具体来说：鄂东城乡居民的普通话语言态度与年龄呈反比关系，即年龄越大的居民，对普通话的语言态度越消极。调查结果如图 5-1 所示。

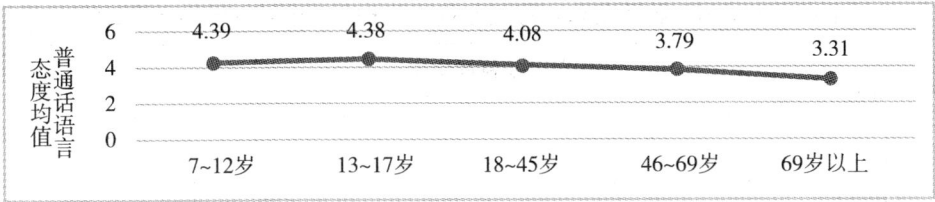

图 5-1 鄂东城乡居民普通话语言态度在年龄变项上的差异

随后，对鄂东城乡居民普通话语言态度的三个维度进行方差分析（表 5-4），发现年龄变项仅在认知维度上达到显著水平，在行为和情感维度上均未达到显著性差异。在认知维度上，13～17 岁的居民和 69 岁以上的居民之间普通话语言态度差异大，13～17 岁的居民该维度语言态度均值最高，69 岁以上的居民普通话语言态度均值最低。

表 5-4 鄂东城乡居民普通话语言态度的三个维度与年龄的差异分析

维度	年龄					p
	7～12 岁	13～17 岁	18～45 岁	46～69 岁	69 岁以上	
认知（均值）	4.22	4.50	4.24	3.94	3.56	0.03*
行为（均值）	4.74	4.60	4.14	3.81	3.33	0.71
情感（均值）	4.21	4.03	3.86	3.61	3.04	0.79
* $p<0.05$ ** $p<0.01$						

3. 受教育程度

利用方差分析发现，鄂东城乡居民不同的受教育程度对于普通话语言态度会表现出显著性（$p<0.05$）。对鄂东城乡居民普通话语言态度的三个维度进行方差分析（表 5-5），发现受教育程度变项仅在行为维度上达到显著水平，在情感和认知维度上均未达到显著性差异。

表5-5　鄂东城乡居民普通话语言态度的三个维度与受教育程度的差异分析

维度	受教育程度					p
	小学以下	小学	初高中	大学	大学以上	
行为（均值）	3.27	3.59	3.60	4.31	4.56	0.018*
认知（均值）	3.50	3.32	3.72	4.37	4.27	0.716
情感（均值）	2.67	2.62	3.02	4.13	4.02	0.474
* $p<0.05$ ** $p<0.01$						

4. 职 业

经 SPSS 单因素方差分析，发现职业因素对于普通话语言态度表现出显著性（$p<0.05$），意味着不同职业对于普通话语言态度具有差异性。随后，通过对鄂东城乡居民普通话语言态度的三个维度进行方差分析（表5-6）可知，不同的职业样本对于认知、情感两项均不会表现出显著性（$p>0.05$），对于行为呈现出显著性（$p<0.05$）。

表5-6　鄂东城乡居民普通话语言态度的三个维度与职业类型的差异分析

维度	职业								p
	公务员	教师	农牧民	服务行业	个体业主	专业技术人员	退休职工	学生	
行为（均值）	4.65	4.71	2.64	4.12	3.74	4.44	3.65	4.77	0.014*
认知（均值）	4.52	4.69	4.11	4.23	4.18	4.47	4.17	4.59	0.663
情感（均值）	3.87	4.12	2.97	3.28	3.33	3.95	4.01	4.15	0.671
* $p<0.05$ ** $p<0.01$									

（二）家 庭

问卷调查的家庭因素主要包括家庭所在地、父母年龄、父母文化程度、父母职业、父母语言态度等。

1. 家庭所在地

经 SPSS 单因素方差分析发现，家庭所在地不同的鄂东城乡居民受访者在语言态度上的差异达到显著水平（$p<0.05$）。对普通话语言态度的三个维度进行方差分析（表 5-7）发现，不同的家庭所在地样本对于行为、情感均不会表现出显著性（$p>0.05$），但是，对于认知表现出显著性（$p<0.05$），意味着居住在不同地方的居民对普通话的认知有差异。

表 5-7　鄂东城乡居民普通话语言态度的三个维度与家庭所在地的差异分析

维度	家庭所在地			p
	乡村	乡镇	城市	
行为（均值）	4.24	4.19	4.38	0.473
认知（均值）	4.07	4.29	4.33	0.001**
情感（均值）	3.97	3.89	4.08	0.519
* $p<0.05$ ** $p<0.01$				

2. 父母年龄

经 SPSS 单因素方差分析发现，父母年龄不同的鄂东城乡居民受访者在语言态度上的差异未达到显著水平（$p>0.05$），意味着父母年龄的差异对普通话语言态度的差异并没有影响。随后，通过对鄂东城乡居民普通话语言态度的三个维度进行方差分析（表 5-8）发现，不同父母的年龄样本对于行为、认知、情感均不会表现出显著性（$p>0.05$），意味着父母年龄的差异对普通话语言态度的行为、认知、情感三个维度均没有影响。

表 5-8　鄂东城乡居民普通话语言态度的三个维度与父母年龄的差异分析

维度	父母年龄					p
	40 岁及以下	41～50 岁	51～60 岁	61～70 岁	71～80 岁	
行为（均值）	4.32	4.3	4.02	4.13	3.89	4.32
认知（均值）	4.58	4.37	4.49	4.53	4.26	4.58
情感（均值）	4.03	3.84	3.91	3.25	4.01	4.03
* $p<0.05$ ** $p<0.01$						

3. 父母受教育程度

经 SPSS 单因素方差分析发现，不同父母受教育程度的鄂东城乡居民受访者的语言态度差异达到显著水平（$p<0.05$），父母受教育程度为大学及以上的鄂东城市居民对普通话的态度最为积极（表 5-9）。

表 5-9　鄂东城乡居民普通话语言态度与父母受教育程度的差异分析

人员	受教育程度			
	小学及以下	初高中	大学	大学以上
母亲 （普通话语言态度均值）	4.12	4.28	4.32	4.33
父亲 （普通话语言态度均值）	4.10	4.25	4.32	4.37
父母 （普通话语言态度均值）	4.11	4.27	4.32	4.35

4. 父母职业

经 SPSS 单因素方差分析发现，不同父母职业的鄂东城乡居民受访者在语言态度上的差异未达到显著水平（$p>0.05$）。整体来看，不管父母从事何种职业，鄂东城乡居民的普通话语言态度都比较积极，均值在 4 分左右，其中父母为教师、专业技术人员、公务员的居民语言态度均值最大（表5-10）。

表 5-10　鄂东城乡居民普通话语言态度与父母职业类型的差异分析

人员	父母职业						
	农牧民	工人	个体业主	服务行业	公务员	专业技术人员	教师
母亲（普通话语言态度均值）	4.09	4.14	4.22	4.41	4.41	4.35	4.43
父亲（普通话语言态度均值）	4.13	4.14	4.15	4.25	4.33	4.39	4.38
父母（普通话语言态度均值）	4.11	4.14	4.19	4.33	4.37	4.37	4.41

5. 父母语言态度

经 SPSS 单因素方差分析，父母对子女普通话学习持不同态度的鄂东城乡居民受访者在普通话语言态度上的差异达到显著水平（$p<0.05$）。进行事后多重比较方法检测发现，父母对子女学习普通话的态度对于普通话语言态度有着较为明显差异的组别平均值得分对比结果为：支持 > 中立；支持 > 反对；中立 > 反对。

随后，对鄂东城乡居民普通话语言态度的三个维度进行方差分析（表5-11），发现不同的父母语言态度样本对于行为、情感两项不会表现出显著性（$p>0.05$），对认知有显著影响（$p<0.05$），说明父母的语言态度对孩子的普通话认知存在影响。

表 5-11　鄂东城乡居民普通话语言态度的三个维度与父母语言态度的差异分析

维度	父母语言态度				p
	非常支持	一般支持	中立	反对	
行为（均值）	4.34	4.42	4.27	4.33	0.189
认知（均值）	4.60	4.40	4.31	3.84	0.000**
情感（均值）	3.97	4.02	4.00	3.51	0.099
* $p<0.05$ ** $p<0.01$					

具体进行 LSD 方法检测结果为，父母的语言态度对于认知呈现出 0.01 水平显著性（$F=16.815$，$p=0.000$），有着较为明显差异的组别平均值得分对比结果为：非常支持 > 反对；中立 > 反对（表 5-12）。

表5-12　鄂东城乡居民认知维度普通话语言态度与父母语言态度的事后多重比较结果

维度	名称（I）	名称（J）	平均值（I）	平均值（J）	差值（I-J）	p
认知	非常支持	一般支持	4.60	4.40	0.20	0.143
	非常支持	中立	4.60	4.31	0.29	0.056
	非常支持	反对	4.60	3.84	0.76	0.000**
	一般支持	中立	4.40	4.31	0.09	0.081
	一般支持	反对	4.40	3.84	0.56	0.072
	中立	反对	4.31	3.84	0.47	0.000**
* $p<0.05$ ** $p<0.01$						

四、普通话语言态度与语言变项分析

（一）语言能力

经 SPSS 单因素方差分析，普通话能力不同的鄂东城乡居民受访者在普通话语言态度上的差异达到显著水平。从表5-13可知，鄂东城乡居民在语言能力变项上呈现出显著差别（$p<0.05$）。随后运用事后多重比较方法进行事后多重比较，发现整体上普通话能力越高，语言态度越积极。

表5-13　鄂东城乡居民普通话语言态度与普通话能力的差异分析

语言种类	普通话能力					p
	非常不熟练	不熟练	一般	熟练	非常熟练	
普通话（语言态度均值）	1.67	4.04	4.12	4.29	4.33	0.000**
* $p<0.05$ ** $p<0.01$						

（二）语言使用频率

经 SPSS 单因素方差分析，普通话使用频率不同的鄂东城乡居民受访者在普通话语言态度上的差异达到显著水平。从表5-14可知，鄂东城乡居民在语言使用频率变项上呈现出显著差别（$p<0.05$）。随后运用事后多重比较方法进行事后多重比较，发现整体上普通话使用频率越高，语言态度越积极。

表5-14 鄂东城乡居民普通话语言态度与普通话使用频率的差异分析

语言种类	普通话使用频率					p
	极不经常	不经常	一般	经常	总是	
普通话（语言态度均值）	3.43	3.90	4.11	4.38	4.50	0.000**
* $p<0.05$ ** $p<0.01$						

五、小 结

鄂东城乡居民在情感、认知、行为三个维度表现出积极的语言态度，对普通话的地位、社会影响力和实用性有高度认同。性别和父母年龄、职业对普通话语言态度未有显著性影响，个体自身的年龄、受教育程度和职业、父母受教育程度、父母职业、父母语言态度、家庭所在地都是影响鄂东城乡居民语言态度的重要社会因素。在行为维度上，居民文化程度越高，对自身学习、使用普通话的认同度越高，对下一代学习、使用普通话的意愿越强烈。居民的职业越是趋向于脑力型的、公众型的、服务型的，对使用普通话的认同度越高，在认知维度上，女性对普通话社会地位、有用程度的评价高于男性。城市居民比村镇居民对普通话的认知语言态度更积极。父母语言态度对孩子的普通话认知态度有正向影响作用。在语言变项方面，普通话能力越强的居民，使用普通话的频率越高，对普通话的语言态度越积极。

第二节 鄂东城乡居民的方言语言态度

本节将从情感、认知和行为三个维度入手，研究和分析鄂东城乡居民的方言语言态度及其与普通话态度的差异，探讨影响方言语言态度的相关因素。

一、方言语言态度研究结果

方言语言态度问卷的设计与普通话语言态度调查相同，也是基于三个维度——情感、认知和行为。研究发现鄂东地区城乡居民方言语言态度均值为3.832，高于设定均值2.5。

对鄂东城乡居民方言语言态度三个维度进行描述分析，发现在行为维度上，居民方言语言态度均值为 3.810；在认知维度上，均值为 3.486；在情感维度上，均值为 4.199。

说明鄂东城乡居民在行为上，很愿意使用方言，也愿意让子女学习使用方言；在情感维度上，对方言的情感认同度最高，对其保持忠诚；但在认知维度上，对方言的社会地位、社会影响力和实用性的评价明显低于其他两个维度，说明鄂东城乡居民对方言角色的认同感较低。

二、方言语言态度的三个维度相关性分析

利用相关分析研究发现，鄂东城乡居民整体方言语言态度与情感、认知、行为三个因素均呈现出显著性（表 5-15），意味着方言语言态度与三个因素之间有着正相关关系。另外，该相关分析也显示出，情感因素与整体方言语言态度相关系数最高，行为因素与整体方言语言态度相关系数最低，这表明在鄂东城乡居民的方言语言态度构成中，情感因素是影响其方言语言态度的关键因素。

表 5-15　鄂东城乡居民整体方言语言态度与行为、认知、情感的相关性量表

语言种类	计算结果	行为	认知	情感
方言语言态度	相关系数	0.630	0.721	0.803
	p	0.000**	0.000**	0.000**
* $p<0.05$ ** $p<0.01$				

使用 Pearson 相关系数去表示相关关系的强弱情况（表 5-16）。具体分析可知：行为和认知之间、行为和情感之间、情感和认知之间有着显著的正相关关系。

表 5-16　鄂东城乡居民方言语言态度的三个维度相关性量表

维度	计算结果	行为	认知	情感
行为	相关系数	1		
	p			
认知	相关系数	0.271	1	
	p	0.000**		
情感	相关系数	0.201	0.380	1
	p	0.000**	0.000**	
* $p<0.05$ ** $p<0.01$				

三、方言语言态度与社会变项分析

（一）个　体

1. 性　别

利用独立样本 t 检验发现，不同性别的鄂东城乡居民对于方言语言态度均表现出一致性，并没有差异性，意味着居民不会因为性别的差异而呈现出方言语言态度的显著差异。

利用单因素方差分析发现，性别样本对于认知、情感两项不会表现出显著性（$p>0.05$），对于行为呈现出显著性（$p<0.05$），意味着不同性别样本对于行为有着差异性。具体对比差异为，女性的平均值（4.46）高于男性的平均值（4.23）（表5-17）。

表5-17　鄂东城乡居民方言语言态度的三个维度与性别的差异分析

维度	性别		p
	女	男	
行为（均值）	4.46	4.23	0.031*
认知（均值）	3.51	3.40	0.296
情感（均值）	3.61	3.56	0.712
* $p<0.05$ ** $p<0.01$			

2. 年　龄

经过单因素方差分析发现，不同年龄的鄂东城乡居民在方言语言态度上的差异达到显著水平（$p<0.05$），说明不同年龄的鄂东城乡居民方言语言态度有差异。

通过均值比较，进一步发现了调查对象的方言使用在年龄变项上出现了明显的"层化"现象，即调查对象的方言使用因调查对象年龄的不同而出现了明显的"层化"。调查结果的直观对比如图5-2所示。

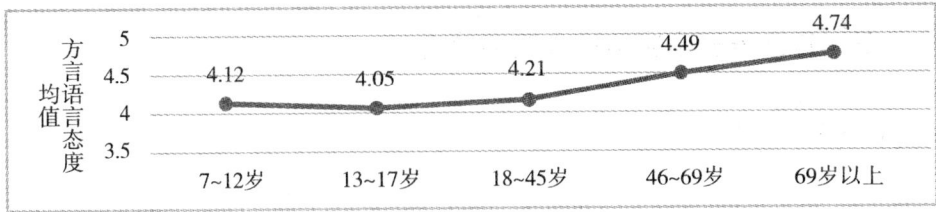

图 5-2　鄂东城乡居民方言语言态度在年龄变项上的差异

对鄂东城乡居民方言语言态度的三个维度进行方差分析发现，不同年龄样本对于行为、认知不会表现出显著性（$p>0.05$），对于情感呈现出显著性（$p<0.05$），意味着不同年龄样本对于情感有着差异性。

通过事后多重比较方法具体研究具体两两组别间的差异情况（表 5-18）发现，在情感维度上，有着较为明显差异的组别平均值得分对比结果为"7 ~ 12 岁 >13 ~ 17 岁；18 ~ 45 岁 >7 ~ 12 岁；46 ~ 69 岁 >7 ~ 12 岁；13 ~ 17 岁 <18 ~ 45 岁"。说明 7 ~ 12 岁的城乡居民的方言语言态度与 13 ~ 17 岁的城乡居民、18 ~ 45 岁的城乡居民、46 ~ 69 岁的城乡居民的方言语言态度在情感维度上有明显差异。另外，13 ~ 17 岁的城乡居民的方言语言态度与 18 ~ 45 岁的城乡居民的方言语言态度也有明显差异。

表 5-18　鄂东城乡居民情感维度方言语言态度与年龄的差异分析

维度	名称（I）	名称（J）	平均值（I）	平均值（J）	差值（I-J）	p
情感	7 ~ 12 岁	13 ~ 17 岁	4.42	4.39	0.03	0.000**
	7 ~ 12 岁	18 ~ 45 岁	4.42	4.55	−0.13	0.004**
	7 ~ 12 岁	46 ~ 69 岁	4.42	4.72	−0.30	0.015*
	7 ~ 12 岁	69 岁以上	4.42	4.83	−0.41	0.050
	13 ~ 17 岁	18 ~ 45 岁	4.39	4.55	−0.16	0.030*
	13 ~ 17 岁	46 ~ 69 岁	4.39	4.72	−0.33	0.484
	13 ~ 17 岁	69 岁以上	4.39	4.83	−0.44	0.091
	18 ~ 45 岁	46 ~ 69 岁	4.55	4.72	−0.17	0.578
	18 ~ 45 岁	69 岁以上	4.55	4.83	−0.28	0.658
	46 ~ 69 岁	69 岁以上	4.72	4.83	−0.11	0.476
* $p<0.05$ ** $p<0.01$						

3. 受教育程度

利用单因素方差分析发现，不同受教育程度的鄂东城乡居民的方言语言态度并没有差异性。

对鄂东城乡居民方言语言态度的三个维度进行方差分析（表5-19）发现，受教育程度变项仅在行为维度上呈现出0.01水平显著性（$F=3.777$，$p=0.005$），在情感和认知维度上均未达到显著性差异。

表5-19　鄂东城乡居民方言语言态度的三个维度与受教育程度的差异分析

维度	受教育程度					p
	小学以下	小学	初高中	大学	大学以上	
行为（均值）	4.76	4.74	4.62	4.11	4.07	0.005**
认知（均值）	3.09	3.89	3.24	3.69	3.26	0.679
情感（均值）	4.47	4.56	3.82	4.01	3.93	0.171
* $p<0.05$ ** $p<0.01$						

通过事后检验（也称多重比较）具体研究行为维度具体两两组别间的差异情况发现，有着较为明显差异的组别平均值得分对比结果为：初高中＜小学以下；大学＜小学以下；大学以上＜小学以下。说明小学以下受教育程度的鄂东城乡居民的方言语言态度与初高中受教育程度、大学受教育程度、大学以上受教育程度的鄂东城乡居民的方言语言态度在行为维度上有明显差异。其中，小学以下受教育程度的鄂东城乡居民的方言语言态度与大学以上受教育程度的鄂东城乡居民的方言语言态度差异最大，小学以下受教育程度的鄂东城乡居民的方言语言态度与初高中受教育程度的鄂东城乡居民的方言语言态度差异最小。综合来看，小学以下受教育程度的鄂东城乡居民对方言认同度较高，愿意使用方言。

4. 职业

经SPSS单因素方差分析可知，职业因素对于方言语言态度均不会表现出显著性（$p>0.05$），说明职业不同的鄂东城乡居民在方言语言态度上没有差异。

对鄂东城乡居民方言语言态度的三个维度进行方差分析（表5-20）发

现，不同的职业样本对于行为、认知、情感均不会表现出显著性（$p>0.05$），意味着不同职业的鄂东城乡居民的方言行为、对方言的认知、对方言的情感均没有显著性差异。

表 5-20　鄂东城乡居民方言语言态度的三个维度与职业类型的差异分析

维度	职业								p
	公务员	教师	农牧民	服务行业	个体业主	专业技术人员	退休职工	学生	
行为（均值）	3.76	3.89	3.98	3.02	3.76	3.88	3.34	3.88	0.399
认知（均值）	3.02	3.68	3.83	3.21	3.43	3.25	3.17	3.48	0.653
情感（均值）	4.35	4.47	4.64	4.57	4.34	4.08	4.21	4.53	0.849
* $p<0.05$ ** $p<0.01$									

（二）家　庭

问卷考察的家庭因素，包括家庭所在地、父母年龄、父母受教育程度、父母职业、父母语言态度。

1. 家庭所在地

经 SPSS 单因素方差分析发现，居民家庭所在地不同的鄂东城乡居民受访者在语言态度上的差异达到了显著水平（$p<0.05$），意味着不同家庭所在地样本对于方言语言态度表现出差异性，说明来自不同地方的鄂东城乡居民的方言语言态度有明显差异。

对鄂东城乡居民方言语言态度的三个维度进行方差分析（表 5-21）发现，不同家庭所在地样本对于认知、情感两项均不会表现出显著性（$p>0.05$），对于行为表现出显著性（$p<0.05$），意味着不同家庭所在地的鄂东城乡居民对于行为有差异性。

表 5-21　鄂东城乡居民方言语言态度的三个维度与家庭所在地的差异分析

维度	家庭所在地			p
	乡村	乡镇	城市	
行为（均值）	4.39	4.07	3.86	0.03*
认知（均值）	3.22	3.31	3.26	1.431
情感（均值）	4.34	4.31	4.32	0.927
* $p<0.05$ ** $p<0.01$				

2. 父母年龄

经 SPSS 单因素方差分析发现，不同的父母年龄样本对于方言语言态度均不会表现出显著性（$p>0.05$），说明鄂东城乡居民父母年龄对其方言语言态度不会表现出显著性差异。

利用单因素方差分析去研究父母年龄对于行为、认知、情感共三项的差异性发现，不同的父母年龄样本对于行为、认知、情感全部均不会表现出显著性（$p>0.05$），意味着鄂东城乡居民父母的年龄对他们的方言行为、对方言的认知、对方言的情感均没有显著性影响（表 5-22）。

表 5-22　鄂东城乡居民方言语言态度的三个维度与父母年龄的差异分析

维度	父母年龄					p
	40 岁及以下	40～50 岁	50～60 岁	60～70 岁	70～80 岁	
行为（均值）	3.83	4.21	4.11	4.08	3.75	0.105
认知（均值）	3.32	3.28	3.12	3.03	3.25	0.982
情感（均值）	4.25	4.61	4.65	4.25	4.67	0.736
* $p<0.05$ ** $p<0.01$						

3. 父母受教育程度

经 SPSS 单因素方差分析发现，鄂东城乡居民在母亲受教育程度这一社会变项上呈现出显著差别（$p<0.05$），母亲文化水平为大学的鄂东城乡居民方言语言态度最为积极正向。鄂东城乡居民在父亲受教育程度这一社会变项上未呈现出显著差别（$p>0.05$）（表 5-23）。

表 5-23　鄂东城乡居民方言语言态度与父母受教育程度的差异分析

人员	父母受教育程度				p
	小学及以下	初高中	大学	大学以上	
母亲（方言语言态度均值）	3.94	3.9	3.98	3.96	0.037*
父亲（方言语言态度均值）	3.96	3.92	3.78	3.76	0.06
父母（方言语言态度平均值）	3.95	3.91	3.88	3.86	0.003**
* $p<0.05$ ** $p<0.01$					

4. 父母职业

经 SPSS 单因素方差分析发现，鄂东城乡居民在父母职业这一社会变项上呈现出差别（$p<0.05$），并且父母职业为服务行业的鄂东城乡居民和父母职业为个体业主的方言语言态度有明显差异（表 5-24）。

表 5-24　鄂东城乡居民方言语言态度与父母职业类型的差异分析

人员	父母职业						
	农牧民	工人	个体业主	服务行业	公务员	专业技术人员	教师
母亲（方言语言态度均值）	3.98	3.91	3.72	4.83	4.06	3.85	4.14
父亲（方言语言态度均值）	4.08	3.96	3.84	4.83	3.97	3.82	3.97
父母（方言语言态度均值）	4.03	3.94	3.78	4.83	4.02	3.84	4.06

5. 父母语言态度

经 SPSS 单因素方差分析发现，父母对子女方言学习持不同态度的鄂东城乡居民受访者在方言语言态度上的差异达到显著水平（$p<0.01$），意味着不同的鄂东城乡居民父母的语言态度对于方言语言态度有着差异性。

对鄂东城乡居民方言语言态度的三个维度进行方差分析（表 5-25），发现不同父母对子女学习方言的态度样本对于行为、认知、情感均呈现出显著性（$p<0.05$），说明父母的语言态度对鄂东城乡居民方言行为、方言认知、方言情感都有显著影响。

表 5-25　鄂东城乡居民方言语言态度的三个维度与父母语言态度的差异分析

维度	父母对子女学习方言的态度				p
	非常支持	一般支持	中立	反对	
行为（均值）	4.42	4.31	3.48	2.63	0.000**
认知（均值）	3.56	3.33	2.95	2.42	0.000**
情感（均值）	4.62	4.45	3.82	2.89	0.001**
* $p<0.05$　** $p<0.01$					

通过进行事后多重比较方法检测发现，父母对子女学习方言的态度在行

为维度上呈现出 0.01 水平显著性（$F=166.040$，$p=0.000$），有着较为明显差异的组别平均值得分对比结果为：非常支持＞一般支持；非常支持＞中立；非常支持＞反对；一般支持＞中立；一般支持＞反对；中立＞反对。其中，父母非常支持子女学习方言的语言态度与父母反对子女学习方言的语言态度在方言行为维度上的差异最大；父母一般支持子女学习方言的语言态度与父母对子女学习方言持中立的语言态度在方言行为维度上的差异最小。

父母对子女学习方言的态度在认知维度上呈现出 0.01 水平显著性（$F=11.369$，$p=0.000$），有着较为明显差异的组别平均值得分对比结果为：非常支持＞一般支持；非常支持＞中立；一般支持＞中立。这说明父母非常支持子女学习方言的态度和父母对子女学习方言持中立的态度在方言认知维度上差异最大，这两类父母对方言的地位、社会影响力及实用性的评价差异较大。

父母对子女学习方言的态度在情感维度上呈现出 0.01 水平显著性（$F=5.266$，$p=0.001$），有着较为明显差异的组别平均值得分对比结果为：非常支持＞一般支持；非常支持＞中立；非常支持＞反对。这说明父母非常支持子女学习方言的态度和父母反对子女学习方言的态度在方言情感维度上差异最大，这两类父母在对自己的母方言情感认同度、对其保持忠诚度等方面差异较大。

四、方言语言态度与语言变项分析

（一）语言能力

经 SPSS 单因素方差分析发现，不同的方言语言能力样本对于方言语言态度均呈现出显著性（$p<0.05$），意味着不同的方言语言能力对于方言语言态度均有着差异性。鄂东城乡居民的方言能力和方言语言态度呈正相关，具体表现为方言语言能力越强，其方言语言态度越积极。

（二）语言使用频率

经 SPSS 单因素方差分析发现，鄂东城乡居民在语言使用频率变项上呈现出显著差别（$p<0.05$），整体上方言使用频率越高，语言态度越积极（表5-26）。

表 5-26　鄂东城乡居民方言语言态度与方言使用频率的差异分析

语言种类	方言使用频率					p
	极不经常	不经常	一般	经常	总是	
方言（语言态度均值）	3.18	3.59	3.78	4.00	4.47	0.000**
* $p<0.05$ ** $p<0.01$						

五、小　结

总体上看，鄂东城乡居民对方言的语言态度较积极。年龄、家庭所在地、父母受教育程度、父母职业及父母语言态度等社会因素及语言能力和语言使用频率等语言因素影响鄂东城乡居民的方言语言态度。在行为维度上，女性使用方言会明显高于男性。受教育程度越高，使用方言的意愿越弱。居住在村镇的居民相较于居住在城市的居民更乐意使用方言，父母语言态度对孩子的方言使用态度有正向影响作用。在情感维度上，从青少年阶段开始，随着年龄的增长，居民对方言的情感认同度越来越高，69 岁以上的居民对自己的方言情感认同度最高，对其保持很高的忠诚。父母的语言态度对子女的方言情感也有显著的正向影响。在语言变项方面，居民的方言语言能力越强，使用频率越高，其方言语言态度也越积极。

第三节　鄂东城乡居民的英语语言态度

本节同样将从情感、认知、行为三个维度出发，研究和分析鄂东城乡居民的英语语言态度。

一、英语语言态度研究结果

英语语言态度调查问卷的设计与普通话、方言语言态度调查相同，同样基于语言态度的三个维度——情感、认知、行为。研究发现，鄂东城乡居民英语语言态度均值为 3.906，高于题目设定均值 2.5，说明被试的英语语言态度偏向积极正面，对英语的忠诚度较高。

对鄂东城乡居民英语语言态度三个维度进行描述分析，发现在行为维度上，居民英语语言态度均值为 3.847；在认知维度上，均值为 4.168；在情感维度上，均值为 3.704。这说明鄂东城乡居民在行为上，愿意使用英语，也愿意让子女学习、使用英语；在认知维度上，对英语的社会地位、社会影响力及实用性的评价较高；但在情感维度上，对英语的情感认同度明显低于其他两个维度。

二、英语语言态度的三个维度相关性分析

利用相关分析研究发现，鄂东城乡居民整体英语语言态度与情感、认知、行为三个因素均呈现出显著性，相关系数值均大于 0，p 值小于 0.01（表5–27）。另外，该相关分析也显示出，情感因素与整体英语语言态度相关系数最高，行为因素与整体英语语言态度相关系数最低。这表明鄂东城乡居民的英语语言态度构成中，认知因素是影响其英语语言态度的关键因素。

表5–27　鄂东城乡居民整体英语语言态度与情感、认知、行为的相关性量表

语言种类	计算结果	行为	认知	情感
英语语言态度	相关系数	0.521	0.703	0.689
	p	0.000**	0.000**	0.000**
* $p<0.05$ ** $p<0.01$				

利用相关分析去研究情感和认知、行为之间的相关关系可知，行为和认知之间、行为和情感之间、情感和认知之间有着显著的正相关关系。总的来说，在鄂东城乡居民英语语言态度的三个维度中，行为和认知关系最为紧密，说明居民对英语的地位、社会影响力及实用性的评价很大程度上决定着英语语言使用意愿。

三、英语语言态度与社会变项分析

（一）个体

1.性别

利用独立样本 t 检验研究性别对于英语语言态度的差异性发现，不同性别样本对于英语语言态度均呈现出显著性（$p<0.05$），意味着不同性别样本对于英语语言态度均有着差异性，通过数值对比发现，女生的英语态度比男生的英语态度更积极。

利用单因素方差分析对鄂东城乡居民英语语言态度的三个维度进行方差

分析发现，不同性别样本对于情感不会表现出显著性（$p>0.05$），对于行为、认知两个维度呈现出显著性（$p<0.05$），意味着不同性别样本对于行为、认知有着差异性。具体分析可知：性别对于行为呈现出水平显著性（$p<0.05$），具体对比差异可知，女性的平均值（4.32）高于男性的平均值（3.97）；性别对于认知呈现出显著性（$p<0.05$），具体对比差异可知，女性的平均值（4.30）高于男性的平均值（3.84）。

2. 年　龄

经过方差分析（全称为单因素方差分析）发现，不同年龄的鄂东城乡居民在英语语言态度上的差异达到显著水平（$p<0.05$），意味着不同的年龄样本对于英语语言态度均有着差异性，13~17岁的鄂东城乡居民的英语语言态度最积极。

对鄂东城乡居民英语语言态度的三个维度进行方差分析（表5-28）发现，年龄样本对于情感不会表现出显著性（$p>0.05$），对于行为、认知共两项呈现出显著性（$p<0.05$），意味着不同年龄样本对于行为、认知有着差异性。

表5-28　鄂东城乡居民英语语言态度的三个维度与年龄的差异分析

维度	年龄					p
	7～12岁	13～17岁	18～45岁	46～69岁	69岁以上	
行为（均值）	3.01	4.89	4.34	2.95	2.61	0.006**
认知（均值）	3.66	4.91	4.83	4.11	3.22	0.033*
情感（均值）	3.02	3.08	3.11	2.31	2.02	0.652
* $p<0.05$ ** $p<0.01$						

3. 受教育程度

利用单因素方差分析研究受教育程度对于英语语言态度的差异性发现，不同受教育程度样本对于英语语言态度表现出显著性（$p<0.05$），意味着不同受教育程度的鄂东城乡居民对于英语语言态度均表现出差异性。

对鄂东城乡居民英语语言态度的三个维度进行方差分析，从表5-29可知，不同受教育程度样本对于认知、情感共两项表现出显著性（$p<0.05$），

对于行为呈现出一致性（$p>0.05$），意味着不同受教育程度的鄂东城乡居民在行为维度上没有差异性。

表5-29　鄂东城乡居民英语语言态度的三个维度与受教育程度的差异分析

维度	受教育程度					p
	小学以下	小学	初高中	大学	大学以上	
行为（均值）	2.11	2.18	4.68	4.31	4.14	0.748
认知（均值）	2.33	2.87	4.23	4.57	4.61	0.048*
情感（均值）	2.41	2.47	3.32	3.38	4.2	0.008**
* $p<0.05$ ** $p<0.01$						

4. 职　业

利用单因素方差分析研究职业对于英语语言态度的差异性发现，不同的职业样本对于英语语言态度未呈现出显著性（$p>0.05$），意味着不同职业的鄂东城乡居民对于英语语言态度没有显著差异性。

对鄂东城乡居民英语语言态度的三个维度进行方差分析（表5-30）发现，不同职业样本对于认知、情感共两项不会表现出显著性（$p>0.05$），对于行为呈现出显著性（$p<0.05$），意味着不同的职业样本在行为维度上有着差异性。

表5-30　鄂东城乡居民英语语言态度的三个维度与职业类型的差异分析

维度	职业								p
	公务员	教师	农牧民	服务行业	个体业主	专业技术人员	退休职工	学生	
行为（均值）	4.34	4.48	3.04	3.65	3.67	4.43	2.75	4.54	0.000**
认知（均值）	4.50	4.55	4.02	4.50	4.33	4.51	4.21	4.68	0.203
情感（均值）	3.78	4.02	2.82	3.12	3.27	3.62	3.71	4.14	0.802
* $p<0.05$ ** $p<0.01$									

（二）家庭

1. 家庭所在地

经 SPSS 单因素方差分析，居民家庭所在地不同的鄂东城乡居民受访者在英语语言态度上的差异达到了显著水平（$p<0.05$），意味着不同家庭所在地样本对于英语语言态度均表现出差异性。

对鄂东城乡居民英语语言态度的三个维度进行方差分析（表 5-31）发现，不同家庭所在地样本对于认知、情感两项均不会表现出显著性（$p>0.05$），对于行为这一项表现出显著性（$p<0.05$），意味着不同家庭所在地的鄂东城乡居民对于认知、情感均表现出一致性，并没有差异性。但是对行为有显著性差异。

表 5-31　鄂东城乡居民英语语言态度的三个维度与家庭所在地的差异分析

维度	家庭所在地			p
	乡村	乡镇	城市	
行为（均值）	3.89	4.15	4.36	0.000**
认知（均值）	4.19	4.18	4.28	0.472
情感（均值）	3.64	3.56	3.91	0.619
* $p<0.05$ ** $p<0.01$				

2. 父母年龄

经 SPSS 单因素方差分析，可以看出不同的父母年龄样本对于英语语言态度均表现出显著性（$F=3.486$，$p=0.008$），意味着不同的父母年龄样本对于英语语言态度均有着差异性。

利用单因素方差分析研究父母的年龄对于行为、认知、情感共三项的差异性（表 5-32）发现，不同的父母年龄样本对于认知、情感共两项不会表现出显著性（$p>0.05$），对于行为呈现出显著性（$p<0.05$），意味着不同的父母年龄样本对于行为有着差异性。

表 5-32　鄂东城乡居民英语语言态度的三个维度与父母年龄的差异分析

维度	父母的年龄（平均值）					p
	40 岁及以下	41～50 岁	51～60 岁	61～70 岁	71～80 岁	
行为（均值）	3.58	3.36	3.15	2.65	2.38	0.000**
认知（均值）	4.45	4.24	4.34	4.19	3.50	0.302
情感（均值）	3.25	3.31	3.21	2.92	2.88	0.451
* p<0.05 ** p<0.01						

3. 父母受教育程度

经 SPSS 单因素方差分析（表 5-33），父母受教育程度不同的鄂东城乡居民受访者在英语语言态度上的差异达到显著水平（p<0.05），居民的英语态度和父母的受教育水平呈正相关，父母受教育程度越高，子女的英语态度就越积极。

表 5-33　鄂东城乡居民英语语言态度与父母受教育程度的差异分析

人员	父母受教育程度			
	小学及以下	初高中	大学	大学以上
母亲（英语语言态度均值）	3.62	3.86	4.04	4.20
父亲（英语语言态度均值）	3.81	3.91	4.09	4.27
父母（英语语言态度均值）	3.72	3.89	4.07	4.24

4. 父母职业

经 SPSS 单因素方差分析可知，鄂东城乡居民在父母职业这一社会变项上未呈现出显著差别（p>0.05）（表 5-35）。

表5-34　鄂东城乡居民英语语言态度与父母职业类型的差异分析

人员	父母职业						
	农牧民	工人	个体业主	服务行业	公务员	专业技术人员	教师
母亲（英语语言态度均值）	4.22	4.16	3.92	4.16	4.12	4.39	4.40
父亲（英语语言态度均值）	3.98	4.09	4.04	4.23	4.32	4.36	4.44
父母（英语语言态度均值）	4.10	4.13	3.98	4.20	4.22	4.38	4.42

5. 父母语言态度

经 SPSS 单因素方差分析发现，不同父母对子女学习英语的态度样本对于英语语言态度均呈现出显著性（$p<0.05$），意味着不同的鄂东城乡居民父母的语言态度对于英语语言态度有着差异性。

利用单因素方差分析研究父母对子女学习英语的态度对于行为、认知、情感共三项的差异性发现，不同父母对子女学习英语的态度样本对于情感共一项不会表现出显著性（$p>0.05$），对于行为、认知共两项呈现出显著性（$p<0.05$），说明父母的语言态度对鄂东城乡居民英语行为、英语认知都有显著差异（表5-35）。

表5-35　鄂东城乡居民英语语言态度的三个维度与父母语言态度的差异分析

维度	父母对子女学习英语的态度				p
	非常支持	一般支持	中立	反对	
行为（均值）	4.62	4.39	3.69	3.22	0.000**
认知（均值）	4.37	4.31	3.95	3.50	0.000**
情感（均值）	4.02	3.82	3.92	4.01	0.723
* $p<0.05$ ** $p<0.01$					

具体进行 LSD 方法检验发现，父母对子女学习英语的态度在行为维度上呈现出 0.01 水平显著性（$F=36.206$，$p=0.000$），有着较为明显差异的组别平均值得分对比结果为：非常支持＞一般支持；非常支持＞中立；非常支持＞反对；一般支持＞中立；一般支持＞反对；中立＞反对。父母非常支

持子女学习英语的态度和父母反对子女学习英语的态度在英语行为维度上差异最大，即在行为上，鄂东城乡居民对英语认同度和使用意愿差异较大。

父母对子女学习英语的态度在认知维度上呈现出 0.01 水平显著性（$F=15.704$，$p=0.000$），有着较为明显差异的组别平均值得分对比结果为：非常支持＞一般支持；非常支持＞中立；非常支持＞反对；一般支持＞中立；一般支持＞反对；中立＞反对。这说明父母非常支持子女学习英语的态度和父母反对子女学习英语的态度在认知维度上差异最大，这两类父母对英语的地位、社会影响力及实用性的评价差异较大。

四、英语语言态度与语言变项分析

（一）语言能力

进行 SPSS 单因素方差分析发现，英语能力不同的鄂东城乡居民受访者在英语语言态度上的差异达到显著水平。从表 5-36 可知，不同的英语语言能力样本对于英语语言态度均呈现出显著性（$p<0.05$），意味着不同的英语语言能力对于英语语言态度均有着差异性，英语能力和英语语言态度呈正相关，具体表现为英语语言能力越强，其英语语言态度越积极。

表 5-36　鄂东城乡居民英语语言态度与英语能力的差异分析

语言种类	英语能力					p
	非常不熟练	不熟练	一般	熟练	非常熟练	
英语（语言态度均值）	3.00	3.96	4.32	4.37	4.44	0.000**
* $p<0.05$ ** $p<0.01$						

（二）语言使用频率

经 SPSS 单因素方差分析发现，英语使用频率不同的鄂东城乡居民受访者在英语语言态度上的差异达到显著水平，具体表现为英语使用频率越高，语言态度越积极（表 5-37）。

表 5-37 鄂东城乡居民英语语言态度与英语使用频率的差异分析

语言种类	英语使用频率					p
	极不经常	不经常	一般	经常	总是	
英语（语言态度均值）	3.14	3.82	4.08	4.20	4.47	0.000**
* p<0.05 ** p<0.01						

五、小 结

鄂东城乡居民对英语的语言态度较积极正向，性别、年龄、职业、父母年龄、父母受教育程度、父母职业及父母语言态度等社会因素及语言能力和语言使用频率等语言因素影响鄂东城乡居民的英语语言态度。具体来说，在行为维度上，女性使用英语比例会明显高于男性。13～17 岁的居民对英语的认同度最高，最愿意使用英语。从青少年阶段开始，随着年龄的增长，居民对英语的情感认同度越来越低。职业越倾向于脑力型的、公众型的、教育型的居民，对使用英语的认同度最高，其中，学生对英语的认同度最高，最愿意使用英语。居住在城市的居民相较于居住在村镇里的居民更乐意使用英语。父母年龄越大，居民对英语的使用认同度越低，父母的语言态度对鄂东城乡居民英语使用行为也有显著正向影响。在认知维度上，女性对英语的社会地位、社会影响力及实用性的评价高于男性。居民个体受教育程度越高，对英语的认知评价越高。父母的语言态度对鄂东城乡居民英语的认知评价也有显著正向影响。在情感维度上，居民个体受教育程度越高，对英语的情感认同度越高。在语言变项方面，居民的英语语言能力越强，使用频率越高，其英语语言态度也越积极。

第四节 鄂东城乡居民普通话、方言和英语语言态度的差异性分析

一、整体情况对比分析

为了对鄂东城乡居民普通话、方言和英语语言态度的总体趋势有一个整体的了解，本书对鄂东城乡居民在三个维度上对普通话、方言和英语语言态度的均值进行了对比（图5-3）。均值总数对比显示，鄂东城乡居民对普通话、方言和英语的态度都是积极正面的，但是他们对普通话的态度比对英语和方言的态度更加积极。鄂东城乡居民语言态度排序为：普通话＞英语＞方言。

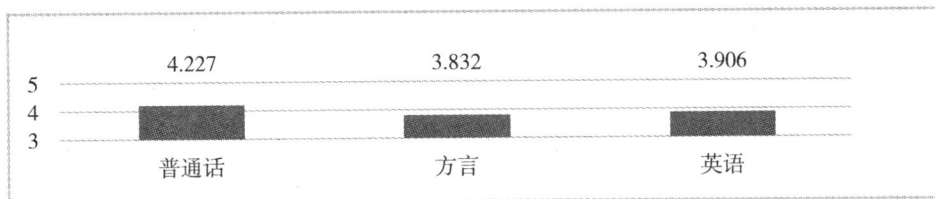

图5-3 鄂东城乡居民语言态度差异对比图

鄂东城乡居民在行为、认知、情感三个维度上都呈现出积极的语言态度（图5-4）。在行为维度上，普通话态度评价均值最高，说明鄂东城乡居民对普通话的认同度最高；在认知维度上，普通话态度评价均值也最高，说明鄂东城乡居民对普通话的地位、社会影响力和实用性评价最高；在情感维度上，方言态度评价均值最高，说明鄂东城乡居民对方言的情感认同度最高，对方言情感上最忠诚。鄂东城乡居民语言态度的三个维度排序为：

（1）行为维度：普通话＞英语＞方言。

（2）认知维度：普通话＞英语＞方言。

（3）情感维度：方言＞普通话＞英语。

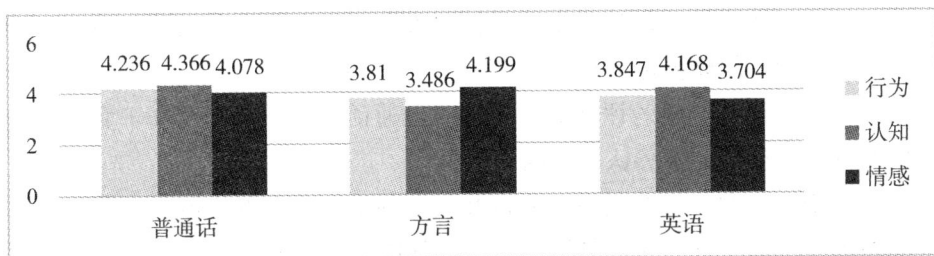

图5-4 鄂东城乡居民语言态度的三个维度差异对比图

二、社会变项差异分析

（一）个 体

1. 性别变项差异分析

整体描述鄂东城乡居民语言态度在性别上的差异情况，统计的具体结果如表 5-38 所示。

表 5-38 鄂东城乡居民语言态度的三个维度在性别变项上的差异

语言种类	性别							
	行为（均值）		认知（均值）		情感（均值）		合计	
	女	男	女	男	女	男	女	男
普通话	4.87	4.71	4.61	4.38	3.32	3.62	4.27	4.24
方言	4.46	4.23	3.51	3.40	3.61	3.56	3.86	3.73
英语	4.32	3.97	4.30	3.84	4.42	4.17	4.35	3.99
均值	4.55	4.30	4.14	3.87	3.78	3.78	4.16	3.99

从表 5-38 的均值可以看出，鄂东城乡居民的语言态度因调查对象的性别不同，而呈现出显著的差异。

（1）在性别上，整体呈现出女性的语言态度积极性（M=4.16）明显高于男性（M=3.99）。在行为和认知维度上，也是女性的语言态度均值高于男性。

（2）在对语言行为的评价上，女性对普通话、方言和英语的认同度都高于男性。

（3）在对语言认知的评价上，女性对普通话、方言和英语的地位、社会影响力及实用性的评价也都高于男性。

（4）在对语言情感的评价上，男性对普通话的情感认同度高于女性；而女性对方言和英语的情感认同度高于男性。

总的来说，女性对普通话、方言和英语的语言态度的均值大于男性，说明女性对普通话、方言和英语的语言态度都比男性积极。

2.年龄变项差异分析

整体描述鄂东城乡居民语言态度在年龄上的差异情况，统计的具体结果如表 5-39 所示。

表 5-39　鄂东城乡居民语言态度的三个维度在年龄变项上的差异

维度	语言种类	年龄									
		7～12 岁		13～17 岁		18～45 岁		46～69 岁		69 岁以上	
行为（均值）	普通话	4.14		4.60		4.14		3.81		3.33	
	方言	4.25	4.00	4.26	4.58	4.43	4.30	4.57	3.78	4.68	3.54
	英语	3.01		4.89		4.34		2.95		2.61	
认知（均值）	普通话	4.22		4.50		4.24		3.94		3.56	
	方言	3.69	3.86	3.50	4.30	3.66	4.24	4.17	4.07	4.70	3.83
	英语	3.66		4.91		4.83		4.11		3.22	
情感（均值）	普通话	4.21		4.03		3.86		3.61		3.04	
	方言	4.42	3.95	4.39	3.83	4.55	3.84	4.72	3.55	4.83	3.30
	英语	3.02		3.08		3.11		2.31		2.02	
语言态度（均值）	—	3.94	—	4.24	—	4.13	—	3.80	—	3.55	—

从均值可以看出，鄂东城乡居民的语言态度因调查对象的年龄不同而呈现出差异。

（1）在年龄上，除了 7～12 岁群体以外，整体基本呈现出年龄越大的人，对语言态度就越不积极。在三个维度上，情况基本一致。

（2）在对语言行为的评价上，除了 7～12 岁群体以外，年龄越大，对普通话和英语的认同度越低，对方言的认同度越高。

（3）在对语言认知的评价上，除了 7～12 岁群体以外，基本上呈现出年龄越大，对普通话和英语的地位、社会影响力及实用性的评价越低，对方言的地位、社会影响力及实用性的评价越高的趋势。

（4）在对语言情感的评价上，整体上呈现出年龄越大对普通话和英语的情感认同度越低，对方言的情感认同度越高。

总的来说，鄂东城乡居民的年龄越大，对方言态度的均值越大；鄂东城乡居民的年龄越小，对普通话和英语态度的均值越大。这说明年龄越大的人对方言的态度越积极，年龄越小的人对普通话和英语的态度越积极。直观对比如图5-5所示。

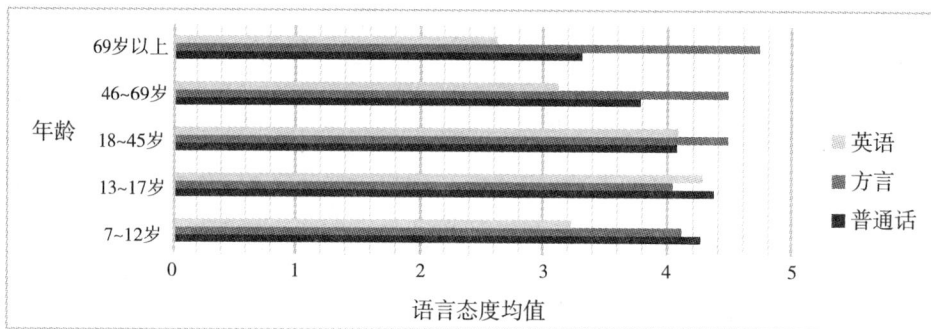

图5-5　鄂东城乡居民语言态度在年龄变项上的均值对比图

3. 受教育程度变项差异分析

整体描述鄂东城乡居民语言态度在受教育程度上的差异情况，统计的具体结果如表5-40所示。

表5-40　鄂东城乡居民语言态度的三个维度在受教育程度变项上的差异

维度	语言种类	受教育程度									
		小学以下		小学		初高中		大学		大学以上	
行为（均值）	普通话	3.27	3.38	3.59	3.50	3.60	4.30	4.31	4.24	4.56	4.26
	方言	4.76		4.74		4.62		4.11		4.07	
	英语	2.11		2.18		4.68		4.31		4.14	
认知（均值）	普通话	3.50	2.97	3.32	3.36	3.72	3.73	4.37	4.21	4.27	4.05
	方言	3.09		3.89		3.24		3.69		3.26	
	英语	2.33		2.87		4.23		4.57		4.61	
情感（均值）	普通话	2.67	3.18	2.62	3.22	3.02	3.39	4.13	3.84	4.02	4.05
	方言	4.47		4.56		3.82		4.01		3.93	
	英语	2.41		2.47		3.32		3.38		4.20	
语言态度（均值）		3.18	—	3.36	—	3.81	—	4.10	—	4.12	—

从表 5-40 的均值可以看出，鄂东城乡居民的语言态度因调查对象的受教育程度不同而呈现出差异。

（1）在受教育程度上，整体基本呈现出受教育程度越高的人，对语言态度就越积极（3.18<3.36<3.81<4.10<4.12）。

（2）在对语言行为的评价上，受教育程度越高的人，对普通话的认同度越高，对方言的认同度越低，对英语的认同度没有明显变化。

（3）在对语言认知的评价上，受教育程度越高的人，对英语的地位、社会影响力及实用性的评价越高，对普通话和方言的地位、社会影响力及实用性的评价没有明显的区别变化。

（4）在对语言情感的评价上，受教育程度越高的鄂东城乡居民，对英语的情感认同度越高，对普通话和方言的情感认同度没有明显的区别变化。直观对比如图 5-6 所示。

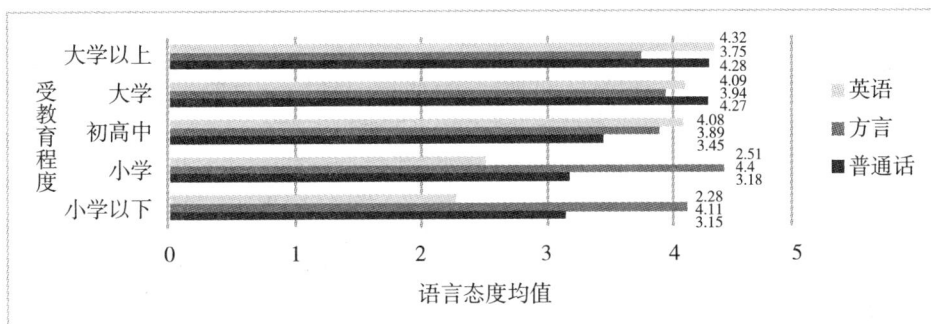

图 5-6 鄂东城乡居民语言态度在受教育程度变项上的均值对比图

4. 职业变项差异分析

整体描述鄂东城乡居民语言态度在职业上的差异情况，统计的具体结果如表 5-41 所示。

表 5-41　鄂东城乡居民语言态度的三个维度在职业类别变项上的差异

维度	语言种类	公务员		教师		农牧民		服务行业		个体业主		专业技术人员		退休		学生	
		职业															
行为(均值)	普通话	4.65		4.71		2.64		4.12		3.74		4.44		3.65		4.77	
	方言	3.76	4.25	3.89	4.36	3.98	3.22	3.02	3.60	3.76	3.72	3.88	4.25	3.34	3.25	3.88	4.40
	英语	4.34		4.48		3.04		3.65		3.67		4.43		2.75		4.54	
认知(均值)	普通话	4.52		4.69		4.11		4.23		4.18		4.47		4.17		4.59	
	方言	3.02	4.01	3.68	4.31	3.83	3.99	3.21	3.98	3.43	3.98	3.25	4.08	3.17	3.85	3.48	4.25
	英语	4.50		4.55		4.02		4.50		4.33		4.51		4.21		4.68	
情感(均值)	普通话	3.87		4.12		2.97		3.28		3.33		3.95		4.01		4.15	
	方言	4.35	4.00	4.47	4.20	4.64	3.48	4.57	3.66	4.34	3.65	4.08	3.88	4.21	3.98	4.53	4.27
	英语	3.78		4.02		2.82		3.12		3.27		3.62		3.71		4.14	
语言态度(均值)		4.09	—	4.29	—	3.56	—	3.75	—	3.78	—	4.07	—	3.69	—	4.31	—

从表 5-41 的均值可以看出，鄂东城乡居民的语言态度因调查对象的职业类型不同而呈现出差异。

（1）在职业类型上，整体基本呈现出鄂东城乡居民的职业类型越接近于学术性的、社会性的、公共性的、政府性的，他们的语言态度就越积极（学生＞教师＞公务员＞专业技术人员＞个体业主＞服务行业＞退休职工＞农牧民）。

（2）在对语言行为的评价上，在对语言的认同度方面，表现为：学生＞教师＞公务员／专业技术人员。

（3）在对语言认知的评价上，在对语言地位、社会影响力及实用性的评价方面，表现为：教师＞学生＞专业技术人员。

（4）在对语言情感的评价上，对语言的情感认同度方面，表现为：学生＞教师＞公务员。直观对比如图 5-7 所示。

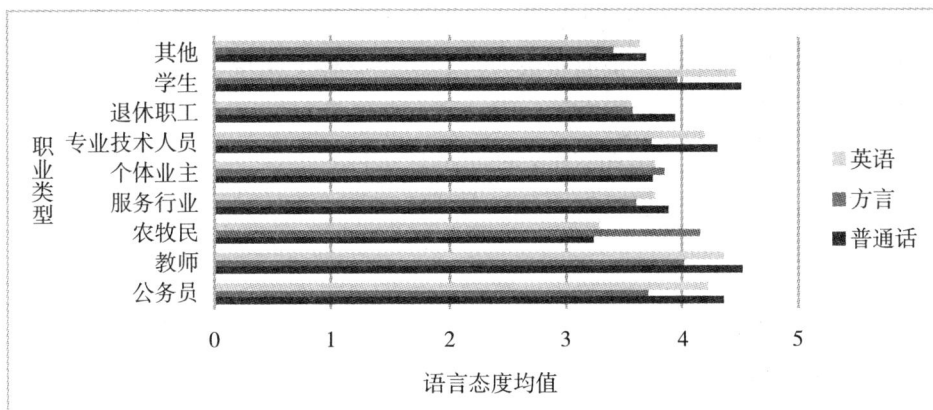

图 5-7　鄂东城乡居民语言态度在职业变项上的均值对比图

（二）家　庭

1. 家庭所在地变项差异分析

整体描述鄂东城乡居民语言态度在家庭所在地变项上的差异情况，统计的具体结果如表 5-42 所示。

表 5-42　鄂东城乡居民语言态度的三个维度在家庭所在地变项上的差异

维度	语言种类	家庭所在地					
		乡村		乡镇		城市	
行为 （均值）	普通话	4.24	4.17	4.19	4.14	4.38	4.20
	方言	4.39		4.07		3.86	
	英语	3.89		4.15		4.36	
认知 （均值）	普通话	4.07	3.83	4.29	3.93	4.33	3.96
	方言	3.22		3.31		3.26	
	英语	4.19		4.18		4.28	
情感 （均值）	普通话	3.97	3.98	3.89	3.92	4.08	4.10
	方言	4.34		4.31		4.32	
	英语	3.64		3.56		3.91	
语言态度（均值）		3.99	—	3.99	—	4.09	—

从表 5-42 的均值可以看出，鄂东城乡居民的语言态度因调查对象的家庭所在地不同而呈现出差异。

（1）在家庭所在地变项上，来自乡村和来自乡镇的鄂东城乡居民，对语言态度的积极性差不多，没有很大差异，但是整体上来说，没有来自城市的鄂东城乡居民的语言态度积极。

（2）在对语言行为的评价上，城市居民的语言态度＞乡村居民的语言态度＞乡镇居民的语言态度。城市居民对普通话和英语的认同度高，乡村居民对方言的认同度最高。

（3）在对语言认知的评价上，城市居民的语言态度＞乡镇居民的语言态度＞乡村居民的语言态度。城市居民对普通话和英语的地位、社会影响力及实用性的评价最高；乡镇居民对方言的地位、社会影响力及实用性的评价最高。

（4）在对语言情感的评价上，城市居民的语言态度＞乡村居民的语言态度＞乡镇居民的语言态度。在三种语言中，鄂东城乡居民对方言的情感认同度最高。直观对比如图 5-8 所示。

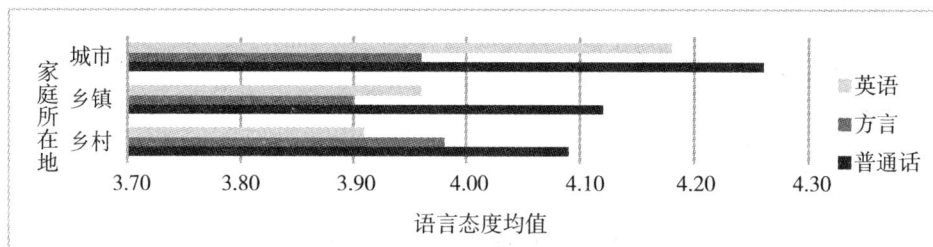

图 5-8　鄂东城乡居民语言态度在家庭所在地变项上的均值对比图

2. 父母年龄变项差异分析

整体描述鄂东城乡居民语言态度在父母年龄变项上的差异情况，统计的具体结果如表 5-43 所示。

表5-43　鄂东城乡居民语言态度的三个维度在父母年龄变项上的差异

维度	语言种类	父母年龄									
		40岁及以下		41～50岁		51～60岁		61～70岁		71～80岁	
行为（均值）	普通话	3.34	4.32	3.91	4.30	3.96	4.02	3.76	4.13	3.62	3.89
	方言		3.83		4.21		4.11		4.08		3.75
	英语		3.58		3.36		3.15		2.65		2.38
认知（均值）	普通话	3.67	4.58	4.12	4.37	3.96	4.49	3.98	4.53	3.92	4.26
	方言		3.32		3.28		3.12		3.03		3.25
	英语		4.45		4.24		4.34		4.19		3.50
情感（均值）	普通话	3.85	4.03	3.84	3.84	3.92	3.91	3.92	3.25	3.47	4.01
	方言		4.25		4.61		4.65		4.25		4.67
	英语		3.25		3.31		3.21		2.92		2.88

从表5-43的均值可以看出，鄂东城乡居民的语言态度因调查对象的父母年龄不同而呈现出差异。

（1）在父母年龄变项上，整体基本呈现出父母年龄越大的居民，语言态度就越不积极。父母年龄在40岁及以下的鄂东城乡居民普通话和英语语言态度最积极；父母年龄在41～50岁的鄂东城乡居民方言语言态度最积极。

（2）在对语言行为的评价上，父母年龄在50岁以下的居民对语言的认同度较高，父母年龄在50岁以上的居民对语言的认同度较低。具体来说，父母年龄在40岁及以下的居民对普通话和英语的认同度最高；父母年龄在41～50岁的居民对方言的认同度最高。

（3）在对语言认知的评价上，父母年龄在60岁以下的居民对语言的地位、社会影响力及实用性的评价较高，父母年龄在60岁以上的居民对语言的地位、社会影响力及实用性的评价较低。具体来说，父母年龄在40岁及以下的居民对普通话、英语和方言的地位、社会影响力及实用性的评价都是最高的；父母年龄在71～80岁的居民对普通话和英语的地位、社会影响力及实用性的评价最低；父母年龄在61～70岁的居民对方言的地位、社会影响力及实用性的评价最低。

（4）在对语言情感的评价上，父母年龄在41～60岁的居民对语言的情感认同度较高。具体来说，父母年龄在40岁及以下的居民对普通话的情感认同度最高；父母年龄在 41 ~ 50 岁的居民对英语的情感认同度最高；父母年龄在 71 ~ 80 岁的居民对方言的情感认同度最高。父母年龄在 61 ~ 70 岁的居民对普通话的情感认同度最低；父母年龄在 40 岁及以下和 61 ~ 70 岁的居民对方言的情感认同度最低；父母年龄在 71 ~ 80 岁的居民对英语的情感认同度最低。直观对比如图 5-9 所示。

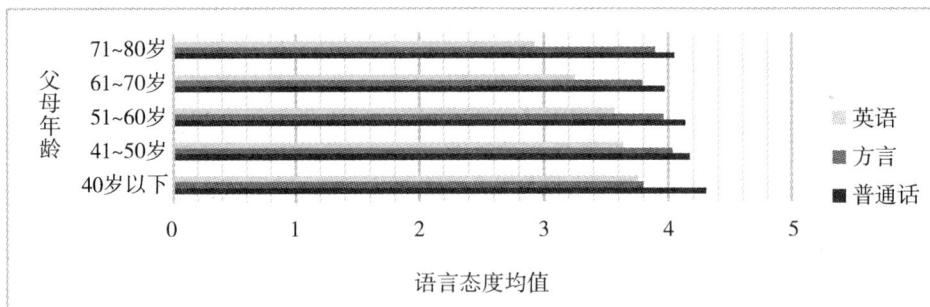

图 5-9　鄂东城乡居民语言态度在父母年龄变项上的均值对比图

3. 父母受教育程度变项差异分析

整体描述鄂东城乡居民语言态度在父母受教育程度上的差异情况，统计的具体结果如表 5-44 所示。

表 5-44　鄂东城乡居民语言态度在父母受教育程度变项上的差异

语言种类	父母受教育程度			
	小学及以下	初高中	大学	大学以上
普通话（语言态度均值）	4.11	4.27	4.32	4.35
方言（语言态度均值）	3.95	3.91	3.88	3.86
英语（语言态度均值）	3.72	3.89	4.07	4.24
语言态度（均值）	3.89	4.02	4.09	4.15

从表 5-44 的均值可以看出，鄂东城乡居民的语言态度因调查对象父母受教育程度的不同，而呈现出差异。

（1）在父母受教育程度变项上，整体基本呈现出鄂东城乡居民父母受教育程度越高，其语言态度就越积极。

（2）在对普通话的语言态度上，总体来说，不管父母受教育程度如何，普通话语言态度都比方言和英语的语言态度积极，而且均值都在 4 分以上。

父母受教育程度为大学以上的居民普通话语言态度最积极。

（3）在对方言的语言态度上，整体来看，不管父母受教育程度如何，方言语言态度都是一般积极，均值都在 4 分以下。父母受教育程度为初高中的居民方言语言态度最积极。

（4）在对英语的语言态度上，整体来看，不管父母受教育程度如何，英语语言态度都是较为积极，均值都在 4 分左右。父母受教育程度为大学以上的居民英语语言态度最积极。

4. 父母职业变项差异分析

整体描述鄂东城乡居民语言态度在父母职业变项上的差异情况，统计的具体结果如表 5-45 所示。

表 5-45　鄂东城乡居民语言态度在父母职业变项上的差异

语言种类	父母职业						
	农牧民	工人	个体业主	服务行业	公务员	专业技术人员	教师
普通话（语言态度均值）	4.11	4.14	4.19	4.33	4.37	4.37	4.41
方言（语言态度均值）	4.03	3.94	3.78	4.83	4.02	3.84	4.06
英语（语言态度均值）	4.10	4.13	3.98	4.20	4.22	4.38	4.42
语言态度（均值）	4.08	4.07	3.98	4.45	4.20	4.20	4.30

从表 5-45 的均值可以看出，鄂东城乡居民的语言态度因调查对象父母职业的不同而呈现出差异。

（1）在父母职业变项上，整体来看，不管父母从事何种职业，鄂东城乡居民的语言态度都比较积极，均值在 4 分左右。

（2）在对普通话语言态度上，总体来说，不管父母从事何种职业，居民的普通话语言态度都十分积极，均值都在 4 分以上。父母从事教师职业的居民，普通话语言态度最积极。

（3）在对方言语言态度上，整体来看，居民的方言语言态度比较积极。父母从事服务行业的居民，方言语言态度最积极。

（4）在对英语的语言态度上，整体来看，不管父母从事何种职业，英语语言态度都是较为积极，均值都在 4 分左右。父母从事教师职业的居民英语语言态度最积极。

5. 父母语言态度变项差异分析

整体描述鄂东城乡居民语言态度在父母语言态度变项上的差异情况，统计的具体结果如表 5-46 所示。

表 5-46　鄂东城乡居民语言态度的三个维度在父母语言态度变项上的差异

维度	语言种类	父母对子女学习语言的态度							
		非常支持		一般支持		中立		反对	
行为（均值）	普通话	4.34	4.46	4.42	4.37	4.27	3.81	4.33	3.39
	方言	4.42		4.31		3.48		2.63	
	英语	4.62		4.39		3.69		3.22	
认知（均值）	普通话	4.60	4.18	4.40	4.01	4.31	3.74	3.84	3.25
	方言	3.56		3.33		2.95		2.42	
	英语	4.37		4.31		3.95		3.50	
情感（均值）	普通话	3.97	4.20	4.02	4.10	4.00	3.91	3.51	3.47
	方言	4.62		4.45		3.82		2.89	
	英语	4.02		3.82		3.92		4.01	

从表 5-46 的均值可以看出，鄂东城乡居民的语言态度因调查对象父母的语言态度不同而呈现出差异。

（1）在父母语言态度变项上，整体上来看，鄂东城乡居民的父母的语言态度越积极，居民自身的语言态度就越积极。父母对普通话、方言、英语都持有非常支持的语言态度时，居民对英语的语言态度最积极；父母对普通话、方言、英语持有其他种语言态度时，居民对普通话的语言态度最积极。

（2）在对语言行为的评价上，鄂东城乡居民的父母的语言态度越积极，居民对语言的认同度越高。

（3）在对语言认知的评价上，鄂东城乡居民的父母的语言态度越积极，居民对语言的地位、社会影响力及实用性的评价越高。

（4）在对语言情感的评价上，整体上来看鄂东城乡居民的父母的语言态度越积极，居民对语言的情感认同度越高。

直观对比如图 5-10 所示。

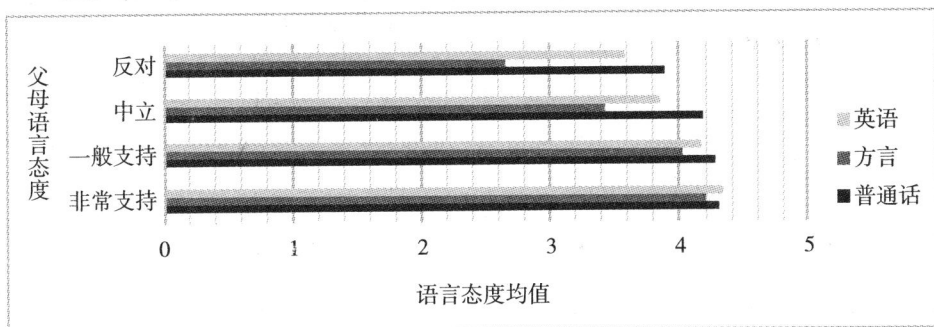

图 5-10　鄂东城乡居民语言态度在父母语言态度变项上的均值对比图

三、语言变项差异分析

（一）语言能力变项差异分析

整体描述鄂东城乡居民语言态度在语言能力变项上的差异情况，统计的具体结果如表 5-47 所示。

表 5-47　鄂东城乡居民语言态度在语言能力变项上的差异

语言种类	语言能力				
	非常不熟练	不熟练	一般	熟练	非常熟练
普通话（语言态度均值）	1.67	4.04	4.12	4.29	4.33
方言（语言态度均值）	1.94	2.54	3.54	3.76	3.86
英语（语言态度均值）	3.00	3.96	4.32	4.37	4.44
语言态度（均值）	2.20	3.51	3.99	4.14	4.21

从表 5-47 的均值可以看出，鄂东城乡居民的语言态度因调查对象语言能力的不同而呈现出差异：在语言能力变项上，整体基本呈现出鄂东城乡居民的语言能力越强，其语言态度就越积极。

（二）语言使用频率变项差异分析

整体描述鄂东城乡居民语言态度在语言使用频率变项上的差异情况，统计的具体结果如表 5-48 所示。

表 5-48　鄂东城乡居民语言态度在语言使用频率变项上的差异

语言种类	语言使用频率				
	极不经常	不经常	一般	经常	总是
普通话（语言态度均值）	3.43	3.9	4.11	4.38	4.5
方言（语言态度均值）	3.18	3.59	3.78	4.00	4.47
英语（语言态度均值）	3.14	3.82	4.08	4.20	4.47
语言态度（均值）	3.25	3.77	3.99	4.19	4.48

从表 5-48 的均值可以看出，鄂东城乡居民的语言态度因调查对象语言使用频率的不同而呈现出差异：在语言使用频率变项上，整体基本呈现出鄂东城乡居民语言使用越频繁，其语言态度就越积极。

第五节　鄂东城乡居民普通话、方言、英语语言态度的差异成因

一、整体情况研究结果及成因

综合调查结果可以发现，鄂东城乡居民的普通话、方言和英语的语言态度都是积极、正面的。从均值对比的结果来看，居民的普通话语言态度最积极，英语的语言态度比较积极，方言的语言态度一般积极。

（一）鄂东城乡居民对普通话持积极态度的原因

1. 普通话在公共语域使用占主导地位

普通话在公共语域占主导地位是鄂东城乡居民对普通话保持积极态度的直接原因。普通话作为国家法定通用语言，极具显性威望。同时，普通话也是我国使用范围最广、社会功能地位最高的语言，在一般社会生活交际中占主要地位。第二章语言使用调查结果表明，在公共语域，普通话被广泛地使用着，通过前面的内容可以知道，语言使用频率和语言态度关系密切，语言使用越频繁，该语言的能力就越强，对该语言的态度就越积极。

2.普通话能力提升

鄂东城乡居民的普通话能力普遍提升是其对普通话保持积极态度的根本原因。第三章语言能力调查结果表明，经过多年推广普通话，大大推进了居民对普通话的了解程度，扩大了居民学习普通话的渠道。随着城镇化进程的加快，原城乡居民的身份发生了改变，慢慢融入了城市生活。身份上的改变也潜移默化地带来了普通话能力的改变。如前所述，语言能力与语言态度关系密切，语言能力越强，语言态度就越积极。

3.普通话学习方式变得多元

鄂东城乡居民学习普通话的多元化方式是他们对普通话保持积极态度的保证。调查结果显示，鄂东地区居民不仅可以通过学校教育学习普通话，还可以通过普通话培训班、电视、网络等方式学习普通话。此外，随着会说普通话的人越来越多，在日常生活中，人们也可以通过与人交流学习普通话，学习普通话的方式越来越多样化。在多语环境中，多语者获得语言的方式越多样化，语言能力越强；语言能力越强，对语言的态度就越积极。

（二）鄂东城乡居民对方言持积极态度的原因

1.方言在家庭语域使用占主导地位

方言在家庭语域占主导地位是鄂东城乡居民对方言保持积极态度的直接原因。方言承载着一个族群在长期的历史过程中积累的大量文化信息，人们通过使用方言传承地域文化；同时，人们长时期受到地域文化的浸润，对方言的情感认同度较高，对方言情感上最忠诚。第二章语言使用调查结果表明，在家庭语域，方言被大部分鄂东城乡居民稳定地使用，并且有很多居民是从小就开始说方言，对方言也最熟悉，日常生活中方言必不可少。如前所述，语言使用和语言态度关系密切，只要一个群体的大多数成员都在使用方言，那么他们就会对方言保持积极的态度。

2.方言能力依旧保持较好

鄂东城乡居民方言语言能力依旧保持较好是居民对方言保持积极态度的根本原因。第三章的调查结果表明，在鄂东地区，绝大多数人的方言能力保持完好。虽然鄂东城乡居民的普通话和方言能力都较强，但是方言的熟练程度还是要略高于普通话。语言能力和语言态度密切相关，只要群体中大部分成员的方言语言能力不消失，方言的使用就不会停止，对方言就会保持积极的态度。

3. 方言习得方式没有消失

方言习得方式依然存在是鄂东城乡居民对方言保持积极态度的保证。第四章的调查结果表明，在鄂东地区还有很多居民是通过"家庭传承"和"与说方言的人交流"的方式习得方言，方言传承链条完好无损，不存在"乱序"现象，他们习得的第一语言是方言。语言习得与语言态度密切相关，只要获取方言的方式不消失，方言语言能力就不会消失，人们也就不会停止方言的使用，就会对方言保持积极的态度。

（三）鄂东城乡居民对英语持积极态度的原因

1. 英语在教育语域占重要地位

英语在教育语域占重要地位是鄂东城乡居民对英语保持积极态度的直接原因。英语作为国际通用语，也是我们重要的外语，我们需要通过提升英语能力从而在求学和就业中增强竞争力。第二章语言使用调查结果表明，虽然在语言生活中，相较于方言和普通话，英语交际功能有限，但在教育语域，英语受重视程度很高，使用频率很高，鄂东城乡居民对英语工具性价值的判断也很高，因此，对英语语言态度也比较积极。

2. 英语能力的提升

鄂东城乡居民的英语能力普遍提升是其对英语保持积极态度的根本原因。为了与世界更好地沟通，国家倡导英语学习，从小学开始，英语就成为和语文一样的重点科目。各种考试、工作、升职等都需要英语来提高竞争力，英语的工具性大大推进了居民对英语的热爱和对英语能力提升的热情。如前所述，语言能力与语言态度关系密切，语言能力越强，语言态度就越积极。

3. 英语学习方式变得多元

鄂东城乡居民学习英语的方式变得多元是他们对英语保持积极态度的保证。在原来，居民只可以通过学校教育学习英语，现在英语学习的方式多种多样，英语培训班、在线直播课程、英语学习 App、远程课程资源等，让人们能够接触到更好的英语老师，和大城市的人共享优质课程资源，甚至还可以和国外的英语老师通过网络互动学习。多元化的学习方式让鄂东城乡居民的英语语言能力越来越强，对英语的语言态度也越来越积极。

（四）鄂东城乡居民对普通话比方言的语言态度积极的原因

通过均值比较发现，鄂东地区城乡居民普通话态度均值大于方言态度均值，说明鄂东城乡居民对普通话的认同感及其地位、社会影响力和实用性的评价都较高，对普通话的语言态度比对方言的语言态度更积极。原因如下。

1. 社会发展的必然结果

鄂东城乡居民对普通话的态度比对方言更积极，这是社会发展的必然结果。随着鄂东地区社会、经济的发展以及国家乡村振兴的大力推进，鄂东地区的交通条件、人居环境、生活配套设施等得到了改善，现代化、信息化程度也得到提高，居民接触、学习普通话的渠道也变得多元。随着普通话推广工作不断深入，有部分居民从小学开始就接受了普通话教育，普通话能力不断提高。同时，社会经济的发展加速了城乡之间的接触、交往、融合，外出务工、上学、旅游等也逐年增多，使用普通话的机会也越来越多。此外，互联网的高速发展，智能手机的普遍使用，抖音、快手、淘宝直播等互联网方式使得鄂东城乡居民接触普通话、使用普通话的机会也不断增多。除此之外，从 2018 年起，鄂东地区大力实施能人回乡"千人计划"，吸引大量商界翘楚、行业领袖、科技精英、能工巧匠、创客、大学生、退休人员等回乡创业，这也大大增加了使用普通话交流的频率。总而言之，普通话使用的增加、普通话能力的增强、普通话学习方式的多样化，使得鄂东城乡居民对普通话的语言态度非常积极。

2. 语言竞争的必然结果

鄂东城乡居民对普通话的态度比对方言更积极，是语言竞争的必然结果。与方言相比，普通话不仅在功能上具有绝对优势，而且在地位上也具有压倒性优势。普通话"以北京语音为标准音，以北方方言为基础方言，以典范的现代白话文著作作为语法规范"，是我国的通用语言，在诸多领域具有不凡的影响力和表现力。普通话在政治、经济、文化、教育等领域占主导地位。相比之下，方言由于用法和交际功能的压缩，在语言竞争中处于劣势，受普通话的制约。这就是鄂东城乡居民对普通话的态度比对方言的态度更积极的根本原因。

二、在社会变项上的差异的原因

（一）在性别变项上出现差异的原因

通过均值比较发现女性对英语的语言态度均值大于男性，说明鄂东城乡居民女性的英语语言态度比男性更积极。原因如下。

1.语言使用在性别上的差异

语言使用的性别差异是鄂东城乡居民语言态度性别差异的直接原因。如前所述，英语在教育语域占主导地位，调查中发现父母职业是教师的居民中，女性比例大于男性，也就是说女性从事教师职业人数较多，需要说英语的机会也较多。另外，在大多数家庭里都是女性负责孩子的学习辅导，她们接触英语的频率也会高很多，对英语的语言态度也会积极一些。

2.语言能力在性别上的差异

语言能力的性别差异是鄂东城乡居民语言态度性别差异的重要原因。第三章的调查结果表明，女性的英语语言能力高于男性，语言能力越强，语言态度越积极。

3.语言学习方式在性别上的差异

语言学习的性别差异是鄂东城乡居民语言态度性别差异的重要原因。第四章的研究结果表明，女性学习英语的方式比男性多，这使得男性对英语的态度不如女性积极。

（二）在年龄变项上出现差异的原因

通过均值对比发现在鄂东城乡居民中，年龄越大的人，对普通话和英语的语言态度均值越低，对方言的语言态度均值越高；年龄越小的人对普通话和英语的语言态度均值越高，对方言的语言态度均值越低。可见，年龄越大的鄂东城乡居民对方言的语言态度越积极；年龄越小的居民对普通话和英语的语言态度越积极。原因如下。

1.语言使用在年龄上的差异

语言使用的年龄差异是鄂东城乡居民语言态度年龄差异的直接原因。第二章的调查结果表明，年龄越大，使用方言的比例越高；越年轻的人，使用普通话的比例越高。使用某种语言的频率越高，语言能力越强，语言态度越积极。

2.语言能力在年龄上的差异

语言能力的年龄差异是鄂东城乡居民语言态度年龄差异的根本原因。第三章的调查结果表明，年龄越大，方言能力越强；年龄越小，普通话能力越强。语言能力和语言态度密切相关。

3.语言学习方式在年龄上的差异

语言学习方式在年龄上的差异是鄂东城乡居民语言态度在年龄变项上出现差异的重要原因。第四章的调查结果表明，年龄越大的人，学习普通话、英语的方式越单一；年龄越小的人，学习普通话、英语的方式越多元。因此，年龄大的人对普通话和英语的语言态度不如年龄小的人积极。

（三）在受教育程度变项上出现差异的原因

通过均值比较可以看出，鄂东城乡居民受教育程度若较低，对普通话和英语的平均语言态度也就较低；受教育程度较高的居民对普通话和英语的平均语言态度较高。这说明受教育程度较低的人对普通话和英语的语言态度比较消极；受教育程度较高的人对普通话和英语的语言态度更为积极。原因如下。

1.语言使用在受教育程度上的差异

受教育程度的语言使用的差异是鄂东城乡居民语言态度差异的直接原因。第二章的调查结果表明，受教育程度越高，使用普通话和英语的比例越高；受教育程度越低，使用普通话和英语的比例越低。语言使用与语言态度密切相关。

2.语言能力在受教育程度上的差异

受教育程度的语言能力差异是鄂东城乡居民语言态度差异的根本原因。

第三章的调查结果表明，受教育程度越高，普通话和英语的语言能力越强；受教育程度越低，普通话和英语的语言能力越弱。语言能力和语言态度密切相关。

3.语言学习方式在受教育程度上的差异

语言学习方式在受教育程度上的差异是鄂东地区城乡居民语言态度差异的重要原因。第四章的调查结果表明，受过高等教育的人学习普通话和英语的方式更加多样化；受教育程度较低的人学习普通话和英语的方式比较单一。语言学习方式和语言态度密切相关。

（四）在职业变项上出现差异的原因

通过均值对比可知，教师、公务员、学生、专业技术人员的普通话、英语的语言态度均值较大，均超过了4分。这说明身为教师、公务员、学生、专业技术人员的鄂东城乡居民对普通话、英语的语言态度积极。原因如下。

1.语言使用在职业上的差异

语言使用的职业差异是鄂东城乡居民职业语言态度差异的直接原因。第二章的调查结果表明，教师、公务员、学生、专业技术人员使用普通话的频率较高，而语言使用和语言态度密切相关。

2.语言能力在职业上的差异

语言能力的职业差异是鄂东城乡居民职业语言态度差异的根本原因。第三章的调查结果表明，教师、公务员、学生、专业技术人员的普通话、英语能力比较强。语言能力与语言态度密切相关。

3.语言学习方式在职业上的差异

语言学习方式的职业差异是鄂东城乡居民语言态度职业差异的重要原因。第四章的调查结果表明，教师、公务员、学生、专业技术人员学习普通话的方式更多元，而语言学习方式和语言态度密切相关。

（五）在家庭所在地变项上出现差异的原因

通过均值对比可知，居住在城市的居民对普通话、英语的语言态度均值最大；居住在乡村的居民对方言的语言态度均值最大。这说明，居住在城市的人对普通话、英语的语言态度积极；居住在乡村的居民对方言的语言态度积极。原因如下。

1. 语言使用在地域上的差异

语言使用在地域上的差异是鄂东城乡居民语言态度在地域变项上出现差异的直接原因。第二章的调查结果表明，居住在城市的居民使用普通话、英语的比例较大；居住在乡村的人使用方言的比例较高。语言使用和语言态度密切相关。

2. 语言能力在地域上的差异

语言能力在地域上的差异是鄂东城乡居民语言态度在地域变项上出现差异的根本原因。第三章的调查结果表明，居住在城市的人普通话、英语能力较强；居住在乡村的人方言能力较强。语言能力和语言态度密切相关。

3. 语言学习方式在地域上的差异

语言学习方式在地域上的差异是鄂东城乡居民的语言态度在地域变项上出现差异的重要原因。第四章的调查结果表明，居住在城市的人，学习普通话、英语的方式更多元；居住在乡村的人学习方言的方式更多元。语言学习方式和语言态度密切相关。

（六）在父母年龄变项上出现差异的原因

通过均值对比可知，在鄂东城乡居民中，父母年龄越大的居民，对英语的语言态度均值越低；父母年龄越小的居民，对英语的语言态度均值越高。可见，父母年龄越大的鄂东城乡居民对英语的语言态度越消极；父母年龄越小的居民对英语的语言态度越积极。原因如下。

1. 语言使用在父母年龄上的差异

语言使用在父母年龄上的差异是鄂东城乡居民语言态度在父母年龄变项上出现差异的直接原因。第二章的调查结果显示，父母年长的居民使用英语的比例较低；父母较年轻的居民使用英语的比例较高。语言使用得越频繁，语言态度越积极。

2.语言能力在父母年龄上的差异

语言能力在父母年龄上的差异是鄂东城乡居民语言态度在父母年龄变项上产生差异的根本原因。第三章的调查结果表明，父母年龄越大，居民英语能力越弱；父母越年轻，居民英语能力越强。语言能力和语言态度密切相关。

3.语言学习方式在父母年龄上的差异

语言学习方式在父母年龄上的差异是鄂东城乡居民语言态度在父母年龄变项上出现差异的重要原因。第四章的调查结果表明，父母年长的居民学习英语的方式更简单；父母年轻的居民学习英语的方式更加多样化。因此，父母年长的居民对英语的态度比父母年轻的居民更消极。

（七）在父母受教育程度变项上出现差异的原因

通过均值对比可知，父母受教育程度越低的鄂东城乡居民，对普通话和英语的语言态度均值越低，对方言的语言态度均值越高；父母受教育程度越高的居民对普通话、英语的语言态度均值越高，对方言的语言态度均值越低。这说明父母受教育程度越低的人，对普通话、英语的语言态度越消极，对方言的语言态度越积极；父母受教育程度越高的人，对普通话、英语的语言态度越积极，对方言的语言态度越消极。原因如下。

1.语言使用在父母受教育程度上的差异

语言使用在父母受教育程度上的差异是鄂东城乡居民语言态度在父母受教育程度变项上出现差异的直接原因。第二章的调查结果表明，父母受教育程度越高，使用普通话和英语的比例越高，使用方言的比例越低；反之亦然。语言使用与语言态度密切相关。

2.语言能力在父母受教育程度上的差异

语言能力在父母受教育程度上的差异是鄂东城乡居民语言态度在父母受教育程度变项上出现差异的根本原因。第三章的调查结果表明，父母受教育程度较高的人，普通话和英语的语言能力较强，但方言的语言能力较弱；反之亦然。语言能力和语言态度密切相关。

3. 语言学习方式在父母受教育程度上的差异

语言学习方式在父母受教育程度上的差异是鄂东城乡居民语言态度在父母受教育程度变项上出现差异的重要原因。第四章的调查结果表明，父母受教育程度较高的人学习普通话和英语的方式更加多样化；父母文化程度较低的人学习普通话和英语的方式比较单一。语言学习方式和语言态度密切相关。

（八）在父母职业变项上出现差异的原因

不管父母从事何种职业，鄂东城乡居民的语言态度都比较积极，其中父母是教师、公务员、专业技术人员的鄂东城乡居民的普通话、英语的语言态度均值较大。这说明父母是教师、公务员、专业技术人员的鄂东城乡居民对普通话、英语的语言态度积极。原因如下。

1. 语言使用在父母职业上的差异

语言使用在父母职业上的差异是鄂东城乡居民语言态度在父母职业变项上出现差异的直接原因。第二章的调查结果表明，父母职业为教师、公务员的居民使用普通话的频率较高，而语言使用和语言态度密切相关。

2. 语言能力在父母职业上的差异

语言能力在父母职业上的差异是鄂东城乡居民语言态度在父母职业变项上出现差异的根本原因。第三章的调查结果表明，父母从事教师、公务员、专业技术工作的居民的普通话、英语能力比较强。语言能力与语言态度密切相关。

3. 语言学习方式在父母职业上的差异

语言学习方式在父母职业上的差异是鄂东城乡居民语言态度在父母职业变项上出现差异的重要原因。第四章的调查结果表明，父母从事教师、公务员、专业技术工作的居民，学习普通话的方式更多元，而语言学习方式和语言态度密切相关。

（九）在父母语言态度变项上出现差异的原因

通过均值对比可知，父母语言态度越积极的鄂东城乡居民，对普通话、英语、方言的语言态度均值越高；父母语言态度越消极的居民对普通话、英语、方言的语言态度均值越低。这说明父母语言态度越消极的居民，对普通话、英语、方言的语言态度也越消极；父母语言态度越积极的居民，对普通话、英语、方言的语言态度也越积极。原因如下。

1. 语言使用在父母语言态度上的差异

语言使用在父母语言态度上的差异是鄂东城乡居民语言态度在父母语言态度变项上出现差异的直接原因。第二章的调查结果表明，父母语言态度越积极的居民，使用普通话、英语、方言的比例越高；父母语言态度越消极的居民，使用普通话、英语、方言的比例越低。语言使用和语言态度密切相关。

2. 语言能力在父母语言态度上的差异

语言能力在父母语言态度上的差异是鄂东城乡居民语言态度在父母语言态度变项上出现差异的根本原因。第三章的调查结果表明，父母语言态度越积极的居民，其普通话、英语、方言的语言能力越强；父母语言态度越消极的居民，其普通话、英语、方言的语言能力越弱。语言能力和语言态度密切相关。

3. 语言学习方式在父母语言态度上的差异

语言学习方式在父母语言态度上的差异是鄂东城乡居民语言态度在父母语言态度变项上出现差异的重要原因。第四章的调查结果表明，父母语言态度越积极的居民，学习普通话、英语、方言的方式越多元；父母语言态度越消极的居民，学习普通话、英语、方言的方式越单一。语言学习方式和语言态度密切相关。

第六节　小　结

　　鄂东城乡居民对普通话、方言和英语的态度都是积极正面的，但是他们对普通话的态度比对英语和方言的态度更加积极。鄂东城乡居民在行为、认知、情感三个维度上都呈现出积极的语言态度。在行为维度上，普通话语言态度评价均值最高，说明鄂东城乡居民对普通话的认同度最高；在认知维度上，普通话语言态度评价均值也最高，说明鄂东城乡居民对普通话的地位、社会影响力和实用性评价最高；在情感维度上，方言语言态度评价均值最高，说明鄂东城乡居民对方言的情感认同度最高，对方言情感上最忠诚。

　　鄂东城乡居民这种复杂的语言态度，是受到语言使用、语言能力、语言学习方式的影响，也是鄂东地区社会、经济、文化、教育和语言自身发展的必然结果。

　　SPSS 方差检验检测结果显示，不同的性别、年龄、职业、受教育程度、家庭所在地、父母年龄、父母受教育程度、父母职业、父母语言态度会对鄂东城乡居民普通话、方言、英语的语言态度产生影响，这些差异具有统计学意义。社会、经济、文化、教育的发展等深层的社会因素相互作用、相互影响，从而形成了鄂东城乡居民的语言态度的现状和发展趋势。

第六章 鄂东城乡居民语言生活状况研究结论与启示

一、引言

　　生态语言学主张语言与外部环境及其赖以生存的自身环境之间相互依存、相互作用，语言系统与生态系统具有相似的内部关系。随着当前"新型城镇化建设"和"乡村振兴战略"的推进，乡镇农村建设发展成为当前党和政府关注的重点。新型城镇化的推进给居民的生活带来了巨大改变，同时也给他们的语言生活带来了一定的冲击，对鄂东居民的普通话、方言、英语的语言使用、语言能力、语言态度和语言学习方式也产生了影响。因此，本书旨在全面揭示鄂东地区居民语言生活状况的面貌，获得不同性别、年龄、受教育程度、职业、家庭所在地、父母年龄、父母受教育程度、父母职业、父母语言态度的鄂东城乡居民普通话、方言、英语的使用情况、语言能力、语言学习方式、语言态度的实证研究数据。但在大力发展教育和推广国家通用语言的同时，如何保持方言母语的传承，如何维持鄂东地区语言生态和谐，也是值是关注和思考的问题。

　　"世界上任何语言系统都不是孤立存在的，它的产生和发展都与自然、社会、文化、人群等环境因素密切相关。"[1]语言与它所处的语言环境互相依存、互相影响、互相作用构成语言生态系统。艾纳•豪根把语言和语言环境比喻为生物和自然环境，研究语言和语言环境之间的相互作用、互动关系，从而开启了语言生态的研究。[2]语言生态理论是"通过语言的生态因素、语

---

[1] 崔军民.语言文化的生态保护研究：兼谈藏语言文化的生态保护[J].西北民族大学学报（哲学社会科学版），2005（2）：98-102.

[2] 范俊军.生态语言学研究述评[J].外语教学与研究,2005(02):110-115.

言与环境的相互关系探究语言和自然的相互作用"❶。在自然界中，任何一个物种能够在复杂的生态系统中存活下来，一定是选择、占有和利用了适合自身生态位生存和发展的相关资源。如果其中某一项生态因子超过了生物耐受临界值，就会导致生态位的错位，最终物种灭亡。语言生态位理论，正是借助了生态学中物种生态位的理论重新构建的研究语言生态现象的理论。李国正把语言生态位定义为"具有一定时空分布的语言变体与一定的环境因素，共同构成具有一定等级或取向的生态位"❷。这里的环境因子包含外生态环境和内生态环境两大部分❸，"外生态环境由自然环境、社会环境、文化环境和人群环境四部分组成，内生态环境是指语言的各构成要素（语音、语义、词汇、语法）以及它们之间的有机组合"❹。

生态位理论是生态学中重要的基础理论之一，物种多样性、物种适应性、物种竞争、物种功能演替和物种进化都以生态位理论为基础。自然界中每一个物种都拥有各自的生态位，获得各自的生存优势，造就了物种的多样化。同时，每一个物种都会受到生态环境影响，为了有效地从周围环境中获取生存资源，都必须适应生存环境。但是如果两个物种共同占有同一生态位，就会造成生态位的重叠，物种之间形成竞争。物种竞争的结果要么是一种物种被淘汰，要么是两种物种通过生态位分离而形成共存，实现协同进化。物种的进化过程，实质上就是物种维持生态位并寻求最佳生态位的过程，生态位的维持意味着物种得以生存。

"语言具有很多类似生物物种的特征"，❺每一种语言与每一个物种一样，都在各自的生态系统中拥有独特的生存空间、生存资源和功能作用，即都拥有各自独特的生态位。

❶ 李文蓓．基于语言生态学的语言生态位研究 [J]．外国语言文学，2018，35（5）：482-491．

❷ 李国正．生态汉语学 [M]．长春：吉林教育出版社，1991：119．

❸ 李国正．生态语言系统说略 [J]．语文导报，1987（10）：54-59．

❹ 李国正．语言新论 [J]．厦门大学学报（哲学社会科学版），1992（2）：121-127．

❺ 王敏．生态文明建设中的方言生态位研究：以杭州方言为例 [D]．金华：浙江师范大学，2014：12．

二、研究结论

（一）语言使用的研究结论

1.总体现状

在鄂东地区的家庭语域里，大多数成员仍然稳定地使用着方言，经常使用方言的比例远远高于经常使用普通话的比例，呈现出一种稳定的方言"单语化"状态。居民积极的方言态度和较强的方言能力是形成这种稳定的方言"单语化"状态的前提条件。同时，居民母语传承保持完整是形成这种稳定的方言"单语化"状态的根本原因。

在鄂东地区的公共语域里，居民语言使用出现普通话、方言共存的"双语化"状态。语言交际的实际需要是出现这种"双语化"状态的客观原因。居民普通话语言能力的提升是出现这种"双语化"状态的必要条件。

"语言生态如同大千世界的自然生态，而语言生态中的语言就如同自然生态中的生物"[1]一样会"物竞天择，适者生存"。在公共语域里，特别是正式的公共语域里，普通话的使用比例较高，在社会交际中起主导作用，使用人数不断攀升，普通话自身也不断发展，而方言一般用在家庭语域和非正式的公共语域，用法和交际功能不断压缩，在语言竞争中处于劣势。这都取决于语言使用者根据环境所做出的相应选择。语言生态是"特定语言与环境之间的相互作用关系"[2]，这里的"环境"可以分为三种，即社会环境、自然环境以及心理环境[3]。社会环境是由语言数量、人口、民族、宗教、经济、政治因素等构成[4]。因此，在一定程度上来说，鄂东城乡居民语言生活状况总体上呈现出的家庭语域方言"单语化"状态，公共语域普通话、方言共存的"双语化"状态是居民语言使用和多语社区的语际关系与社会环境之间相互作用的结果。

---

[1] 王晋军，刘娟娟.语言生态视域下的双语教育政策研究 [J]. 英语研究，2017（2）：147-156.

[2] 范俊军.生态语言学研究述评 [J]. 外语教学与研究,2005(02):110-115.

[3] 王晋军，刘娟娟.文莱的语言生态与双语教育政策研究 [J]. 中国外语,2017,14(05):65-71.

[4] 王晋军，刘娟娟.语言生态视域下的双语教育政策研究 [J]. 英语研究，2017（2）：147-156.

2. 在社会变项上的差异

鄂东城乡居民女性使用普通话、方言、英语的比例大于男性。普通话的使用与受访者的年龄成反比，即年龄越大的人使用普通话的比例越低，越年轻的人使用普通话的比例越高；方言的使用与年龄成正比，即年龄越大，方言使用比例越高，越年轻，方言使用率越低。使用普通话、英语的频率高低与受教育程度的高低呈正比关系，即受教育程度越高的居民，越倾向于使用普通话、英语；方言使用情况与受教育程度的高低呈反比关系，即受教育程度越高的人，使用方言的比例就越低。教师、公务员、专业技术人员、学生使用普通话的比例较高；学生使用英语的比例最高；无论居民从事何种职业，方言使用比例都比较高。居住在鄂东城市里的居民比居住在村镇的居民更倾向于使用普通话和英语；居住在村镇的人更倾向于使用方言。父母年龄越大的居民，其自身使用普通话、英语的比例越低，使用方言的比例越高。父母受教育程度越高的居民，其自身就越倾向于使用普通话和英语，越少使用方言。父母职业为教师、公务员的居民，使用普通话的比例较高；父母职业为农牧民、工人的居民，使用方言的比例较高。父母普通话、方言、英语语言态度越积极的居民，使用普通话、方言、英语的比例越高。整体来说，使用英语的人数要少于使用普通话和方言的人数。

不同的性别、年龄、职业、受教育程度、家庭所在地、父母年龄、父母受教育程度、父母职业、父母语言态度会对鄂东城乡居民普通话、方言、英语的语言使用产生影响，这些差异具有统计学意义。社会、经济、文化、教育的发展等深层的社会因素相互作用、相互影响，从而形成了鄂东城乡居民的语言使用现状。

3. 发展趋势

目前，方言在鄂东地区仍然有较强的生命力，鄂东城乡居民家庭语域语言生活呈现出一种稳定的"单语化"状态，在未来一段时间内，方言仍将继续在家庭语域和非正式公共语域使用较多，普通话依然会在公共语域使用较多。但是近年来，随着鄂东地区经济的发展，人口流动性增强，出现了新的"组合式"家庭，夫妻一方为外地人，他们之间靠普通话进行交流，但是亲属之间又靠方言交流。因此，家庭域的语言使用可能会出现一种新的渐变的趋势，由"单语"向"双语"转化。随着社会经济的发展，鄂东城乡居民与外界交流沟通的机会越来越多，语言产生接触的机会也会大幅度增加。社会经济的发展加速了城乡之间的接触、交往、融合，外出务工、上学、旅游等也逐年增多，鄂东城乡居民使用普通话的机会也越来越多。除此之外，从2018年起，鄂东地区大力实施能人回乡"千人计划"，吸引大量商界翘楚、行业领袖、科技精英、能工巧匠、创客、大学生、退休人员等回乡创业，这也大大增加了普通话交流的频率。鄂东城乡居民在公共语域的语言使用可能也会出现一种新的渐变的趋势，即由普通话与方言共用的"双语"向普通话主导的"单语"转化。届时，鄂东方言的传承和鄂东文化的传承可能会面临挑战。

（二）语言能力的研究结论

1. 总体现状

目前，有接近95%的鄂东城乡居民同时会方言和普通话，44.08%的居民学习过英语。横向来看，居民的方言听说能力较强，绝大多数人都能听懂方言，也能使用方言与人交谈；普通话听说读写的能力较强，听的能力略高于说的能力，普通话发音能力受方言影响较大，特别是发音与普通话差别较大的方言。普通话读的能力略高于写的能力。英语听说读写能力一般，其中听说能力高于读写能力。纵向来看，鄂东城乡居民的普通话和方言听的能力强于英语，鄂东城乡居民听的语言能力排序为：普通话＞方言＞英语。鄂东城乡居民的普通话和方言说的能力强于英语，鄂东城乡居民说的语言能力排序为：方言＞普通话＞英语。鄂东城乡居民的普通话读的能力强于英语，鄂东城乡居民读的语言能力排序为：普通话＞英语。鄂东城乡居民的普通话写的能力强于英语，鄂东城乡居民写的语言能力排序为：普通话＞英语。

2. 在社会变项上的差异

鄂东城乡居民女性的普通话、方言、英语语言能力强于男性。年轻人的普通话和英语能力较强，中老年人的普通话和英语能力较弱；方言语言能力与年龄成正比，即年龄越大，方言语言能力越强。普通话语言能力、英语语言能力与受教育程度成正比，即受教育程度越高的人，普通话、英语语言能力越强；受教育程度越低的人，普通话、英语语言能力越弱；居民无论受教育程度如何，方言语言能力都比较强。教师、公务员、专业技术人员、学生的普通话、英语语言能力较强；无论从事何种职业的居民，方言语言能力都较强。居住在鄂东城市里的人普通话、英语语言能力高于居住在村镇的人，方言语言能力低于居住在村镇的人。发现父母年龄越大的人，普通话、英语语言能力越弱，方言语言能力越强；父母年龄越小的人，普通话、英语语言能力越强，方言语言能力越弱。父母普通话、方言、英语语言态度越积极的人，普通话、方言、英语的语言能力越高。整体来说，鄂东城乡居民方言的语言能力高于普通话和英语。

SPSS方差检验检测结果显示，不同的性别、年龄、职业、受教育程度、家庭所在地、父母年龄、父母受教育程度、父母职业、父母语言态度会对鄂东城乡居民普通话、方言、英语的语言能力产生影响，这些差异具有统计学意义。社会、经济、文化、教育的发展等深层的社会因素相互作用、相互影响，从而形成了鄂东城乡居民的语言能力现状。

3. 发展趋势

目前，鄂东城乡居民的方言能力非常强，并且在未来的一段时间内，他们的方言能力仍然会继续保持，但方言能力在年龄、家庭所在地、父母语言态度方面的差异会逐渐明显，甚至是越来越大。青少年和居住在城市里的人，以及父母方言语言态度消极的人，其自身方言能力可能会逐渐下降。鄂东城乡居民普通话能力会越来越强，但短时间也不可能"独霸天下"，他们的普通话能力在年龄、受教育程度、职业、家庭所在地、父母年龄、父母普通话语言态度方面的差异也会逐渐显现。青少年、受教育程度高的、从事教师等工作的、居住在城市的、父母年轻的、父母普通话语言态度积极的居民，其自身普通话能力会得到进一步提高。鄂东城乡居民的英语语言能力在短时间内不会有十分明显的改变，但是也会有缓慢的提升。

（三）语言学习的研究结论

1. 总体现状

目前，鄂东城乡居民学习普通话、英语最主要的方式就是学校教育，除此之外，他们的普通话能力和英语能力在社会交往中、家人影响下和培训班学习中得到了加强。方言学习过程中，除父母的语言教育外，家庭传承以及与其他说方言的人进行社会交往是他们学习方言的主要方式。

2. 在社会变项上的差异

方差分析和独立样本 t 检验结果显示，调查对象的语言学习除在职业上出现的差异不具有统计学意义外，在其他社会变项上出现的差异均有统计学意义。

（1）女性通过学校教育学习普通话和汉字的情况多于男性，但是男性通过社会交往学习普通话的情况多于女性。女性通过家庭传承的方式学习方言的情况多于男性，但是男性通过与人交往学习方言的情况多于女性。女性通过收听英语广播、收看英语电视节目的方式学习英语的情况多于男性，但是男性通过与人交往学习英语的情况多于女性，女性通过自学的方式学习英文的情况多于男性。

（2）年龄越小，通过学校教育的方式学习普通话和汉字的人越多，通过社会交往和收听广播、收看电视节目的方式学习普通话的人越少。年龄越大，通过家庭传承的方式学习方言的人越多。年龄越小，选择通过学校教育、收听英语广播和收看英语电视节目的方式学习英语的人越多。

（3）受教育程度越高，通过学校教育的方式学习普通话和汉字的人越多。受教育程度越低，通过社会交往、收听广播或收看电视节目的方式学习普通话的人越多。受教育程度越高，选择通过与人交往、自学的方式学习英语和英文的人越多。

（4）居住在村镇的通过学校教育的方式学习普通话的人比城市的人多；居住在城市的通过社会交往、家人影响的方式学习普通话和汉字的人比村镇的人多。居住在村镇的通过家庭传承、与人交往的方式学习方言的人比城市的人多。居住在城市的人通过与人交往、广播电视、家人影响、自学、英语培训班的方式学习英语和英文的占比高于居住在乡村和乡镇的人。

（5）父母越年轻，通过学校教育的方式学习普通话和汉字的人越多，通过社会交往和收听广播、收看电视节目的方式学习普通话的人越少。父母越年长，通过家庭传承和与人交往的方式学习方言的人越多。父母越年轻，选择通过学校教育、收听英语广播和收看英语电视节目的方式学习英语的人越多。

（6）父母受教育程度越低，通过社会交往的方式学习普通话的人越多。父母受教育程度越高，通过家人影响的方式学习汉字书写的人越多。父母受教育程度越高，选择通过收听英语广播、收看英语电视节目和家人影响的方式学习英语和英文的人越多。

（7）选择社会交往的方式学习普通话的居民，父母多为农牧民。选择家人影响的方式学习汉字的居民，父母多为专业技术人员、教师、公务员。选择家庭传承的方式学习方言的居民，父母多为农牧民。选择家人影响的方式学习英语和英文的居民，父母多从事教师职业。

（8）父母语言态度越积极，居民选择通过社会交往、收听广播和收看电视、家人影响、自学的方式学习普通话和汉字的比例越高。父母语言态度越积极，居民通过家庭传承、与人交往的方式学习方言的比例越高。父母语言态度越积极，居民选择通过与人交往、收听英语广播和收看英语电视节目、参加英语培训班的方式学习英语的比例越高。

鄂东城乡居民普通话、方言、英语的语言学习方式在性别、年龄、受教育程度、家庭所在地、父母年龄、父母受教育程度、父母职业、父母语言态度等社会变项上出现的差异有统计学意义。鄂东城乡居民的语言学习在上述社会变项上出现差异是外在表征，产生这些表征的真正原因是隐藏在背后的社会、经济、文化、教育的发展等深层的社会因素。

3. 发展趋势

在未来一段时间内，随着方言的使用范围和交际功能进一步受到压缩，鄂东城乡居民的母语方言习得方式可能会越来越单一，家庭传承的方式可能会逐渐成为居民习得方言的唯一方式，但是即便如此方言也不可能迅速消亡。随着对地域文化重视程度的提升，鄂东城乡居民对方言的保护和传承意识的提高，方言也有其发展的空间。学习普通话和英语的方式会越来越多元，居民对普通话和英语的认同度有可能还会提升。

（四）语言态度的研究结论

1. 总体现状

目前，鄂东城乡居民对普通话、方言和英语的态度都是积极正面的，但是他们对普通话的态度比英语和方言的态度更加积极。在行为、认知、情感三个维度上都呈现出积极的语言态度。在行为维度上，普通话态度评价均值最高，说明鄂东城乡居民对普通话的认同度最高；在认知维度上，普通话态度评价均值也最高，说明鄂东城乡居民对普通话的地位、社会影响力和实用性评价最高；在情感维度上，方言态度评价均值最高，说明鄂东城乡居民对方言的情感认同度最高，对方言情感上最忠诚。

2. 在社会变项上的差异

（1）在性别上，整体呈现出女性的语言态度积极性明显高于男性。在行为和认知维度上，也是女性的语言态度均值高于男性。在对语言行为的评价上，女性对普通话、方言和英语的认同度都高于男性；在对语言认知的评价上，女性对普通话、方言和英语的地位、社会影响力及实用性的评价也都高于男性；在对语言情感的评价上，男性对普通话的情感认同度高于女性，而女性对方言和英语的情感认同度高于男性。总的对比结果显示，女性对普通话、方言和英语的语言态度的均值大于男性，说明女性的普通话、方言和英语的语言态度都比男性积极。

（2）在年龄上，除了7～12岁群体以外，整体基本呈现出年龄越大的人，对语言态度就越不积极。在对语言行为的评价上，除了7～12岁群体以外，整体上呈现出年龄越大，对普通话和英语的认同度越低，对方言的认同度越高；在对语言认知的评价上，除了7～12岁群体以外，整体上呈现出年龄越大，对普通话和英语的地位、社会影响力及实用性的评价越低，对方言的地位、社会影响力及实用性的评价越高；在对语言情感的评价上，整体上呈现出年龄越大对普通话和英语的情感认同度越低，对方言的情感认同度越高。总的来说，鄂东城乡居民的年龄越大，对方言态度的均值越大，鄂东城乡居民的年龄越小，对普通话和英语态度的均值越大，这说明年龄越大的人对方言的态度越积极，年龄越小的人对普通话和英语的态度越积极。

（3）在受教育程度上，整体基本呈现出受教育程度越高的人，对语言态度就越积极。在对语言行为的评价上，受教育程度越高的人，对普通话的认同度越高，对方言的认同度越低，对英语的认同度没有明显变化；在对语言认知的评价上，受教育程度越高的人，对英语的地位、社会影响力及实用性的评价越高，对普通话和方言的地位、社会影响力及实用性的评价没有明显的区别变化；在对语言情感的评价上，受教育程度越高的人，对英语的情感认同度越高，对普通话和方言的情感认同度没有明显的区别变化。

（4）在职业类型上，整体基本呈现出鄂东城乡居民的职业类型越接近于学术性的、社会性的、公共性的、政府性的，他们的语言态度就越积极。在对语言行为的评价上，在对普通话的认同度方面，表现为学生＞教师＞公务员／专业技术人员；在对语言认知的评价上，在对语言地位、社会影响力及实用性的评价方面，表现为教师＞学生＞专业技术人员；在对语言情感的评价上，对语言的情感认同度方面，表现为学生＞教师＞公务员。

（5）在家庭所在地变项上，来自乡村和来自乡镇的鄂东城乡居民，对语言态度的积极性差不多，没有很大差异，但是整体上来说，没有来自城市的鄂东城乡居民的语言态度积极。在对语言行为的评价上，城市居民的语言态度＞乡村居民的语言态度＞乡镇居民的语言态度，其中，城市居民对普通话和英语的认同度最高，乡村居民对方言的认同度最高；在对语言认知的评价上，城市居民的语言态度＞乡镇居民的语言态度＞乡村居民的语言态度，其中，城市居民对普通话和英语的地位、社会影响力及实用性的评价最高，乡镇居民对方言的地位、社会影响力及实用性的评价最高；在对语言情感的评价上，城市居民的语言态度＞乡村居民的语言态度＞乡镇居民的语言态度。在三种语言中，鄂东城乡居民对方言的情感认同度最高。

（6）在父母年龄变项上，整体基本呈现出父母年龄越大的居民，语言态度就越不积极。父母年龄在40岁及以下的鄂东城乡居民普通话和英语语言态度最积极；父母年龄在41～50岁的鄂东城乡居民方言语言态度最积极。在对语言行为的评价上，父母年龄在50岁以下的居民对语言的认同度较高，父母年龄在50岁以上的居民对语言的认同度较低。具体来说，父母年龄在40岁及以下的居民对普通话和英语的认同度最高；父母年龄在41～50岁的居民对方言的认同度最高。在对语言认知的评价上，父母年龄在60岁以下的居民对语言的地位、社会影响力及实用性的评价较高，父母年龄在60岁以上的居民对语言的地位、社会影响力及实用性的评价较低。具体来说，父母年龄在40岁及以下的居民对普通话、英语和方言的地位、社会影响力及实用性的评价都是最高的；父母年龄在71～80岁的居民对普通话和英语的地位、社会影响力及实用性的评价最低；父母年龄在61～70岁的居民对方言的地位、社会影响力及实用性的评价最低。在对语言情感的评价上，父母年龄在41～60岁的居民对语言的情感认同度较高。具体来说，父母年龄在40岁及以下的居民对普通话的情感认同度最高；父母年龄在41～50岁的居民对英语的情感认同度最高；父母年龄在71～80岁的居民对方言的情感认同度最高。父母年龄在61～70岁的居民对普通话的情感认同度最低；父母年龄在40岁及以下和61～70岁的居民对方言的情感认同度最低；父母年龄在71～80岁的居民对英语的情感认同度最低。

（7）在父母受教育程度变项上，整体基本呈现出鄂东城乡居民父母受教育程度越高，其语言态度就越积极。在对普通话的语言态度上，总体来说，不管父母受教育程度如何，普通话语言态度都比方言和英语的语言态度积极，而且均值都在4分以上。父母受教育程度为大学以上的居民普通话语言态度最积极。在对方言的语言态度上，整体来看，不管父母受教育程度如何，方言语言态度都是一般积极，均值都在4分以下。父母受教育程度为初高中的居民方言语言态度最积极。在对英语的语言态度上，整体来看，不管父母受教育程度如何，英语语言态度都是较为积极，均值都在4分左右。父母受教育程度为大学以上的居民英语语言态度最积极。

（8）在父母职业变项上，整体来看，不管父母从事何种职业，鄂东城乡居民的语言态度都比较积极，均值在4分左右。在对普通话的语言态度上，总体来说，不管父母从事何种职业，普通话语言态度都比方言和英语的语言态度积极，而且均值都在4分以上。父母从事教师职业的居民普通话语言态度最积极。在对方言的语言态度上，整体来看，不管父母从事何种职业，方言语言态度都是一般积极。父母为农牧民的居民，方言语言态度最积极。在对英语的语言态度上，整体来看，不管父母从事何种职业，英语语言态度都是较为积极，均值都在4分左右。父母从事教师职业的居民英语语言态度最积极。

（9）在父母语言态度变项上，整体上来看，鄂东城乡居民的父母的语言态度越积极，居民自身的语言态度就越积极。父母对普通话、方言、英语都持有非常支持的语言态度时，居民对英语的语言态度最积极；父母对普通话、方言、英语持有其他种语言态度时，居民对普通话的语言态度最积极。在对语言行为的评价上，鄂东城乡居民的父母的语言态度越积极，居民对语言的认同度越高。在对语言认知的评价上，鄂东城乡居民的父母的语言态度越积极，居民对语言的地位、社会影响力及实用性的评价越高。在对语言情感的评价上，整体上来看，鄂东城乡居民的父母的语言态度越积极，居民对语言的情感认同度越高。

鄂东居民的语言态度在性别、年龄、受教育程度、职业、家庭所在地、父母年龄、父母受教育程度、父母职业、父母语言态度等社会变项上出现差异具有统计学意义。究其根本，是隐藏在性别、年龄、受教育程度、职业、家庭所在地、父母年龄、父母受教育程度、父母职业、父母语言态度等社会变项背后的语言使用、语言能力、语言学习方式的差异，各种社会因素相互作用、相互影响，形成了鄂东城乡居民的语言态度的现状和发展趋势。

3.发展趋势

随着鄂东地区社会经济的发展和现代化进程的进一步发展，鄂东城乡居民对普通话和英语的态度会越来越积极，对方言的态度可能会越来越消极，但短时间内，不可能马上变得非常消极，特别是在情感维度，居民对方言的情感认同度非常高，对方言情感上也非常忠诚。

（五）语言生活状况研究结论

"语言文字是经济发展、社会进步的重要保障，是民族团结、国家统一的文化根基，是国家主权、国家安全的重要支撑。"❶目前，鄂东城乡居民的语言生活是比较和谐的，普通话、方言、英语三种语言（语言变体）在语言生态系统中都有自己的位置和生存领域。前面的调查结果表明，各种语言（语言变体）在鄂东城乡居民语言生活的不同层面起着不同的作用。在家庭语域、非正式公共语域，方言仍然被大多数居民稳定地使用着。绝大多数鄂东城乡居民的方言能力仍然保持完好，对方言保持积极的语言态度，习得方言的方式主要是靠家庭传承。在学校、医院、政府部门等正式公共语域，普通话起着主导作用，居民的普通话能力得到了普遍提升，学习普通话的方式越来越多元，对普通话的语言态度也越来越积极。英语主要应用于教育语域，以及工作语域，居民的英语能力普遍不高，但也在缓慢提升，学习英语的方式也越来越多元，对英语的语言态度也十分积极。

基于语言与生态之间的相互作用和关系，本书从生态学的角度把语言放在生态位这一重要生态学概念中，通过对普通话、方言、英语外生态环境的分析，探讨鄂东城乡居民语言生活现状形成的原因。

1. 自然环境因子

每一种语言都客观存在于一定的自然环境中，"自然环境作为人群起居生活、生产作业的依靠，是语言词汇、表达、语音形成和积累的基石"❷。鄂东位于湖北省东部、大别山南麓，山区较多，与外界交流较少，该地区城乡居民多少年来一直居住于此，方言自小习得，并且代代相传，家庭传承生生不息，人们靠着使用方言传递、交流信息，建立联系，共同生产。自然环境的适应必然首先直接反映在语言的使用上。因此在家庭语域、非正式公共语域，方言会被大多数居民稳定地使用着，并且绝大多数鄂东城乡居民的方言能力保持完好，对方言的语言态度也十分积极。自然环境因素与其他环境因素一起发挥作用，影响语言生活状况。

---

❶ 佚名.2020 年中国语言文字事业和语言生活状况 [J].语言与翻译，2021（2）：5-8.
❷ 李文蓓，黄国文.语言生态位的生态学分析 [J].语言教育，2021，9（4）：28-34.

2. 社会环境因子

语言与社会密不可分，每一种语言除了客观存在于一定的自然环境中，还存在于一定的社会环境中，社会的阶级、经济、宗教、政治、教育等因素都会影响着语言的形成与发展。"一个和谐社会的建立，依靠的是和谐语言所建构的社会环境和社会关系。"❶语言和社会两者在接触中相互制约、相互影响，协同进化。随着社会经济的发展，城乡之间的接触、交往、融合加速加速，鄂东地区与外界交流沟通的机会越来越多，外出务工，上学，回乡投资、创业也逐年增多，形成了新的人文生态环境。这种新的人文生态环境会反映在语言上，为了交流，居民之间必然以普通话为日常交际语言，学校基本以普通话为主。另外，普通话作为国家法定通用语言，极具显性威望，英语作为国际通用语言，政治经济地位也颇高，它们的发展条件显然比方言更优越。因此，在学校、医院、政府部门等正式公共语域，普通话起着主导作用，居民的普通话能力得到了普遍提升，学习普通话的方式越来越多元，对普通话的语言态度也越来越积极；英语主要使用于教育语域，以及工作语域，居民的英语能力普遍不高，但也在缓慢提升，学习英语的方式也越来越多元，对英语的语言态度也十分积极。

3. 文化环境因子

语言本身就是一种文化，表现了语言使用者对家乡的情感。对依靠家乡生存、生活的居民来说，对方言的执着，体现出他们对家乡的感情的忠诚；对语言的选择，更是对生活习惯、生产方式、文化风俗的选择。这些情感和选择是多少年来定居于鄂东地区形成的传统，已经深深地融入了鄂东城乡居民的心里。但随着社会的发展，与外界的联系和交流的增多，鄂东地区也不可能画地为牢、故步自封，在交流、融合之中，本土文化势必会受到外来文化的冲击，居民必然将要从原来"单一化"的文化生活环境转移到"多元化"的文化生活环境。"多元化"的文化生活环境反映在语言上，意味着不同职业、不同受教育程度、不同年龄、不同性别、不同家庭环境的群体在交流方式、语言选择、交流内容、价值认知上的磨合与碰撞。不同群体都会在多元文化下寻找交流舒适区和语言认同感。因此，不同的性别、年龄、职业、受教育程度、家庭所在地、父母年龄、父母受教育程度、父母职业、父母语言

---

❶ 李文蓓，黄国文.语言生态位的生态学分析 [J].语言教育，2021，9（4）：28-34.

态度等社会变项会对鄂东城乡居民普通话、方言、英语的语言使用、语言能力、语言学习、语言态度产生影响，形成差异。

4. 人群环境因子

"自然环境、社会环境、文化环境并不能直接作用于语言，需要人群环境发挥中介作用。"❶有了人群环境，语言的内外生态环境才得以相互联系、相互影响，语言之间的竞争、融合、发展才得以实现。在一个语言生态环境里，不同的人群有不同的职业、不同的受教育程度、不同的年龄、不同的性别、不同的家庭环境，这些都会影响人的语言生态观。在不同的语言生态观的指导下，不同的人群又会造成不同的语言使用，形成不同的语言能力，产生不同的语言学习方法，铸就不同的语言态度。这四个维度共同构成了语言生活的系统，展现了语言生活的状况。一方面，它们受到自然环境、社会环境、文化环境的影响，自身不断产生新信息，维持自身的生存和发展；另一方面，它们又相辅相成、相互促进，以保持环境相对稳定的动态平衡，促进语言生活系统的和谐发展。某种语言使用得越多，掌握的语言学习方式就越多元；语言学习方式越多元，语言能力就会越强；语言能力越强，语言态度就越积极；语言态度越积极，语言使用得越多。

三、研究启示

鄂东城乡居民的语言生活是中观层次的语言生活，鄂东城乡居民语言生活调查研究是我国语言生活状况调查的重要组成部分，丰富了我国中观层次语言生活的研究，理论意义重大，同时也具有一定的应用价值。"新型城镇化和生态文明建设是我国社会经济发展的重要战略，是促进区域协调发展和经济高质量发展的重要举措。"❷《2022 年新型城镇化和城乡融合发展重点任务》提出，要深入推进以人为核心的新型城镇化战略，提高新型城镇化建设质量，生态文明建设是新型城镇化的高质量发展的重要体现，是"新型城镇化的重要保障和内生动力"❸。语言是人类最重要的交际工具，也是一种社会现象，"语言生态和生态文明有着密切的联系，和谐的语言生态

❶ 张先亮，魏颖 . 从语言生态位视角看汉语敬语 [J]. 广西民族大学学报（哲学社会科学版），2017，39（5）：155-160.

❷ 纪明，曾曦昊 . 新型城镇化与生态文明建设协调发展的时空演化预测及驱动机制研究 [J]. 生态经济，2022，38（9）：212-220.

❸ 包双叶 . 论新型城镇化与生态文明建设的协同发展 [J]. 求实，2014（8）：59-63.

是生态文明建设的重要组成部分"❶。根据上述分析，本书从语言使用、语言能力、语言学习以及语言态度四个维度对鄂东城乡居民的语言状况进行全面的考察，得出了研究结论。从语言生态位的角度对普通话、方言、英语外生态环境进行了分析，探讨了鄂东城乡居民语言生活现状形成的原因。下面尝试从生态位角度阐述研究结果对语域语言生活研究、语言生态和谐等方面的启示。

（一）语言生态位多样与语言使用

自然生态环境中每一个物种都拥有各自的生态位，获得各自的生存优势。正是生态位的独特性才造就了物种的多样化。语言生态环境中也是如此，每一种存在于世的语言都有其自己独特的生存空间、环境资源以及功能作用，也正因如此，世界上的语言才存在差异，呈现多样化。随着社会的发展，推广普通话工作的开展，城乡接触的增加，普通话不断深入鄂东城乡居民生活的方方面面。从前面的调查结果可知，目前鄂东城乡居民的语言使用现状是普通话主要用于大部分公共语域，而方言主要用于大部分家庭语域，英语主要用于教育公共语域。虽然这三种语言（语言变体）在使用功能上存在互相竞争，但各自也还有其不可替代的作用，它们"在统一的社会中各尽所能，各守其位"❷。

（二）语言生态位分离与语言能力

当两种或多种语言抢占相同语言生态资源时就会产生语言生态位的重叠，进而引发语言竞争。通过泛化和特化可以实现语言生态位分离，形成共存局面，达到新的生态平衡。从前面的调查结果可知，在鄂东地区，青少年和居住在城市里的人，以及父母方言语言态度消极的人，其自身方言能力可能会逐渐下降。青少年、受教育程度高的、从事教师等工作的、居住在城市的、父母年轻的、父母普通话语言态度积极的居民，其自身普通话能力会得到进一步提高。居民的英语语言能力在短时间内不会有十分明显的改变，但是也会有缓慢提升。可见，不同群体对普通话、方言、英语的语言能力需求并不同。针对不同的需求，可以让一部分群体拓展其语言生态位宽度形成"杂食性"或"广食性"，以增加对语言环境的适应能力，提高语言能力；

---

❶ 冯广艺.生态文明建设中的语言生态问题 [J].贵州社会科学，2008（4）：4-8.

❷ 戴庆厦.语言竞争与语言和谐 [J].语言教学与研究，2006（2）：1-6.

另一部分群体压缩其语言生态位宽度，形成"单食性"或"窄食性"，通过强化某一特定语言能力，提高自身适应性。例如，可以根据不同群体的特点和需求分类制定语言能力目标，对于青少年群体，应进一步提升教师的普通话、英语的语言能力，确保经过义务教育阶段的学习提高普通话、英语的听说读写的能力。对于中年群体应着力增强普通话的读写能力，英语的听说能力，将语言能力与职业技能培训结合，"实现语言能力和就业技能同步提升"❶。对于老年群体，可以发挥青少年普通话、英语语言能力强的优势，帮助、带领他们通过广播电视乃至新媒体资源提升普通话听的能力。总而言之，在语言竞争环境下无论是泛化还是特化都将促使语言间生态位分离，避免被淘汰的下场。

（三）语言生态位扩充与语言学习

"生物都有无限增长的能力，把由于生物单元无限增长的潜力所引起生态位的增加称为生态位扩充。"❷"植物个体生态位的扩充来自体能的增加、占据的物理空间的增大和适应能力的增强"❸，语言生态位的扩充主要来自语言学习方式的多元化。从前面的调查结果可知，目前，鄂东城乡居民学习普通话、英语最主要的方式就是学校教育，除此之外，他们的普通话能力和英语能力在社会交往中、家人影响下和培训班学习中得到了加强。方言学习过程中，除父母的语言教育外，家庭传承以及与其他说方言的人进行社会交往是他们学习方言的主要方式。随着互联网和新媒体的发展，越来越多的群体选择使用网络、手机媒介等与外界交流沟通，语言学习的方式也越来越多元。可以充分利用网络新媒体，扩大语言传播时空，提高方言的活力度，推广普通话，提高普通话语言能力。

（四）语言生态位维护与语言态度

语言生态位维护，可使语言在其生态位上继续保持生命力，实现可持续发展。从前面的调查结果可知，目前，鄂东城乡居民对普通话的语言态度最积极，其次是英语，最后是方言。在行为维度和认知维度上，普通话和英语

❶ 魏琳.毛南族的多语能力与语言和谐[J].广州大学学报（社会科学版），2021，20（3）：121-128.

❷ 包庆德，夏承伯.生态位：概念内涵的完善与外延辐射的拓展：纪念"生态位"提出100周年[J].自然辩证法研究，2010，26（11）：43-48.

❸ 朱春全.生态位态势理论与扩充假说[J].生态学报，1997（3）：324-332.

的语言态度评价均值都高于方言，只有在情感维度上，方言态度评价均值高于普通话和英语。在多语环境下，普通话不仅在交际功能上具有绝对优势，而且在地位上也具有压倒性优势。英语作为国际通用语，也是我们重要的外语，工具性价值判断很高，相比之下，方言不可避免地处于相对弱势的地位，青少年的方言认同会有所弱化。再加上人口流动加速，这在一定程度上也会影响方言的家庭传承。可以营造多语使用氛围，明确语言除交际功能之外，还有文化传承、社会映射、语言研究等其他功能，鼓励和引导居民保持积极的语言态度，促进语言和谐。

参考文献

[1] 陈章太. 语言规划论概论 [M]. 北京：商务印书馆，2015.

[2] 罗常培. 语言与文化 [M]. 北京：北京出版社，2004.

[3] 陈松岑. 社会语言学导论 [M]. 北京：北京大学出版社，1985.

[4] 戴庆厦. 中国少数民族语言使用现状及其演变研究 [M]. 北京：民族出版社，2010.

[5] 冯广艺. 语言生态学引论 [M]. 北京：人民教育出版社，2013.

[6] 冯广艺. 语言和谐论 [M]. 北京：人民出版社，2007.

[7] 霍凯特. 现代语言学教程 [M]. 索振宇，叶蜚声，译. 北京：北京大学出版社，2002.

[8] 国家语言文字工作委员会. 中国语言生活状况报告：2021[M]. 北京：商务印书馆，2021.

[9] 国家语言文字工作委员会. 中国语言生活状况报告：2020[M]. 北京：商务印书馆，2020.

[10] 国家语言文字工作委员会. 中国语言生活状况报告：2019[M]. 北京：商务印书馆，2019.

[11] 国家语言文字工作委员会. 中国语言生活状况报告：2018[M]. 北京：商务印书馆，2018.

[12] 国家语言文字工作委员会. 中国语言政策研究报告：2022[M]. 北京：商务印书馆，2022.

[13] 国家语言文字工作委员会. 中国语言政策研究报告：2021[M]. 北京：商务印书馆，2021.

[14] 国家语言文字工作委员会. 中国语言政策研究报告：2020[M]. 北京：商务印书馆，2020.

[15] 李艳，贺宏志. 北京语言生活状况报告：2018[M]. 北京：商务印书馆，2018.

[16] 李国正. 生态汉语学 [M]. 长春：吉林教育出版社，1991.

[17] 李宇明. 中国语言规划论 [M]. 北京：商务印书馆，2010.

[18] 屈哨兵. 广州语言生活状况报告：2018[M]. 北京：商务印书馆，2018.

[19] 申小龙. 语言与文化的现代思考 [M]. 郑州：河南人民出版社，2000.

[20] 王立. 城市语言生活与语言变异研究 [M]. 北京：中国社会科学出版社，2009.

[21] 王尔敏. 近代文化生态及其变迁 [M]. 南昌：百花洲文艺出版社，2002.

[22] 徐大明，陶红印，谢天蔚. 当代社会语言学 [M]. 北京：中国社会科学出版社，1997.

[23] 徐大明. 社会语言学研究 [M]. 上海：上海人民出版社，2007.

[24] 徐大明. 社会语言学实验教程 [M]. 北京：北京大学出版社，2010.

[25] 周庆生. 语言生活与语言政策 [M]. 北京：社会科学文献出版社，2015.

[26] 张日培，赵蓉晖. 上海语言生活状况报告：2020[M]. 北京：商务印书馆，2020.

[27] Cliff G. *Languages of East and Southeast Asia: An Introduction*[M].UK：Oxford University Press，2005.

[28] Haugen E.The Ecology of Language[M]//Anwar S.*The Ecology of Language: Essays by Einar Haugen.Stanford*: Stanford University Press，1972.

[29] M ü hlhäusler P. *Language of Environment*[M]. Environment of Language：A Course，2003.

[30] Linguistics S O H . Language of environment, environment of language : a course in ecolinguistics[J]. *International Journal of Language & Communication Disorders*, 2003, 41(1):19–40.

[31] Sapir E . Language and environment 1[J]. *American Anthropologist*, 1912, 14(2):226–242.

[32] Stibbe A. *Ecolinguistics: Language, Ecology and the Stories We Live By*[M]. London： Routledge， 2015.

[33] 杜宜阳. 智能时代国际化城市的语言生活治理 [D]. 上海：上海外国语大学，2019.

[34] 郭玉梅. 现代化转型过程中甘南地区藏族语言生活状况调查研究 [D]. 西安：陕西师范大学，2020.

[35] 谷玉英. 北京城中村农民工随迁子女语言生活及身份构建研究 [D]. 北京：北京交通大学，2016.

[36] 黄兴亚. 独龙江乡独龙族语言生活状况研究 [D]. 昆明：云南大学，2019.

[37] 黄平文. 论文化接触对语言的影响 [D]. 北京：中央民族大学，2002.

[38] 李琼. 西安市城中村语言使用状况研究——以北山门口村为例 [D]. 西安：陕西师范大学，2015.

[39] 孙浩峰. 侨乡"洋留守儿童"语言生活状况研究 [D]. 厦门：厦门大学，2019.

[40] 王雅萱. 内蒙古通辽市语言生态及语言和谐建设研究 [D]. 长春：吉林大学，2020.

[41] 王敏. 生态文明建设中的方言生态位研究 [D]. 金华：浙江师范大学，2014.

[42] 席红英. 呼伦贝尔市蒙古族日常生活领域语言生活调查研究 [D]. 呼和浩特：内蒙古大学，2020.

[43] 许晓根. 万年县中学生语言生活调查 [D]. 温州：温州大学，2017.

[44] 杨丽萍. 新型城镇化进程中的乡镇语言状况调查研究 [D]. 扬州：扬州大学，2019.

[45] 张永斌. 黔西北民族杂居区语言生态与语言保护研究 [D]. 北京：中央民族大学，2011.

[46] 张敏霞. 语言生态位视角下的政务新媒体语言研究 [D]. 金华：浙江师范大学，2021.

[47] 张杨. 城市二代移民语言生活状况考察 [D]. 金华：浙江师范大学，2016.

[48] 邹秋锦. 中原地区小城镇教师语言生活状况及其效应研究 [D]. 南宁：广西大学，2020.

[49] 2020 年中国语言文字事业和语言生活状况 [J]. 语言与翻译，2021（2）：5-8.

[50] 艾尔文，范俊军，宫齐. 当代生态语言学的研究现状 [J]. 国外社会科学，2004（6）：5-10.

[51] 包双叶. 论新型城镇化与生态文明建设的协同发展 [J]. 求实，2014（8）：59-63.

[52] 包庆德，夏承伯. 生态位：概念内涵的完善与外延辐射的拓展：纪念"生

态位"提出 100 周年 [J].自然辩证法研究,2010,26(11):43-48.

[53] 马光兴.马克思主义哲学视域下加强生态文明建设的思考及建议 [C]// 沈阳市科学技术协会.第十九届沈阳科学学术年会论文集.2022:604-607.

[54] 曹志耘.汉语方言:一体化还是多样性? [J].语言教学与研究,2006(1):1-6.

[55] 陈章太.构建和谐语言生态 [J].语言战略研究,2016,1(2):1.

[56] 陈淑梅.鄂东方言的小称与主观小量 [J].江汉学术,2014,33(4):123-128.

[57] 陈春卿.语言使用的性别差异 [J].重庆工学院学报(社会科学版),2008(3):143-146.

[58] 陈松岑.新加坡华人的语言态度及其对语言能力和语言使用的影响 [J].语言教学与研究,1999(1):81-95.

[59] 崔军民.语言文化的生态保护研究——兼谈藏语言文化的生态保护 [J].西北民族大学学报(哲学社会科学版),2005(2):98-102.

[60] 戴庆厦.构建我国多民族语言和谐的几个理论问题 [J].中央民族大学学报(哲学社会科学版),2008(2):100-104.

[61] 戴庆厦.语言竞争与语言和谐 [J].语言教学与研究,2006(2):1-6.

[62] 段俊霞,张梦珂.西南地区跨区随迁子女的语言使用与语言适应 [J].北华大学学报(社会科学版),2017,18(5):15-21.

[63] 丁沾沾.粤北连南"军声"社区的双言应用与语言和谐 [J].语言文字应用,2018(3):51-59.

[64] 冯广艺,张俯霞.戴庆厦先生之语言和谐研究及启示 [J].四川文理学院学报,2018,28(4):49-53.

[65] 冯广艺.生态文明建设中的语言生态问题 [J].贵州社会科学,2008(4):4-8.

[66] 冯广艺,陈碧.生态文明建设与语言生态构建互动论 [J].中国地质大学学报(社会科学版),2009(3):7-11.

[67] 冯广艺.关于语言生态学的研究 [J].湖北师范学院学报(哲学社会科学版),2010(4):1-15.

[68] 冯广艺.论语言接触对语言生态的影响 [J].中南民族大学学报(人文社会科学版),2012(9):128-142.

[69] 冯广艺,张春泉.和谐社会与和谐语言建构 [J].湖北社会科学,2006(4):

50–52.

[70] 范俊军. 生态语言学研究述评 [J]. 外语教学与研究（外国语文双月刊），2005（2）：110–115.

[71] 伏干. 农村中小学生学校语言使用现状及多元回归分析 [J]. 教育导刊，2015（5）：44–48.

[72] 高一虹，苏新春，周雷. 回归前香港、北京、广州的语言态度 [J]. 外语教学与研究，1998（2）：23–30.

[73] 郭丽君，周建力. 困顿与突破：高等职业教育的生态位辨析 [J]. 现代教育管理，2022（4）：93–101.

[74] 郭龙生. 网络语言生态文明建设刍议 [J]. 汉字文化，2016（5）：34–38.

[75] 郭龙生. 中国现代化进程中的语言生活、语言规划与语言保护 [J]. 中国人民大学学报，2008（4）：34–38.

[76] 黄国文. 生态语言学的兴起与发展 [J]. 中国外语，2016，13（1）：9–12，1.

[77] 黄国文. 导读：生态语言学与生态话语分析 [J]. 外国语言文学，2018，35（5）：449–459.

[78] 黄国文，陈旸. 微观生态语言学与宏观生态语言学 [J]. 外国语言文学，2018，35（5）：460–471.

[79] 黄国文，阿伦，陈旸. 国际语境下的生态语言学：阿伦·斯提比教授访谈录 [J]. 鄱阳湖学刊，2018（1）：48–53，126.

[80] 黄行. 我国的语言和语言群体 [J]. 民族研究，2002（1）：59–64，09.

[81] 黄知常，舒解生. 生态语言学：语言学研究的新视角 [J]. 南华大学学报（社会科学版），2004（2）：68–72.

[82] 黄成龙，李云兵，王锋. 纪录语言学：一门新兴交叉学科 [J]. 语言科学，2011，10（3）：259–269.

[83] 贺辉. 生态语言学视角下的汉语语言变异与语言生态环境的互动性探究 [J]. 湖南人文科技学院学报，2013（6）：55–58.

[84] 教育部、国家语委发布 2021 年度语言生活皮书 [J]. 语言战略研究，2021，6（4）：2.

[85] 金怡. 高校校园语言景观构建研究 [J]. 合肥师范学院学报，2021，39（2）：115–118.

[86] 金岩松，张敏，杨春. 生态位理论研究综述 [J]. 内蒙古环境科学，2009（7）：

12-15.

[87] 纪明,曾曦昊.新型城镇化与生态文明建设协调发展的时空演化预测及驱动机制研究 [J].生态经济,2022,38(9):212-220.

[88] 孔江平，王茂林，黄国文，等.语言生态研究的意义、现状及方法 [J].暨南学报（哲学社会科学版），2016，38（6）：2-28，140，129.

[89] 李国正.语言新论 [J].厦门大学学报（哲学社会科学版），1992（2）：121-127.

[90] 李敬巍.生态文明建设视域下的语言生态建构 [J].语言与翻译，2022（1）：11-17.

[91] 李鑫.语言生态位视角下国内方言的可持续发展 [J].今古文创，2021（22）：120-121.

[92] 李敏，吴婧瑞.生态位管理视角下传统手工艺产业发展路径研究 [J].民族艺术研究，2022，35（2）：155-160.

[93] 李文蓓，黄国文.语言生态位的生态学分析 [J].语言教育，2021，9（4）：28-34.

[94] 李文蓓.基于语言生态学的语言生态位研究 [J].外国语言文学，2018，35（5）：482-491.

[95] 李国正.生态语言系统说略 [J].语文导报，1987（10）：54-59.

[96] 李国正.语言新论 [J].厦门大学学报（哲学社会科学版），1992（2）：121-127.

[97] 李光耀.生态位理论及其应用前景综述 [J].安徽农学通报，2008（7）：43-45.

[98] 李景春.大学生自杀心理的生态位解析 [J].黑龙江高教研究，2006（9）：111-113.

[99] 李德志，刘科轶，臧润国，等.现代生态位理论的发展及其主要代表流派 [J].林业科学，2006（8）：88-94.

[100] 李金凤，何洪峰，周宇亮.语言态度、语言环境与农村学前留守儿童语言使用 [J].语言文字应用，2017（1）：23-31.

[101] 李现乐，刘逸凡，张沥文.乡村振兴背景下的语言生态建设与语言服务研究：基于苏中三市的乡村语言调查 [J].语言文字应用，2020（1）：20-29.

[102] 李宇明 . 论普通话的推广方略 [J]. 中国语文，2022（4）：486-494，512.

[103] 李宇明，王璐 . 于根元先生的语言规划观 [J]. 河北大学学报（哲学社会科学版），2022，47（3）：11-16.

[104] 李宇明 . 语言规划学说略 [J]. 辞书研究，2022（1）：1-17，125.

[105] 李宇明 . 城市语言规划问题 [J]. 同济大学学报（社会科学版），2021，32（1）：104-112.

[106] 李宇明 . 语言技术与语言生态 [J]. 外语教学，2020，41（6）：1-5.

[107] 李宇明，王敏 . 语言规范化的时代必要性及须重视的若干关系 [J]. 辞书研究，2020（5）：1-10，125.

[108] 李宇明 . 立足语言生活解决时代需求 [J]. 语文建设，2018（34）：65-67.

[109] 李宇明，黄行，王晖，等 . "推普脱贫攻坚"学者谈 [J]. 语言科学，2018，17（4）：356-367.

[110] 李宇明 . 语言服务与语言产业 [J]. 东方翻译，2016（4）：4-8.

[111] 李宇明 . 语言生活与语言生活研究 [J]. 语言战略研究，2016，1（3）：15-23.

[112] 李宇明 . 语言竞争试说 [J]. 外语教学与研究，2016，48（2）：212-225，320.

[113] 李宇明 . 关注语言生活 [J]. 语言战略研究，2016，1（1）：1.

[114] 李宇明 . 和谐语言生活减缓语言冲突 [J]. 语言文字应用，2013（1）：10-11.

[115] 李宇明 . 论语言生活的层级 [J]. 语言教学与研究，2012（5）：1-10.

[116] 李宇明 . 当代中国语言生活中的问题 [J]. 中国社会科学，2012（9）：150-156.

[117] 李宇明 . 中国语言生活的时代特征 [J]. 中国语文，2012（4）：367-375，384.

[118] 李宇明 . 关于中国语言生活的若干思考 [J]. 北华大学学报（社会科学版），2011，12（5）：32-36.

[119] 李振中 . 新时代三峡移民语言生态研究：现状、问题与展望 [J]. 云南师范大学学报（哲学社会科学版），2020，52（6）：54-63.

[120] 刘建国 . 生态位理论的发展及其在农村生态工程建设中的应用原则 [J]. 农业现代化研究，1987，（6）：30-33.

[121] 刘丹青.语言能力的多样性和语言教育的多样化 [J].世界汉语教学，2015，29（1）：3-11.

[122] 毛显强，鱼京善，郭秀锐，等.生态活度生态位：理论、方法及其应用 [J].中国人口·资源与环境，2005（5）：125-129.

[123] 史有为.试论香港多语人社群的语言生活 [J].语言战略研究，2021，6（4）：86-96.

[124] 单辉.生物学视角下的语言生态研究 [J].中州大学学报，2008（2）：61-62.

[125] 石琳.语言生态视域下的方言文化保护与传承[J].中华文化论坛，2017（9）：140-145.

[126] 覃丽赢.小茶腊独龙族语言生活的适应性变迁 [J].贵州民族研究，2015，36（11）：145-149.

[127] 王晋军.生态语言学：语言学研究的新视域 [J].天津外国语学院学报，2007，（01）：53-57.

[128] 王晋军，刘娟娟.语言生态视域下的双语教育政策研究 [J].英语研究，2017，（02）：147-156.

[129] 王远新.语言生活调查的主要内容和方法 [J].民族教育研究，2019，30（2）：82-91.

[130] 王远新.论语言文化的多样性及其价值 [J].世界民族，2002（6）：1-10.

[131] 王远新.论语言功能和语言价值观 [J].湘潭大学学报（哲学社会科学版），2008，（5）：148-153.

[132] 王娟.新疆维吾尔族大学生语言生活现状调查 [J].新疆师范大学学报（哲学社会科学版），2017，38（1）：153-160.

[133] 王忠云，张海燕.基于生态位理论的民族文化旅游产业演化发展研究 [J].内蒙古社会科学（汉文版），2011，32（2）：102-107.

[134] 魏琳.毛南族的多语能力与语言和谐 [J].广州大学学报（社会科学版），2021，20（3）：121-128.

[135] 肖自辉，范俊军.语言生态的监测与评估指标体系：生态语言学应用研究 [J].语言科学，2011，10（3）：270-280.

[136] 杨凯.鄂东方言的"体"助词 [J].湖北社会科学，2011（02）：136-138.

[137] 杨菁.贵州省少数民族语言生活调查研究[J].贵州民族研究，2020，41（08）：

181-186.

[138] 游汝杰 . 台湾大学生语言使用状况研究 [J]. 陕西师范大学学报（哲学社会科学版），2015，44（4）：156-160.

[139] 赵蕊华，黄国文 . 汉语生态和谐化构建的系统功能语言学分析 [J]. 外语研究，2019，36（4）：44-49，108.

[140] 张先亮，席俊杰，王倩 . 从语言生态看语言与贫困的作用特点及路径 [J]. 浙江社会科学，2022，（5）：121-129，159.

[141] 张先亮，谢枝文 . 生态观视野中的汉语言和谐 [J]. 语言文字应用，2010（2）：36-41.

[142] 张先亮，魏颖 . 从语言生态位视角看汉语敬语 [J]. 广西民族大学学报（哲学社会科学版），2017，39（5）：155-160.

[143] 张静 . 生态位理论在农村社会生态系统研究中的应用：以甘肃省定西县为例 [J]. 兰州大学学报，1992（4）：156-163.

[144] 张伟 . 论双语人的语言态度及其影响 [J]. 民族语文，1988（1）：56-61，67.

[145] 朱春全 . 生态位态势理论与扩充假说 [J]. 生态学报，1997（3）：324-332.

[146] 祝鹏，胡雪珺 . 近十五年国内语言生活研究的可视化分析 [J]. 新疆教育学院学报，2021，37（2）：22-30.

[147] Eliasson S.The birth of language ecology : Interdisciplinary influences in Einar Haugen's "The ecology of language"[J].*Language Sciences*,2015(50): 78-92.

[148] Han Y，De Costa P I，Cui Y.Exploring the language policy and planning/ second language acquisition interface : Ecological insights from an Uyghur youth in China [J].*Language Policy*，2019，18（1）：65-86.

附　录

鄂东地区语言生活状况调查问卷

尊敬的各位朋友：

您好！为了了解鄂东城乡居民的语言使用、语言能力、语言学习和语言态度等方面的情况，做好本地区语言规划和语言服务等工作，特编制本调查问卷。本次调查采用不记名方式，也没有是非对错与标准答案，请您根据个人真实想法如实填写。

衷心感谢您的配合和支持！

一、您的基本情况（请您在符合的选项上打 √ ）

1. 性别：

A. 男　B. 女

2. 年龄：

A.7 ～ 12 岁　B.13 ～ 17 岁　C.18 ～ 45 岁　D.46 ～ 69 岁　E.69 岁以上

3. 受教育程度：

A. 小学以下　B. 小学　C. 初高中　D. 大学　E. 大学以上

4. 职业：

A. 公务员　B. 教师　C. 农牧民　D. 服务行业人员　E. 个体业主

F. 专业技术人员　G. 退休职工　H. 学生

5. 居住地：

A. 城市　B. 乡镇　C. 乡村

6. 父母年龄：

A.40 岁以下　B.41～50 岁　C.51～60 岁　D.61～70 岁　E.71～80 岁

7. 父母受教育程度：

A. 小学以下　B. 初高中　C. 大学　D. 大学以上

8. 父母职业：

A. 公务员　B. 教师　C. 农牧民　D. 服务行业人员　E. 个体业主

F. 专业技术人员　G. 工人

二、语言使用情况调查

1. 在家里，您与长辈用普通话交流吗？

A. 经常使用　B. 有时使用　C. 偶尔使用　D. 几乎不用　E. 完全不用

2. 在家里，您与平辈用普通话交流吗？

A. 经常使用　B. 有时使用　C. 偶尔使用　D. 几乎不用　E. 完全不用

3. 在家里，您与晚辈用普通话交流吗？

A. 经常使用　B. 有时使用　C. 偶尔使用　D. 几乎不用　E. 完全不用

4. 在菜场、小卖部买东西时，您用普通话交流吗？

A. 经常使用　B. 有时使用　C. 偶尔使用　D. 几乎不用　E. 完全不用

5. 和朋友、邻居闲聊时，您用普通话交流吗？

A. 经常使用　B. 有时使用　C. 偶尔使用　D. 几乎不用　E. 完全不用

6. 平常工作、干活或学习时，您用普通话交流吗？

A. 经常使用　B. 有时使用　C. 偶尔使用　D. 几乎不用　E. 完全不用

7. 在政府机关、医院或银行办事时，您用普通话交流吗？

A. 经常使用　B. 有时使用　C. 偶尔使用　D. 几乎不用　E. 完全不用

8. 您现在说普通话的情况如何？

A. 全部说普通话　B. 主要说普通话　C. 普通话方言差不多

D. 主要说方言　E. 完全说方言

9. 在家里，您与长辈用方言交流吗？

A. 经常使用　B. 有时使用　C. 偶尔使用　D. 几乎不用　E. 完全不用

10. 在家里，您与平辈用方言交流吗？

A. 经常使用　B. 有时使用　C. 偶尔使用　D. 几乎不用　E. 完全不用

11. 在家里，您与晚辈用方言交流吗？

A. 经常使用　B. 有时使用　C. 偶尔使用　D. 几乎不用　E. 完全不用

12. 在菜场、小卖部买东西时，您用方言交流吗？

A. 经常使用　　B. 有时使用　　C. 偶尔使用　　D. 几乎不用　　E. 完全不用

13. 和朋友、邻居闲聊时，您用方言交流吗？

A. 经常使用　　B. 有时使用　　C. 偶尔使用　　D. 几乎不用　　E. 完全不用

14. 平常工作、干活或学习时，您用方言交流吗？

A. 经常使用　　B. 有时使用　　C. 偶尔使用　　D. 几乎不用　　E. 完全不用

15. 在政府机关、医院或银行办事时，您用方言交流吗？

A. 经常使用　　B. 有时使用　　C. 偶尔使用　　D. 几乎不用　　E. 完全不用

16. 您现在说方言的情况如何？

A. 全部说方言　　B. 主要说方言　　C. 方言普通话差不多

D. 主要说普通话　　E. 完全说普通话

17. 您平时在下面哪种情况下说英语最多？

A. 工作时　　B. 上课时　　C. 特殊情况非说不可时

D. 几乎不会用到英语

18. 您现在说英语的情况如何？

A. 经常使用　　B. 有时使用　　C. 偶尔使用　　D. 几乎不用　　E. 完全不用

三、语言能力情况调查

1. 您能听懂普通话吗？

A. 完全能听懂　　B. 大部分能听懂　　C. 基本能听懂　　D. 基本听不懂

E. 完全听不懂

2. 您能说普通话吗？

A. 能熟练交谈　　B. 能基本交谈　　C. 只会说一些常用语

D. 基本不会说　　E. 完全不会说

3. 您觉得您的普通话发音如何？（如果完全不会说普通话的人可跳过此题不做）

A. 非常标准　　B. 比较标准　　C. 一般　　D. 不标准　　E. 很不标准

4. 您普通话的读书、看报等阅读能力如何？

A. 非常熟练　　B. 比较熟练　　C. 一般　　D. 不太熟练　　E. 很不熟练

5. 您汉字书写能力如何？

A. 非常熟练　　B. 比较熟练　　C. 一般　　D. 不太熟练　　E. 很不熟练

6. 您能听懂方言吗？

A. 完全能听懂　　B. 大部分能听懂　　C. 基本能听懂　　D. 基本听不懂

E. 完全听不懂

7. 您能说方言吗？

A. 能熟练交谈　　B. 能基本交谈　　C. 只会说一些常用语

D. 基本不会说　　E. 完全不会说

8. 您学习说英语吗？（没有学过直接跳到第四部分调查）

A. 学习过　　B. 没有

9. 您能听懂英语吗？

A. 完全能听懂　　B. 大部分能听懂　　C. 基本能听懂　　D. 基本听不懂

E. 完全听不懂

10. 您能说英语吗？

A. 能熟练交谈　　B. 能基本交谈　　C. 只会说一些常用语

D. 基本不会说　　E. 完全不会说

11. 您英语的阅读能力如何？

A. 非常熟练　　B. 比较熟练　　C. 一般　　D. 不太熟练　　E. 很不熟练

12. 您英语写作能力如何？

A. 非常熟练　　B. 比较熟练　　C. 一般　　D. 不太熟练　　E. 很不熟练

四、语言学习调查研究

1. 您是通过什么途径学会说普通话的？（可多选）

A. 社会交往　　B. 广播、电视　　C. 扫盲培训班　　D. 学校教育

2. 您是通过什么途径学会汉字书写的？（可多选）

A. 自学　　B. 家人影响　　C. 扫盲培训班　　D. 学校教育

3. 小时候学说话时，您最先学会的语言是哪一种？

A. 普通话　　B. 方言　　C. 英语

4. 您父母和您交流时主要使用哪种语言？

A. 普通话　　B. 方言　　C. 英语

5. 您是通过什么途径学会方言的？（可多选）

A. 看电视　　B. 家庭传承　　C. 社会交往　　D. 学校教育

6. 您是通过什么途径学会说英语的？（可多选）

A. 英语培训班　　B. 广播、电视　　C. 与人交往　　D. 学校教育

7. 您是通过什么途径学会书写英文的？（可多选）

A. 英语培训班　　B. 自学　　C. 家人影响　　D. 学校教育

五、语言态度调查研究

1. 您认为普通话的社会地位很高吗?

A. 非常同意　B. 同意　C. 一般　D. 不同意　E. 非常不同意

2. 您认为普通话有很大用处吗?

A. 非常同意　B. 同意　C. 一般　D. 不同意　E. 非常不同意

3. 您认为说普通话很有身份吗?

A. 非常同意　B. 同意　C. 一般　D. 不同意　E. 非常不同意

4. 您认为普通话很好听吗?

A. 非常同意　B. 同意　C. 一般　D. 不同意　E. 非常不同意

5. 您认为普通话很亲切吗?

A. 非常同意　B. 同意　C. 一般　D. 不同意　E. 非常不同意

6. 您认为普通话很优美吗?

A. 非常同意　B. 同意　C. 一般　D. 不同意　E. 非常不同意

7. 您愿意下一代说普通话吗?

A. 非常愿意　B. 愿意　C. 一般　D. 不愿意　E. 非常不愿意

8. 您愿意收听、收看普通话电视节目吗?

A. 非常愿意　B. 愿意　C. 一般　D. 不愿意　E. 非常不愿意

9. 您愿意学习普通话吗?

A. 非常愿意　B. 愿意　C. 一般　D. 不愿意　E. 非常不愿意

10. 您认为方言的社会地位很高吗?

A. 非常同意　B. 同意　C. 一般　D. 不同意　E. 非常不同意

11. 您认为方言有很大用处吗?

A. 非常同意　B. 同意　C. 一般　D. 不同意　E. 非常不同意

12. 你认为说方言很有身份吗?

A. 非常同意　B. 同意　C. 一般　D. 不同意　E. 非常不同意

13. 您认为方言很好听吗?

A. 非常同意　B. 同意　C. 一般　D. 不同意　E. 非常不同意

14. 您认为方言很亲切吗?

A. 非常同意　B. 同意　C. 一般　D. 不同意　E. 非常不同意

15. 您认为方言很优美吗?

A. 非常同意　B. 同意　C. 一般　D. 不同意　E. 非常不同意

16. 您愿意下一代说方言吗？

A. 非常愿意　B. 愿意　C. 一般　D. 不愿意　E. 非常不愿意

17. 您愿意收听、收看方言电视节目吗？

A. 非常愿意　B. 愿意　C. 一般　D. 不愿意　E. 非常不愿意

18. 您愿意学习方言吗？

A. 非常愿意　B. 愿意　C. 一般　D. 不愿意　E. 非常不愿意

19. 您认为英语的社会地位很高吗？

A. 非常同意　B. 同意　C. 一般　D. 不同意　E. 非常不同意

20. 您认为英语有很大用处吗？

A. 非常同意　B. 同意　C. 一般　D. 不同意　E. 非常不同意

21. 你认为说英语很有身份吗？

A. 非常同意　B. 同意　C. 一般　D. 不同意　E. 非常不同意

22. 您认为英语很好听吗？

A. 非常同意　B. 同意　C. 一般　D. 不同意　E. 非常不同意

23. 您认为英语很亲切吗？

A. 非常同意　B. 同意　C. 一般　D. 不同意　E. 非常不同意

24. 您认为英语很优美吗？

A. 非常同意　B. 同意　C. 一般　D. 不同意　E. 非常不同意

25. 您愿意下一代说英语吗？

A. 非常愿意　B. 愿意　C. 一般　D. 不愿意　E. 非常不愿意

26. 您愿意收听、收看英语电视节目吗？

A. 非常愿意　B. 愿意　C. 一般　D. 不愿意　E. 非常不愿意

27. 您愿意学习英语吗？

A. 非常愿意　B. 愿意　C. 一般　D. 不愿意　E. 非常不愿意

调查结束，感谢您的配合！